Věra Amorová

Vítáme vás!

Ein Tschechischlehrwerk
für Anfänger

Lehrbuch

Max Hueber Verlag

Verlagsredaktion: Gaby Bauer-Negenborn, München
Beratung: Dr. Ivana Clausnitzer, Wetzlar
Zeichnungen: Herbert Horn, München
Umschlagzeichnung: Věra Amorová, Stuttgart

3. 2. 1. | Die letzten Ziffern
1998 97 96 95 94 | bezeichnen Zahl und Jahr des Druckes.
Alle Drucke dieser Auflage können, da unverändert,
nebeneinander benutzt werden.
2. Auflage 1994

Gesamtherstellung: Friedrich Pustet, Regensburg
Printed in Germany
ISBN 3-19-005157-7

Vorwort

Sie haben sich entschlossen, Tschechisch zu lernen. Wir freuen uns, daß Sie dazu **Vítáme vás!** verwenden. Wenn Sie sich sprachlich auf einen Aufenthalt in der Tschechischen Republik oder einfach auf Gespräche mit Tschechen vorbereiten möchten, dann ist **Vítáme vás!** für Sie das richtige Lehrwerk. Der Kurs ist ein praktisches Unterrichtswerk, das die Bedürfnisse und Interessen deutschsprachiger Tschechischlernender besonders berücksichtigt.

Im Mittelpunkt von **Vítáme vás!** steht die Kommunikation, d.h. die Verständigung von Mensch zu Mensch, in der tschechischen Sprache. Die tragenden Elemente des Lehrwerks sind die Sprechabsichten (sich vorstellen, sich informieren, etwas vorschlagen usw.), die in vielen Dialogen verwirklicht werden. Die Situationen, die den Dialogen zugrundeliegen, haben eine gemeinsame Rahmenhandlung: zwei junge Deutsche besuchen tschechische Freunde in Prag und lernen deren Familie kennen. Gemeinsam erleben sie den tschechischen Alltag (Kontaktaufnahme, Verabredungen, Einkäufe, Dienstleistungen usw.), Situationen, in die Sie bei einem Aufenthalt in der Tschechischen Republik immer wieder kommen werden.

Neben dem Sprechen legt **Vítáme vás!** von Anfang an großen Wert auf das Hörverstehen. Die Begleitcassetten machen Sie mit der tschechischen Sprache in natürlichem Sprechtempo vertraut. Lesen (Schilder, Speisekarte, Theaterprogramm, Zeitung usw.) und Schreiben (Notizen, Formulare, Briefe usw.) werden in dem Umfang berücksichtigt, in dem Sie diese Fertigkeiten in der Praxis tatsächlich benötigen.

Damit Sie aber nicht nur lebendige Sprache lernen, sondern auch Informationen über die Tschechische Republik bekommen, enthält **Vítáme vás!** eine Fülle von Realien (Zeitungsausschnitte, Fahrplanauszüge, Cartoons) sowie kurze authentische Lesetexte (Gedichte, Lieder usw.), die sprachlich genau auf Ihre Kenntnisse abgestimmt sind. In der zweiten Hälfte des Lehrbuchs – nachdem Sie bereits über gute Grundkenntnisse verfügen – sind längere Lesetexte enthalten. Sie werden dabei lernen, einem neuen Text die wesentlichen Informationen zu entnehmen, ohne jedes einzelne Wort zu verstehen.

Grammatik wird in **Vítáme vás!** nicht zum Selbstzweck betrieben. Die neuen grammatischen Erscheinungen werden aus dem Sprachgebrauch heraus systematisch erarbeitet und geübt. Im Anhang des Lehrbuchs finden Sie neben dem tschechisch-deutschen Lektionswortschatz einen ausführlichen Grammatikkommentar, der vor allem für die häusliche Nachbereitung geeignet ist. Die grammatischen Besonderheiten der tschechischen Sprache werden in verständlicher Form beschrieben; auf grammatische Fachterminologie wird weitestgehend verzichtet. In der Grammatikübersicht (Seite 206–213) sehen Sie auf einen Blick, was Sie schon alles gelernt haben.

Neben den bereits erwähnten Begleitcassetten gibt es zu **Vítáme vás!** ein Arbeitsbuch, das Sie sowohl im Unterricht als auch zu Hause verwenden können. Die vielfältigen und interessanten Übungen werden Ihnen nicht nur das Lernen erleichtern, sondern – wie wir hoffen – auch Spaß machen.

Die Unterrichtspraxis hat gezeigt, daß Sie mit **Vítáme vás!** bei einer Doppelstunde wöchentlich 3–4 Semester beschäftigt sein werden. Danach verfügen Sie über einen soliden Grundwortschatz, und Ihnen sind die wichtigsten grammatischen Erscheinungen der tschechischen Sprache vertraut. Eine Reise in die Tschechische Republik können wir Ihnen aber durchaus schon vorher empfehlen. Wenn Sie erfahren, wie gut Sie sich bereits verständigen können, wird das Weiterlernen noch mehr Spaß machen.

Wir hoffen, es ist uns gelungen, Ihnen mit **Vítáme vás!** den Zugang zur tschechischen Sprache so leicht und attraktiv wie möglich zu machen. Wir wünschen Ihnen viel Erfolg.

Verfasserin und Verlag

Symbole / Piktogramme

Die Texte und Übungen auf den Begleitcassetten sind im Lehrbuch mit dem Symbol  gekennzeichnet.
Hörverständnisübungen sind zusätzlich mit  markiert.
Schriftliche Übungen, die nicht ins Buch eingetragen werden sollen, erkennen Sie an dem Symbol .
Die Piktogramme  und  geben an, ob Sie die Übung zu zweit oder in Gruppen (3–4 Personen) bearbeiten sollen.
Das Symbol  steht bei Leseverständnisübungen.
Der Zusatz „slovník" bedeutet, bei diesem Text benötigen Sie ein Wörterbuch.

Inhalt

Anhang

1 Ahoj!

Jak se jmenujete?

Lekce 1

1 *Kdo je kdo?*

Jmenuji se ....

Jsem ....

Bydlím ....

Jsem ....

Jmenuji se Karel Paleček.

Jsem Čech.

Bydlím v Praze.

Jsem architekt.

já	jsem	nejsem
ty	jsi	nejsi
on, ona, ono	je	**není**
my	jsme	nejsme
vy	jste	nejste
oni (ony, ona)	jsou	nejsou

Jaroslav Pop

„Nejsem pro glasnost.“

Kde bydlíte?

Bydlím v	(Bon**n**) Bonn**u**.
	(Norimber**k**) Norimberk**u**.
ve	(Weide**n**) Weiden**u**.
	(Kolí**n**) Kolín**ě**.
	(Berlí**n**) Berlín**ě**.

Bydlím v	(Prah**a**) Praz**e**.
	(Bratislav**a**) Bratislav**ě**.
	(Unn**a**) Unn**ě**.
	(Brn**o**) Brn**ě**.
	(Hall**e**) Hall**e**.

Čím jste?

Jsem	laboran**t**.	Jsem	laborant**ka**.
On je	učite**l**.	Ona je	učitel**ka**.
	prodava**č**.		prodavač**ka**.
	inžený**r**.		inženýr**ka**.
	děln**ík**.		děln**ice**.
	úředn**ík**.		úředn**ice**.

2 *Kdo jste?*

Stellen Sie sich in Gruppen (3–4 Personen) gegenseitig vor.

– Jmenuji se .... A vy?

– Jmenuji se ....

Jste .... ?

– Nejsem Čech. Jsem ....

– Kde bydlíte?

Bydlím v .... A vy?

– .... Čím jste?

– Jsem student. A vy?

– ....

– Jak se jmenujete?

– Jmenuji se ....

Jsem ....

– A já jsem Češka. Jmenuji se .... Kde bydlíte?

– Bydlím v .... A vy?

– ....

– Čím jste?

– Jsem studentka.

– A já jsem ....

3 *Ano – ne?*

a. Je Ute Češka?

b. Je Vlasta Palečková studentka?

c. Je Jirka Paleček student?

č. Je Rolf Čech?

d. Je Karel Paleček architekt?

ď. Je Jarmila Palečková laborantka?

Ano, je.	Ne, není.

4 *Říkej rychle*

V křoví mi řek jeden Řek, abych mu řek, kolik je v Řecku řek, a já mu řek, že nejsem Řek, abych mu řek, kolik je v Řecku řek.

č	Čech, Češka, Paleček, učitel, konečně, Česká Republika, čárka, časopis, čeština
š	máš, bydlíš, těšit, taška, Češka, Švýcarka, Rakušan, škola, Švéd, Šárka, šest, šachy
ř	Jiří, přítel, sekretářka, přítelkyně, dobře, sestřenice, řeka, křoví, Jiřina, úředník
ž	Žižka, žena, nádraží, žízeň, inženýrka, žížala, džus, Žaneta, džíny, žárovka

5 *Čím jsou?*

Je to inženýrka?

Je to prodavačka?

Je to architektka?

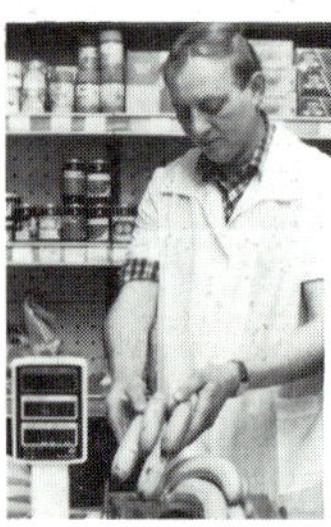

Je to úředník?

Je to laborant?

Je to učitel?

Je to učitelka?

6 *To je Česká Republika*

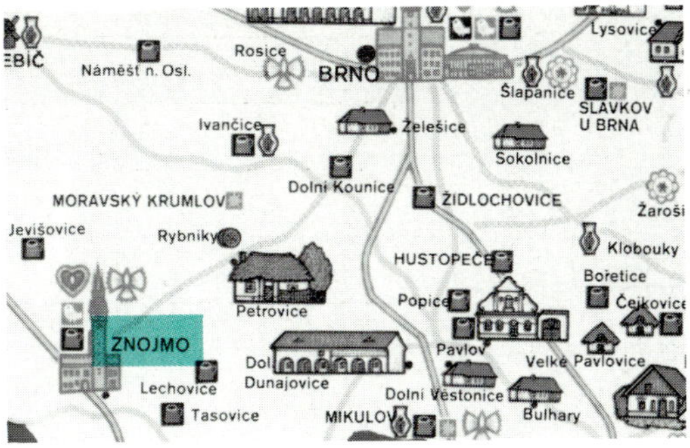

To je Znojmo.
To je Česká Republika / ČR.
On je Čech a ona je Češka.

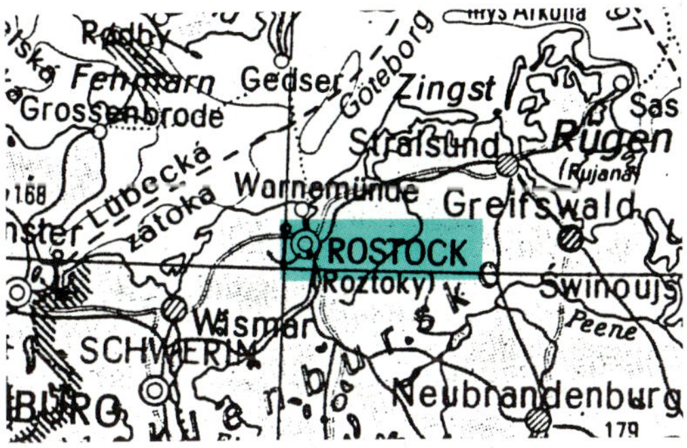

To je Rostok.
To je Německo / SRN.
... Němec a ... Němka.

To je Bern.
... Švýcarsko.
... Švýcar a ... Švýcarka.

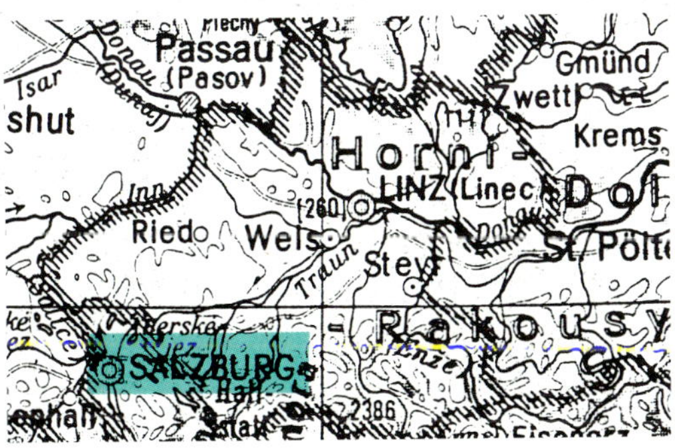

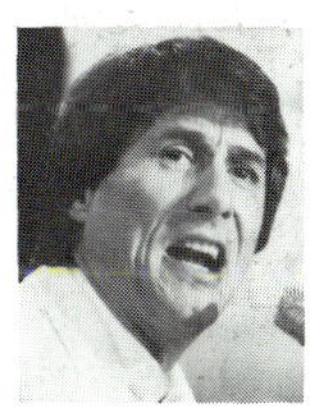

To ... Salcburk.
... Rakousko.
... Rakušan a ... Rakušanka.

7 *Kde bydlí kdo?*

Jirka Paleček	Praha	Čech	student
Rolf Hürlimann			
Karola Müllerová			
Heinz Hasenfeld			
Pavel Horníček			
Maria Womarková			
Karl Nowak			

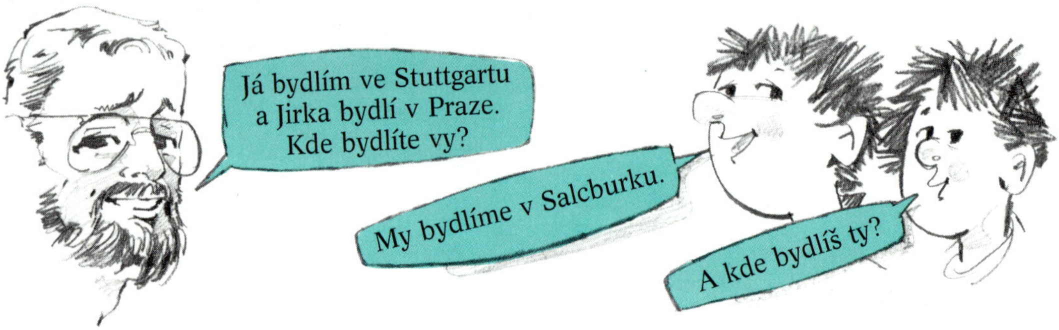

B Jak se máte?

Rolf: Dobrý den, paní Palečková.
Jarmila P.: Dobrý den, Rolfe.
Rolf: Jak se máte?
Jarmila P.: Mám se dobře, a vy?
Rolf: Mám se také dobře.
Jarmila P.: Na shledanou.
Rolf: Na shledanou.

Ute: Ahoj, Jirko.
Jirka: Ahoj, Ute.
Ute: Jak se máš?
Jirka: Děkuji, dobře, a ty?
Ute: Také dobře.
Jirka: Ahoj.
Ute: Ahoj, Jirko.

Ahoj,	(Milan) Milane.
	(Josef) Josefe.
	(Rolf) Rolfe.
	(Karel) Karle.
	(Jirka) Jirko.

Dobrý den,	(Eva) Evo.
	(Vlasta) Vlasto.
	(Věra) Věro.

Jak se máš?
Jak se máte?

Špatně.
Nestojí to za moc.
Ujde to.
Jde to.
Dobře.
Výborně.

1 *A jak se máte vy?*

Spielen Sie die Dialoge mit eigenen Namen.

2 *Jak se mají?*

Milan	
Eva	
Jaroslav	
Věra	

3 *V restauraci*

In einer Gaststätte kommen Sie mit Jana, einer jungen Tschechin, ins Gespräch.

4 *U Palečků*

Eine gemütliche Kaffeerunde. Was wissen Sie über die beteiligten Personen?

mám	nemám
máš	nemáš
má	nemá
máme	nemáme
máte	nemáte
mají	nemají

C

Ráno na nádraží

Jirka: Ahoj, Rolfe, konečně jste tady.
Rolf: Ahoj, Jirko.
Jirka: Jak se máš?
Rolf: Děkuji, dobře, a ty?
Jirka: Také dobře.
Rolf: To je moje přítelkyně.
Ute: Ahoj, Jirko. Jmenuji se Ute, Ute Schneiderová.
Jirka: Vítám vás v Praze. Kde máte zavazadla?
Rolf: Tady je můj kufr – a moje taška.
Jirka: A kde je tvůj kufr, Ute?
Ute: Kufr nemám. Tady je moje taška.
Jirka: Jak se jmenuje hotel, kde bydlíte?
Rolf: Bydlíme v hotelu Flora.
Jirka: Haló, taxi! Hotel Flora, prosím.

1 *Ano – ne?*

a. Ute je přítelkyně Jirky.
b. Ute nemá kufr.
c. Přítelkyně Rolfa je Ute.
č. Jarmila je na nádraží.
d. Jirka má kufr a tašku.
ď. Rolf a Ute bydlí v hotelu Flora.

ano	ne

2 *Na nádraží*

Václav holt Sie in Prag am Bahnhof ab und begleitet Sie ins Hotel.

- můj kufr
- hotel Panorama
- moje taška
- dobrý den
- jde to
- zavazadla
- jak se máš
- dobře
- taxi
- ahoj
- vítám vás
- kde bydlíš
- nádraží

Lekce 1

3 *Vítám vás!*

D To je moje rodina

1 *Kdo je to?*

Bringen Sie Familienfotos von zu Hause mit und sprechen Sie darüber.

– Kdo je to?
– To je moje babička.
– A to je tvoje sestra?
– Ne, to je moje teta.
– To je tvůj bratranec?
...

– To je vaše babička?
– Ne, to není moje babička, to je moje teta.
– A to je váš strýc?
– Ano, to je můj strýc.
...

on	můj tvůj
ona	moje tvoje
ono	moje tvoje

2 *ona → on*

dcera →	bratranec
teta	přítel
sestra	syn
babička	tatínek
maminka	bratr
přítelkyně	strýc
sestřenice	dědeček

3 *Fotoalbum*

Ihre tschechischen Freunde, Václav und Jana, erkundigen sich nach Ihrer Familie.

Václav: Kdo je to?
vy: To je můj tatínek.
Jana: Jak se jmenuje tvůj tatínek?
vy: Jmenuje se Honza.
Václav: Kde bydlí?
vy: Bydlí v Ústí nad Labem.
Jana: Čím je?
vy: Je úředník.
...

já	můj / moje
ty	tvůj / tvoje
my	náš / naše
vy	váš / vaše

sestra
Katrin
laborantka
Hamburk
Němka

sestřenice
Květa
architektka
Znojmo
Češka

strýc
Norbert
dělník
Innsbruk
Rakušan

babička
...
...

teta
Karla
učitelka
Brno
Češka

bratranec
Joachim
učitel
Norimberk
Němec

...
...
...

dědeček
František
prodavač
Kutná Hora
Čech

4 *Česká lidová píseň*

Žádnej neví, co jsou Domažlice

Žádnej neví, co jsou Domažlice,
žádnej neví, co je to Taus.
Taus je to německy, Domažlice česky,
žádnej neví, co je to Taus.

Žádnej neví, co je to železo,
žádnej neví, co je kroužek.
Kroužek je železo, má milá Terezo.
Žádnej neví, co je kroužek.

Lekce 2

A

2 Ráno v hotelu

Hotel Flora

Hotel Flora je ve středu města. Stanice metra a tramvaje je před hotelem. Na Václavské náměstí je to 10 minut pěšky.

V hotelu je

restaurace,

pivnice,

vinárna s hudbou,

prodejna suvenýrů.

Parkoviště je za hotelem.

víno – vinárna
pivo – pivnice
káva – kavárna

1 *Ano – ne?*

a. Hotel Flora je na Václavském náměstí.
b. Stanice metra je za hotelem.
c. Před hotelem je prodejna suvenýrů.
č. Hotel má parkoviště.
d. V hotelu je pivnice s hudbou.

ano	ne

2 *Co je v hotelu?*

– Je v hotelu Alcron restaurace?
– Ano, v hotelu Alcron je (jsou) restaurace.

– Má hotel Alcron parkoviště?
– Ne, nemá (parkoviště).

Hotel	kategorie	počet pokojů	restaurace	snack-bar	kavárna	vinárna	bar	pivnice	prodejna suvenýrů	parkoviště	sauna
Alcron	*****	143	●●	●	●			●	●		
Ambassador	****	87	●●	●	●	●	●●	●			
Club-Motel Praha	****	95	●●●	●	●			●		●	●
Esplanade	****	64	●		●		●	●			
Flora	***	93	●●		●	●		●			
Forum Praha	****	531	●●	●	●	●	●	●	●	●	●
Intercontinental	*****	394	●●	●	●	●	●	●	●	●	
International	****	246	●●		●	●	●●	●	●		
Jalta	*****	84	●	●	●		●●	●			
Olympik	****	317	●	●	●	●	●	●			
Olympik-Garni	***	255		●	●						
Panorama	****	422	●●	●	●●		●	●		●	●
Parkhotel	****	234	●	●	●●	●		●			
Paříž	***	85	●	●		●					
Splendid	***	45	●		●				●		
Zlatá Husa	***	72	●	●	●	●	●	●			

Lekce 2

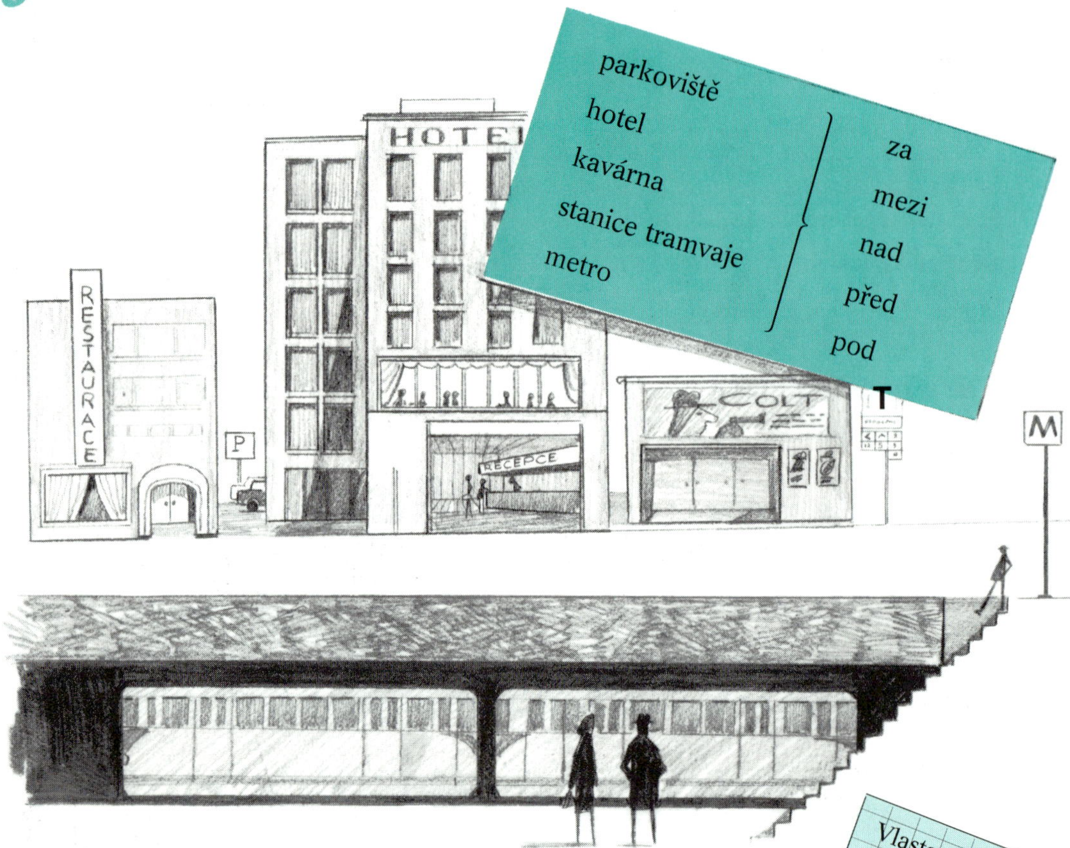

Vlasta **s** Petr**em**.
Petr **s** Vlast**ou**.

3 *Kde je kdo/co?*

a. Parkoviště je … hotel… .
b. Stanice tramvaje je … hotel… .
c. Hotel je … kavárn… a parkovišt… .
č. Jana je … Petr… ve středu města.
d. Kufr je … tašk… .
ď. Restaurace je … vinárn… .
e. Vlasta je … maminek… na nádraží.
ě. Taxi je … prodejn… suvenýrů.
f. Vinárna je … hudb… .
g. Metro je … hotel… .

4 *Co je to?*

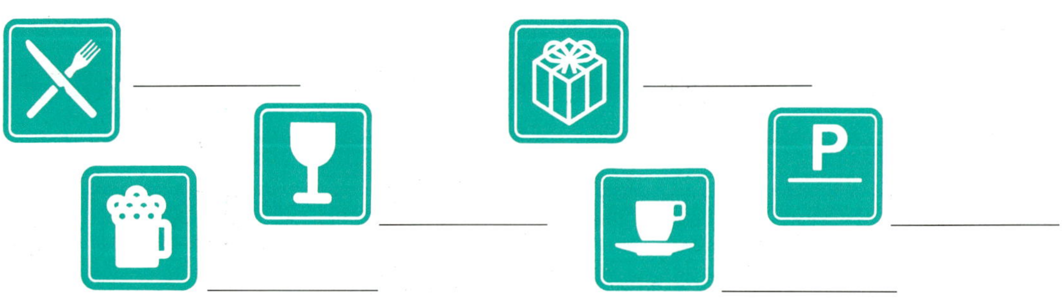

5 *Kde je taška?*

7. Fall (Instrumental)	
männlich	**-em**
sächlich	**-em**
weiblich	**-ou / -í**
za	s
před	mezi
nad	pod

6 *Před hotelem*

– Promiňte prosím, kde je stanice tramvaje?
– Stanice tramvaje je za hotelem Paříž.
– Děkuji. Na shledanou.

– Prosím, kde je kavárna?
– Kavárna? Ta je mezi vinárnou a recepcí.
– Ne, mezi vinárnou a recepcí je pivnice. Kavárna je před pivnicí.

– Dobrý den, kde je, prosím, hotel Evropa?
– Hotel Evropa je na Václavském náměstí, ve středu města.
– Děkuji. A kde je, prosím, stanice metra?
– Stanice metra je pod hotelem Flora.
– Děkuji. Na shledanou.
– Na shledanou.

Petr Urban

stanice autobusu
stanice metra
pivnice
parkoviště
taxi
kavárna
bar
hotel Moskva
nádraží
hotel Forum
restaurace
prodejna suvenýrů
vinárna

Lekce 2 B

V recepci

recepční: Dobrý den, co si přejete, prosím?
Rolf: Dobrý den. Máme zde objednaný pokoj. Jmenuji se Rolf Berger.
recepční: Moment. Vaše pasy, prosím. Děkuji. Vyplňte přihlášku, prosím. Vaše pasy si zde nechám.
Rolf: Jaké číslo má náš pokoj?
recepční: Máte pokoj číslo 10, ale není ještě volný – až v 10 hodin.
Ute: A co teď?
recepční: Jistě máte hlad. V restauraci se právě podává snídaně.
Rolf: To je výborný nápad. Mám hlad a žízeň. A ty, Ute?
Ute: Mám hlad jako vlk.

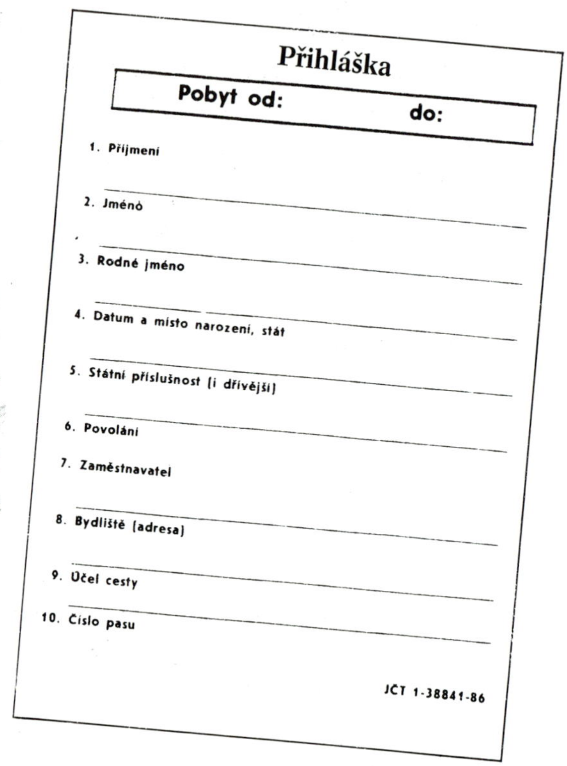

Přihláška

Pobyt od: **do:**

1. Příjmení
2. Jméno
3. Rodné jméno
4. Datum a místo narození, stát
5. Státní příslušnost (i dřívější)
6. Povolání
7. Zaměstnavatel
8. Bydliště (adresa)
9. Účel cesty
10. Číslo pasu

JČT 1-38841-86

1 *Je pokoj volný?*

recepční: Dobrý den, co ... ?
Katharina: Dobrý den, mám zde ... pokoj.
recepční: ... ?
Katharina: Jmenuji se Katharina Netterová.
recepční: ... ?
Katharina: Bydlím v Bonnu. Jaké číslo má můj pokoj?
recepční: ... .
Katharina: Má hotel parkoviště, jsem tady autem?
recepční: ....
...

Katharina: Pokoj není volný, co teď?
Vladimír: .... ?
Katharina: Hlad nemám, ale .... .
Vladimír: Já mám také žízeň. ... je kavárna.
Katharina: ... nápad.

2 *Hotel Morava v Brně*

recepční	vy
– Dobré ráno/jitro. Dobrý den/večer.	– Dobré ráno.
– Máte objednaný pokoj?	...
– Jak se jmenujete?	
– Máte pokoj číslo 10, ale ještě není volný.	
– Nemáte hlad? V restauraci se podává snídaně.	
– Restaurace je před pivnicí.	
– Máme parkoviště/vinárnu/bar.	
– Prosím. Není zač. Dobrou chuť!	

Jaroslav Pop

Hotelová hala

Lekce 2

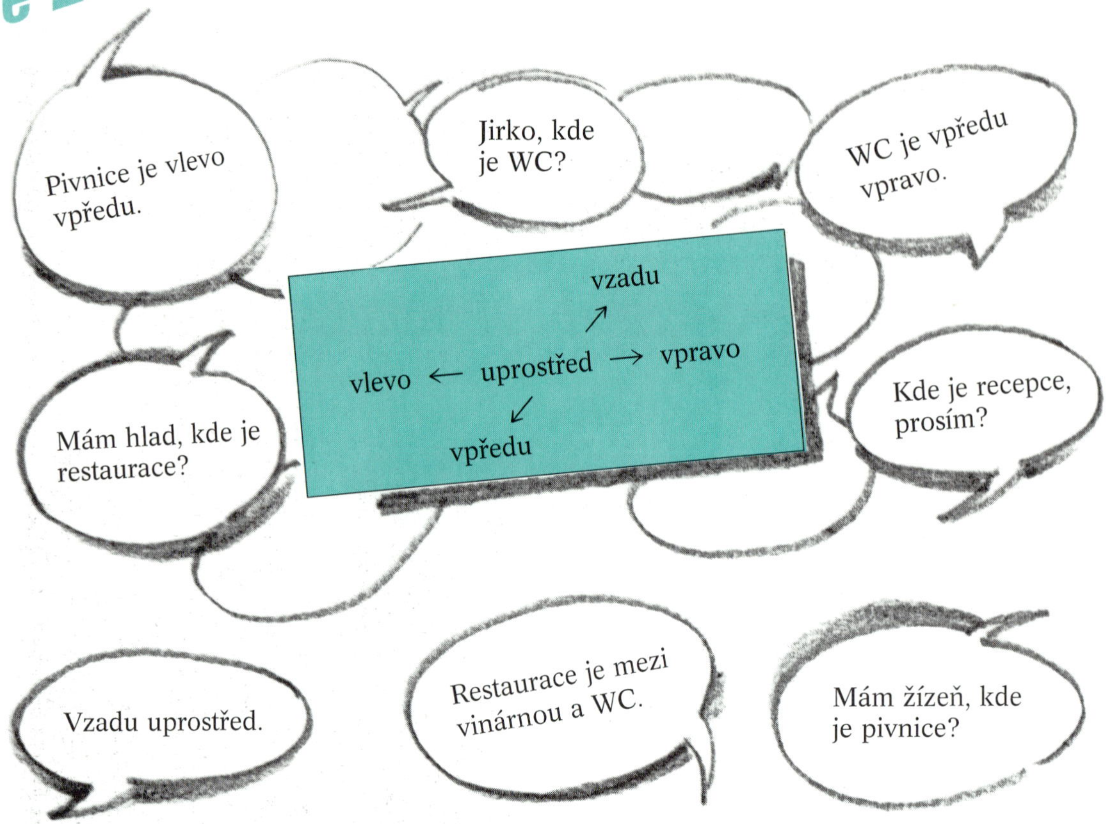

Kde je prosím, restaurace?	Restaurace je tam vpravo.
Kde je pivnice?	Pivnice je vlevo.
Je vinárna vlevo vzadu?	Ne, vinárna je vpravo.
A co je ještě vlevo?	Vlevo je prodejna suvenýrů.
Kde je WC, prosím?	WC je tam vpravo vpředu.

1 *Praha. Hotel Paříž. Kde je co?*

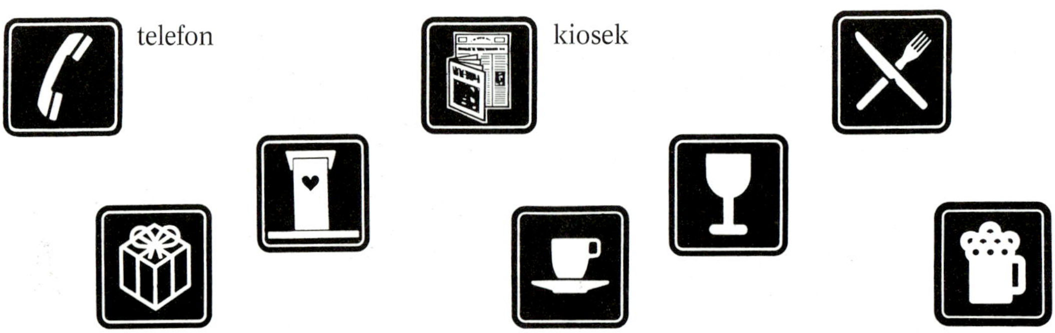

Jídelní lístek

HOTEL international

HOTELOVÁ SNÍDANĚ — MENU

I. Čaj Club s citrónem	13,--
Máslo, med	10,--
Pečivo — 3 ks	5,--
Frankfurtský párek, křen, hořčice	25,--
Juice — 1 dcl	12,--
Sýr Eidam — 30 g	18,--
	83,--
II. Mléko — 3 dcl	6,--
Máslo, džem	12,--
Pečivo — 2 ks	3,--
Šunka 80 g, okurka 1/2, křen 15 g	45,--
Jogurt bílý	10,--
	76,--
III. Mléko — 3 dcl	6,--
Pečivo — 2 ks	3,--
Pečená šunka s vejci — 2 ks	40,--
Máslo, med	12,--
	61,--

I. skupina
Servis na etáže + 10 %

adresa: 160 00 Praha 6, náměstí Družby 1
telefon: 33 19 111
telex: 121 055

4. Fall (Akkusativ)	
männlich (*belebt*)	**-a**
(*unbelebt*)	**-**
sächlich	**-u/-i**
weiblich	

vrchní: Dobré jitro, co si přejete, prosím?
Ute: Dobré ráno, prosím, čaj s mlékem, housky, máslo, vejce a džus.
vrchní: A vy?
Rolf: Černou kávu, bílý chléb a sýr, prosím.
vrchní: Je to všechno? Máme výbornou pražskou šunku.
Ute: To je nápad, ještě pražskou šunku, prosím.

Lekce 2

1 šunka	**4** bílý chléb	**7** káva	**10** vejce	**13** mléko
2 salám	**5** černý chléb	**8** housky	**11** sýr	**14** rohlík
3 džus	**6** čaj	**9** máslo	**12** citrón	**15** marmeláda
				16 cukr

1 *Co si přejete?*

a. – Dobrý den, co si přejete, prosím?
   – . . . .
   – Je to všechno?
   – Ne, ještě . . . .

čaj	+	citrón	→	čaj **s** citrón**em**
káva	+	mléko	→	káva **s** mlék**em**
šunka	+	vejce	→	šunka **s** vejc**em**
rohlík	+	šunka	→	rohlík **se** šunk**ou**

b. – Přejete si bílou nebo černou kávu?
   – . . . .
   – Pečivo nebo chléb?
   – . . . .
   – Čaj s … nebo … ?
   – . . . .

c. Co snídají Dana a Alena?
   Dana: . . . .
   Alena: . . . .

č. Co má k snídani Pepík?
   . . .

2 *V jídelně*

– Promiňte prosím, je jídelna vpravo vzadu?
– Ne, jídelna není vpravo vzadu, je … .
– Děkuji. Na shledanou.
…
– Dobré jitro, co si přejete, prosím?
– Dobré ráno. … .
– S mlékem, s citrónem?
– …
– Je to všechno? Máme … .
…

HOTELOVÁ SNÍDANĚ 58,--
Čaj Pickwick, máslo, džem, pečivo 3 ks
Bílá káva česká, máslo, pečivo 3 ks
Čokoláda vařená, šlehačka, džem, pečivo 2 ks

3 *A co snídáte vy?*

– Co snídáš?
– Snídám čaj s mlékem, housku a vejce.
– Máš rád med?
– Ne, med nemám rád.

– Co máte k snídani?
– K snídani mám kávu s mlékem a chléb s máslem.
– Máte ráda kefír?
– Ne, já kefír nerada (nemám ráda).

Mám rád
Mám ráda

Nemám rád / ráda
Já nerad / nerada

chléb s máslem a šunkou.
kefír.
med.
čaj s citrónem.
kávu s mlékem.

Lekce 2

4 *Co máte rád / ráda?*

– Máš rád / ráda kávu s medem?
– Ne, kávu s medem nerad / nerada. Mám rád / ráda kávu s cukrem a mlékem.

Máš rád	chléb	s	rohlík?	Ano, …
Máte ráda	káva		cukr?	Ne, …
	šunka		čaj?	
	sýr		víno?	
	mléko		pivo?	
	houska		máslo?	
	…		mléko?	
			kefír?	
			citrón?	
			salám?	
			vejce?	
			med?	
			…	

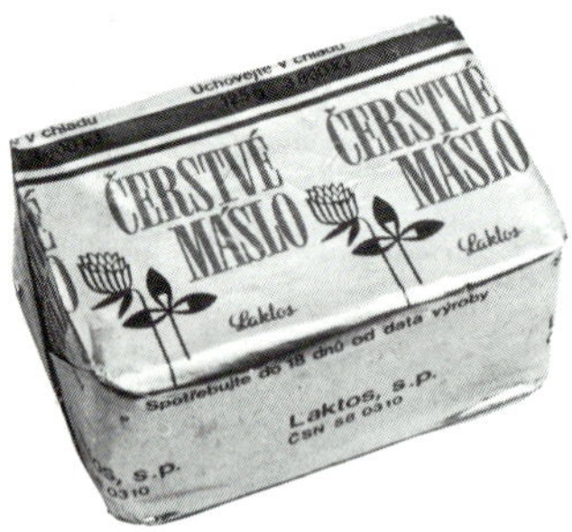

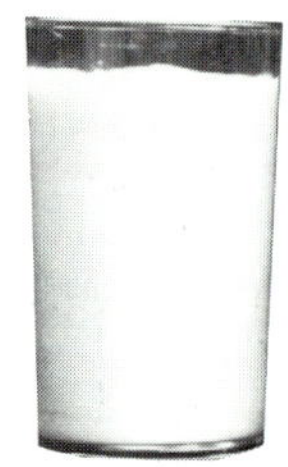

5 *Pozvání na snídani*

Sie laden Václav und Jana zum Frühstück ein. Bestellen Sie für alle.

3 V pokoji

Pokoj s koupelnou

Rolf a Ute jsou konečně v pokoji. Mají hezký a velký pokoj. Má jedno velké okno s pohledem do parku. V pokoji jsou dvě postele, velká skříň, malý stůl a tři židle. Vpravo v rohu je malý černo-bílý televizor. Televizor není nový, je starý. Je to pokoj s koupelnou. V koupelně je vana, sprcha, umyvadlo a toaleta.

Ute a Rolf jdou odpoledne s Jirkou na procházku.

männlich	malý stůl
sächlich	malé okno
weiblich	malá koupelna

1 *Co je v pokoji?*

velký – malý
dlouhý – krátký
hezký – ošklivý
černý – bílý
starý – nový
dobrý – špatný

Lekce 3

2 *Ano – ne?*

a. V pokoji je černo-bílý televizor.
b. Rolf je v pokoji.
c. Pokoj je s koupelnou a sprchou.
č. Pokoj je hezký, ale malý.
d. V pokoji je jedno okno.
ď. Vpravo je velký stůl a židle.

ano	ne

3 *Hotel Vlčina*

Hotel Vlčina. Dobrý den.

Dobrý den. Máte volný pokoj, prosím?

Jednolůžkový nebo dvoulůžkový pokoj?

. . .

Na jednu noc/dvě noci?

Se sprchou? S koupelnou?

Máme malý, hezký pokoj s balkónem.

Ano, s pohledem do parku.

Ano, každý pokoj má telefon.

V pokoji je černo-bílý televizor.

Za hotelem je velké parkoviště.

jednolůžkový pokoj

dvoulůžkový pokoj

s polopenzí

s plnopenzí

garáž

telefon v pokoji

parkoviště

televizor

se snídaní

park

sauna

Interhotely

*** PALACE, Ostrava, Gottwaldova 59, Tel. 23 21 22
**** IMPERIÁL, Ostrava, Tyršova 6, Tel. 23 66 21
*** NÁRODNÍ DŮM, Olomouc, ul. 8. května 21, Tel. 2 48 06
*** PALÁC, Olomouc, tř. 1. máje 27, Tel. 2 40 96
*** VLČINA, Frenštát pod Radhoštěm, Tel. 53 51
** SLOVAN, Jeseník-lázně, nám. Rudé armády 23, Tel. 27 55
*** TESLA, Rožnov pod Radhoštěm, Mezilíčská 1653, Tel. 5 43 38
*** MORAVA, Krnov, Šturova 2, Tel. 28 71-4
*** FLORA, Olomouc, Krapkova 34, Tel. 2 32 41-4

Jaké číslo?

0 = nula

B

jeden, a, o | dva, -č, -č | tři | čtyři | pět

šest | sedm | osm | devět | deset

Lekce 3

1 *Jaká tramvaj jede do Strašnic?*

Nach einem Verkehrsunfall fahren die Straßenbahnen anders.

a. Libeň – tramvaj číslo jedna.
b. Motol – tramvaj číslo ..3.
c. Holešovice – ...9
č. Dejvice – ...10
d. ... – tramvaj číslo čtyři.
ď. Podolí – ...2
e. ... – tramvaj číslo osm.
ě. Strašnice – ...7
f. ... – ... pět.
g. Bílá Hora – ...6

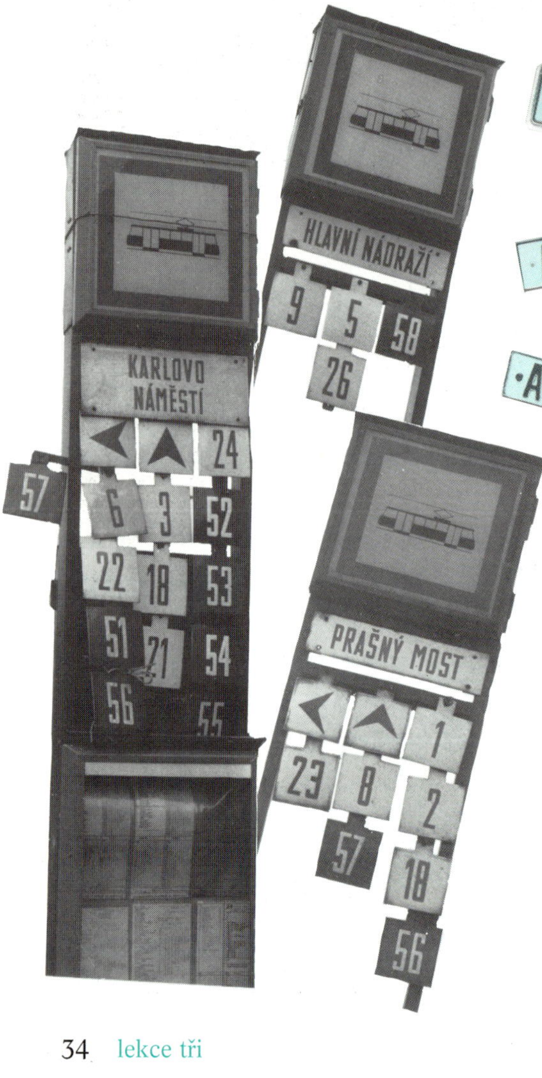

2 *Telefonní rozhovor*

– Jana Straková.
– Ahoj, Jano, tady je Mirek. Prosím tě, jaké telefonní číslo má Eliška, Eliška Pallasová? Nemám doma telefonní seznam.
– Moment, prosím. – Eliška Pallasová má číslo 81 38 13.
– A jakou má adresu, prosím?
– Dubečská 20, Praha 10.
– Děkuji. Na shledanou.

11	jedenáct	19	devatenáct	30	třicet
12	dvanáct	20	dvacet	40	čtyřicet
13	třináct	21	dvacet jeden, -a, -o	50	padesát
14	čtrnáct	22	dvacet dva, -ě, -ě	60	šedesát
15	patnáct	23	dvacet tři	70	sedmdesát
16	šestnáct	24	dvacet čtyři	80	osmdesát
17	sedmnáct	25	dvacet pět	90	devadesát
18	osmnáct	…		100	sto

3 *Jaké telefonní číslo má Marcela?*

Jméno	Telefonní číslo
Marcela	63 97 53
Pavel	43 52 97
Jaroslav Noha	32 67 98
Věra Milerová	65 73 91
maminka (do práce)	27 96 33
Ute	0049 711 64 75 95

4 *Jaké telefonní číslo má ...?*

JAROSLAV CAPANDA

ZPROSTŘEDKOVATELSKÁ AGENTURA
ŽITNA 26, 120 00 PRAHA 2
ČESKÁ REPUBLIKA tel. 02 22 73 2

PRODEJNÍ GALERIE
LORETÁNSKÉ NÁM 2. 118 00 PRAHA 1
ČESKÁ REPUBLIKA tel. 02 53 77 16

Filmové laboratoře Barrandov
Kříženeckého nám. 322
152 53 Praha 5
tel.: 54 16 42/24 38 J. Anděl
fax: 59 05 73

LITERÁRNÍ NOVINY

Šéfredaktor Vladimír Karfík,
zástupce šéfredaktora Zdeněk Pochop
grafická úprava Miroslav Klomínek.

Redakce Národní tř. 13,
110 00 Praha 1, tel. 232 09 27.

Redakcí nevyžádané rukopisy
se nevracejí.

RNDr. Jan Králík

Česká akademie věd
Ústav pro jazyk český
Letenská 4
118 51 Praha 1
telefon: 3 93 51-9 + 3 92

250 89 Lázně Toušeň
Mlýnská 29
telefon: (02 02) 98 13
Česká Republika

Jiří Řehák
VÝTVARNÍK

HUSOVA 18
110 00 PRAHA 1
TEL. 23 66 52

PŘEHOŘOV 12
331 65 ŽIHLE
TEL. 0182 / 95 24

A jaké je vaše telefonní číslo?

5 Telefonní čísla

Notieren Sie die Telefonnummern in Ziffern.

6 Sport – Basketbal

Jiskra Jihlava	Dukla Plzeň	84:79
Dukla Praha	Slavia Bratislava	65:69
Rudá Hvězda Praha	Baník Ostrava	58:31
Start Piešťany	TJ Olomouc	91:73
TJ Košice	Sparta Praha	48:88
Svit Zlín	TJ Trnava	102:92

přitom prohlásil, že pokud se do dvacítky nejlepších v kláních Světového poháru nevejde, o Francii uvažovat nehodlá, a soustředí se na dlouhé laufy.

Podruhé na štítě

ČR—Finsko 1:4

FÜSSEN (čt) — Také v druhém střetnutí na MS dvacetiletých prohráli čs. mladí hokejisté se skandinávským soupeřem — tentokrát s Finy 1:4.

Branky: Pálffy (21.) — Tuomainen (11.), Günther (35.), Luovi (38.), Grönvall (41.). Vyloučení: 0:8. Přesilovky: 1:1. Oslabení: 0:0. Rozhodčí: Grundström. Diváků: 800. Třetiny: 0:1, 1:2, 0:1.

SVÝCARSKO—KANADA 4:6 (1:2, 0:2, 3:2).

USA—FINSKO 5:1 (1:0, 1:0, 3:1).

Změna pod sítí?

Nejvyšší čs. volejbalová soutěž mužů a žen, v níž letos poprvé v dějinách startují rakouské celky, dozná pravděpodobně od příští sezóny další změny. Podle předběžné dohody představitelů čs. a rakouského volejbalu, by se měl počet čs. účastníků v obou kategoriích redukovat na šest, ke dvěma účastníkům z Rakouska v každé soutěži by však mělo přibýt po dvou týmech z Maďarska. Liga mužů i žen by tak měla po deseti účastnících.

Silvestrovské derby

Sparta versus Slavia na Silvestra? To zní nezasvěcenému jako nepodařený vt…ek — ale je tomu skutečně tak! Už pošesté se 31. prosince střetnou fotbalisté pražských S na škvárovém hřišti karlínské Čechie u hotelu Olympic, aby po svém oslavili konec starého roku. Jména se pokaždé v sestavách blyští přenáramná; letos by soupisce sparťanů měl dodat ten pravý lesk janovský bomber Skuhravý. Slávisté nechtějí zůstat pozadu, a tak loví

boru, tvrdí, že posledním členem olympijské štafety by měl být sedmnáctiletý Nicolas Matern. Jeho jméno sice většině lidí mnoho neříká, ale tvář tehdy jedenáctiletého chlapce viděl … šesti roky … kazet… le. D… začníh… nier … kandid… ho ohr… Rocheh… z údolí… Alpách, … lastí, k… z olymp… soutěží. Jeho účast při slavnostním ceremoniálu by byla alespoň malou splátkou obyvatelům, kteří o celou tu velkou slávu přijdou.

Posledním nosičem olympijské pochodně tedy pravděpodobně nebude žádný ze slavných sportovců.

■

Zajištění bezpečnosti účastníků ZOH 1992 v Albertville si vyžádá náklady ve výši 160 mil. franků, což je asi 31 mil. dolarů. Oznámil to nejvyšší představitel bezpečnostních složek Savojska Jacques Lambert.

Hokej za oceánem

NHL: Boston—Hartford 3:2, Quebec—Montreal 1:4, Washington v. N. Y. Rangers 6:8, Pittsburgh v. Toronto 12:1, St. Louis—Chicago 3:1, Winnipeg—Minnesota 2:3, N. Y. Islanders—New Jersey 5:5, Los Angeles—San José 5:2.

V dramatickém utkání o prvenství v Patrickově divizi vedl Washington sekundu před koncem první třetiny nad Rangers 6:1, přesto ještě o dvě branky prohrál! Pivoňka, autor tří gólů, který dohrával se sedmi stehy na obličeji, po zápase řekl: **„Nikdy jsem nehrál v utkání, kde by mužstvo vedlo o pět branek a pak prohrálo."**

starat 2650 četníků, 1950 uniformovaných policistů, 1270 požárníků, 2350 příslušníků vojenské policie, jakož i civilní zaměstnan… ci bezpečnost…

… podnikatel a mecenáš fotbalové Slavie Praha Boris Korbel požádal ČSTK o zveřejnění následujícího novoročního blahopřání čs. sportovní veřejnosti:

V… sportovní přátelé,

… naši milí diváci… shledání s Vámi v ochozech … stadiónů. A pro tyto hezké chvíle s fotbalem Vám přeji v roce 1992 hodně zdraví a dobrou životní pohodu.

ZE SVĚTA

▲ **SPENGLERŮV** pohár v ledním hokeji: Kanada—Malmö 7:5 (2:1, 3:2, 2:2).

»Jděte do sebe, vážení,« říká Ev…

Takže — už je rozhodnuto! Výkonný výbor ČSTV schválil návrh asociace trenérů a potvrdil v roli lodivoda volejbalo-

aby v pravý čas řekli — ta… se dnes ohánějí tím, že Kaln… v rámci demokracie, tak já

Lekce 3

C

Kolik je hodin?

Lekce 3

je	jedna	hodin**a** / minut**a**
jsou	dvě tři čtyři	hodin**y** / minut**y**
je	pět šest sedm ...	hodi**n** / minu**t**

60 minu**t** = hodina
30 minu**t** = půl hodin**y**
15 minu**t** = čtvrt hodin**y**

V kolik hodin se podává snídaně?	Snídaně se podává v 8.30 hodin. Snídaně je v 8.30 hodin.
Kolik je hodin?	Je pět hodin a deset minut.

Lekce 3

1 *Máte hodinky?*

– Dobrý den, prosím vás, kolik je hodin? Nemám hodinky.
– Bohužel, nemám také hodinky, ale tam u stanice tramvaje jsou hodiny.
– Děkuji vám.
– Prosím, není zač.

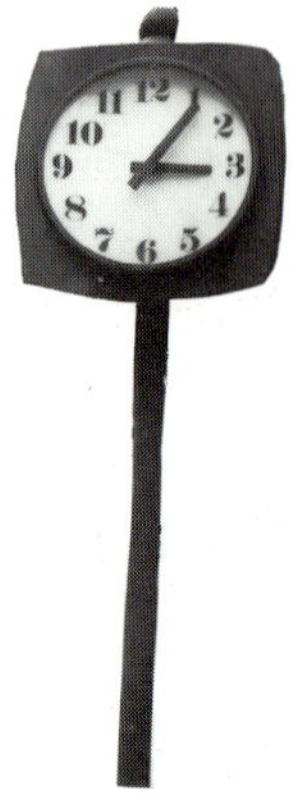

– Promiňte prosím, kolik je hodin?
– Je přesně 5.15.
– Děkuji.
– Prosím.

– Pavle, v kolik hodin je snídaně?
– Snídaně se podává v 7.30.
– A kolik hodin je teď?
– Máme ještě čas. Teď je sedm hodin a deset minut.

2 *Na nádraží*

Praha	8.12	Plzeň		Stříbro	11.23
Praha		Český Brod	10.52	Kolín	
		Kutná Hora			
Praha	10.39	Jihlava		Moravské Budějovice	14.10
		Znojmo	15.56		
Praha		Beroun		Rokycany	
		Plzeň	13.32	Stříbro	
		Cheb			

2. Fall (Genitiv)

männlich	-a / -u / -e
sächlich	-a / -e
weiblich	-y / -e
do	u z / ze

3 *U nádražní pokladny. Kdy jede vlak do ...?*

- Kdy jede prosím, vlak do Stříbra?
- Vlak do Stříbra jede v 8.12.
- V kolik hodin jsem tam?
- V 11.23.
- Děkuji.

- Kdy jede vlak z Rokycan do Chebu?
- ...
- V kolik hodin jsem v Chebu?
- ...
- Děkuji.
- ...
- Na shledanou.

4 *Co je kdy v televizi?*

TELEVIZE

OD 29. 9. DO 7. 10.

● černobílý pořad

SOBOTA 29. ZÁŘÍ

F 1:

8.30 Události, komentáře
9.00 Zprávy
9.05 Vlaštovka
10.05 Medailón souboru Javorník z Brna
10.25 Dukla Praha v. Inter Bratislava (přímý přenos kopané). V přestávce: Z deníku VB SR
12.25 Auto-moto revue
13.05 Otázka cti. Italský film (Bratislava)
14.55 Poslední lup. Groteska
15.15 Za svědky minulosti: Kudy teče voda
15.30 Mistrovství ČSFR v autokrosu
16.55 Minuty dne
17.05 Rhytmick
17.45 Vilém Tell (15)
18.05 Receptář nejen na neděli
18.45 Cvičme, cvičme — tanec (Bratislava)
18.55 Zpívánky: Ach, synku, synku
19.00 Kosí bratři a Větrný kohout
19.10 Přehled pořadů
19.15 Olympijská sázka 5 ze 40
19.20 Předpověď počasí
19.25 Reklama
19.30 Deník F 1
19.50 Francouzský film o divokých zvířatech
21.20 Reklama
21.25 Událost týdne
21.35 Branky, body, sekundy
21.55 Umlčené svědectví. Film SRN—Británie
23.50 Donovan na Bratislavské lyře 1983
0.30 Zprávy
0.35 Závěr

ČTV:

kaleidoskop — **18.40** Slovenský kras — **19.10** Duchovní slovo — **19.30** Život v přírodě — **19.55** Hovoří premiér — **20.05** Ženatý přes den, svobodný v noci — **20.55** Aktuality — **21.15** Sudá a lichá — **23.05** Slovakoturist 1990.

OK 3: 19.45 Zábavný pořad z mořského pobřeží — **21.30** O horolezectví a turistice.

PONDĚLÍ 1. ŘÍJNA

F 1:

15.45 Člověk člověku člověkem
16.15 Objektiv
16.45 Minuty dne
16.55 Richard Wagner (4.)
17.50 Sportovní ozvěny
18.50 Aerobik (Bratislava)
19.00 Kosí bratři a Větrný kohout
19.10 Přehled pořadů
19.15 FMV pátrá, radí, informuje
19.20 Předpověď počasí
19.25 Reklama
19.30 Deník F 1
19.50 Sondy
20.30 Reklama
20.35 Příběh 88. Český film
22.05 Ud'losti, komentáře
22.35 Otázka cti. Italský film (Bratislava)
0.25 Zprávy
0.30 Závěr

ČTV:

15.05 Toulky s K. Čapkem. Pro 2. třídu
15.30 Studio Kontakt
18.10 Středočeský večerník
18.25 Americká angličtina. 5.
18.40 Tomíčkův memoriál. Přímý přenos závodů na ploché dráze z Břevnova
20.00 Přehled pořadů
20.05 Aktuality
20.20 Možná přijde i kouzelník
21.30 Aktuality
21.35 Minuty o sportu
21.45 Hovory u mistra Jana
22.25 Aktuality
22.40 Reklama
22.35 Tři chlapi a dáma (Brno)
23.05 Závěr

16.05 Ze života našeho venkova (K ce)
16.45 Minuty dne
16.55 Dukla Praha—Wanderers. I v kopané. V přestávce: Cvič cvičme
19.00 Kosí bratři a Větrný kohout
19.10 Přehled pořadů
19.15 Stalo se před rokem
19.20 Předpověď počasí
19.25 Reklama
19.30 Deník F 1
19.50 Fanfán Tulipán. Franc. veselo (1952) ●
21.30 Reklama
21.35 Bratislava křižovatkou zločinu
22.05 Události, komentáře
22.35 Klíma: Pokoj pro dva. Hra
24.00 Zprávy
0.05 Závěr

ČTV:

9.00 Český jazyk pro 1. třídu
9.20 Anim. pohádky ve francouzšti
9.35 Ženich hraje na lesní roh. Hr
10.30 Kino a já. Vypráví K. Čáslav
Přestávka od **11.10** do **15.30**
15.30 Studio Kontakt
18.25 Deset minut pro vás
18.35 Západočeský večerník
18.50 Americká angličtina. 5.
19.05 Přehled pořadů
19.10 Aktuality
19.25 Baník Ostrava—Aston Villa. Pol UEFA v kopané. V přestáv Aktuality
21.25 Reklama
21.30 Ženich hraje na lesní roh. H
22.25 Knihy pro vás
22.30 Aktuality
22.35 Minuty o sportu
22.45 Spartak Moskva—Sparta Č Praha (kopaná), Prievidza—Tal (košíková mužů)
0.15 Závěr

ST: 16.35 Veselý Jeralaš — **17.00** lezoo — **17.15** Němčina pro děti **17.25** Pátky, svátky — **17.45** Co skautování — **18.10** Angličtina pro ti — **18.20** Welcome to English — **18** Návrat zubrů — **19.15** Videoklipy **19.25** Baník—Aston Villa — **21.20** S dión — **21.30** Aktuality — **21.50** Sp

Jak je to daleko?

Jirka: Ahoj, tak jdeme?
Rolf: Kam vlastně jdeme?
Jirka: Chci vám ukázat Václavské a Staroměstské náměstí.
Ute: Je to daleko?
Jirka: Je to půl hodiny pěšky, ale jede tam také metro.

3. Fall (Dativ)	
já	mně / mi
ty	tobě / ti
my	nám
vy	vám

Rolf: A jak je daleko Staroměstské náměstí?
Jirka: Z Václavského náměstí jen 10 minut pěšky.
Ute: A potom?
Jirka: A potom vám chci ukázat, kde bydlíme.

jet	jít
jedu	jdu
jedeš	jdeš
jede	jde
jedeme	jdeme
jedete	jdete
jedou	jdou

chtít
chci
chceš
chce
chceme
chcete
chtějí

Je pěkný, teplý den. Jirka, Ute a Rolf jedou metrem na Václavské náměstí. Náměstí je velmi dlouhé, ale není široké. Každá budova je hotel, kavárna, obchod, restaurace, banka nebo úřad. Nahoře je Národní muzeum a Socha svatého Václava, dole je Můstek. Z Můstku je to jen kousek na Staroměstské náměstí.
Staroměstská radnice s Orlojem, Týnský chrám, pomník Jana Husa a krásné domy z doby gotiky, renesance a baroka: to vše je na Staroměstském náměstí.

Lekce 3

1 *Otázky – odpovědi*

Notieren Sie die Fragen und beantworten Sie sie.

2 *Kdo jde / jede kam?*

3 *Procházka Prahou*

– Co nám/mi chceš ukázat?
– Chci vám/ti ukázat Národní galerii.
– Jak je to daleko?
– Tři minuty metrem.

Národní divadlo
3 minuty

Karlův most
75 minut

Prašná brána
17 minut

Národní muzeum
10 minut

Orloj
35 minut

Hradčany
25 minut

4 *Co nám chcete ukázat?*

Sie erwarten Besuch aus Brno. Überlegen Sie in Gruppen (3–4 Personen), welche Sehenswürdigkeiten Ihrer Heimatstadt Sie zeigen möchten, und wie Sie am besten dort hinkommen.

Lekce 4

4 Nákupy

A

Kde to koupím?

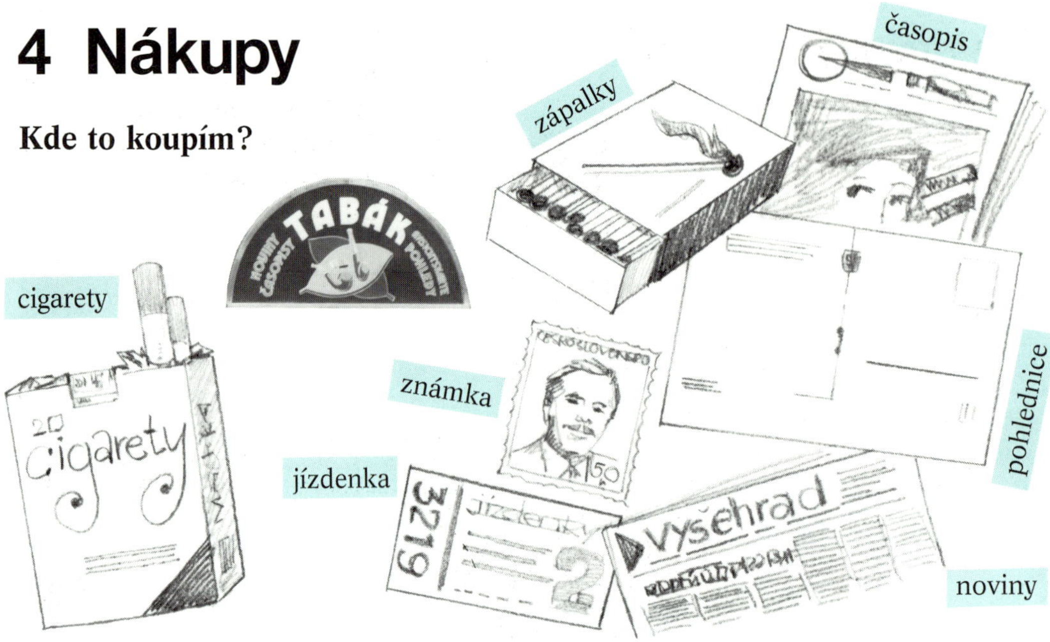

Ute a Rolf jdou nakupovat. Ute potřebuje šampón, zubní pastu a cigarety. Rolf chce koupit čtyři barevné pohlednice a známky. Oba potřebují jízdenky na tramvaj a metro. Večer jdou na návštěvu. Rolf chce koupit květiny a láhev červeného vína.

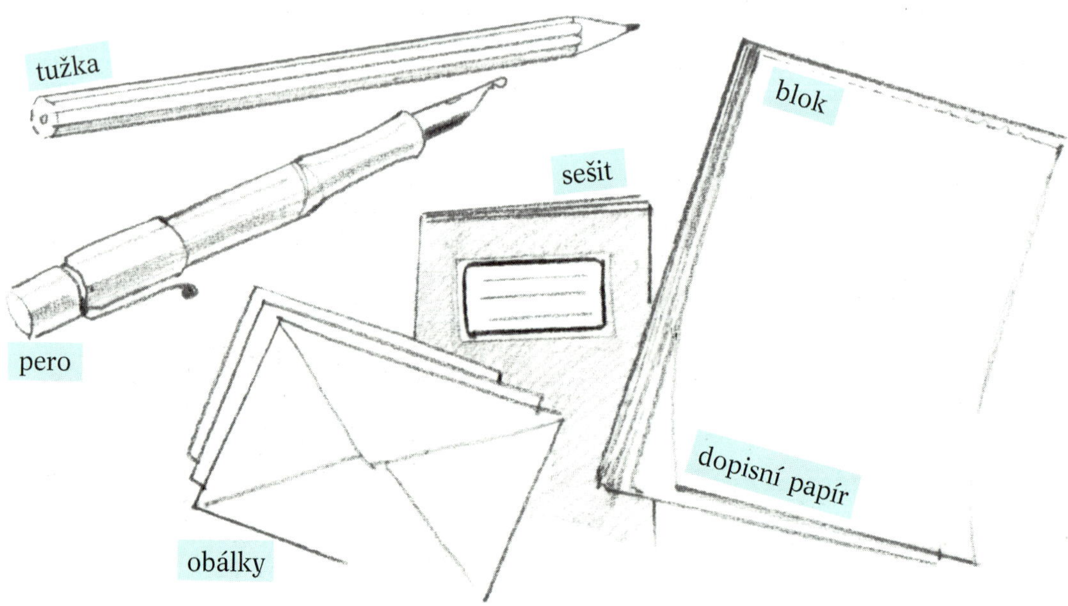

Lekce 4

DROGERIE

Ute: Promiňte prosím, kde dostanu šampón a zubní pastu?

stará paní: Tam na rohu je drogerie. Tam dostanete všechno.

Ute: Děkuji vám.

stará paní: Není zač.

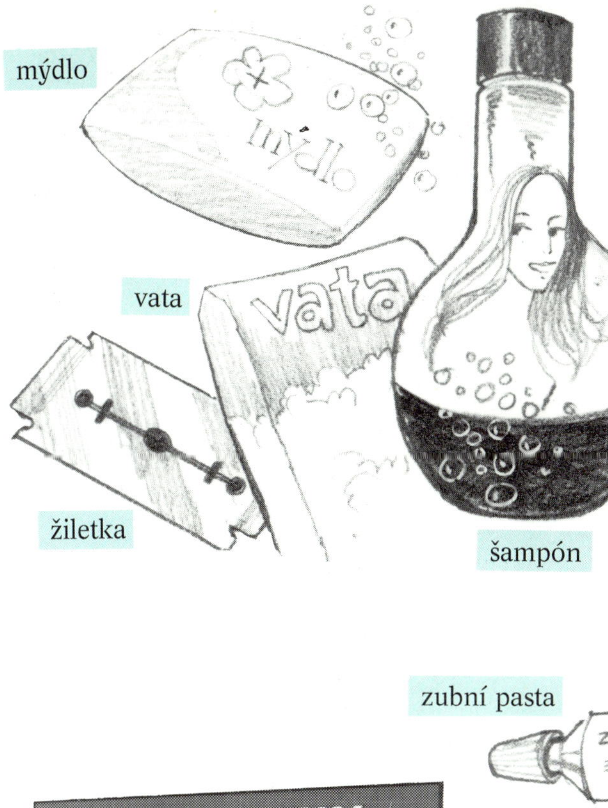

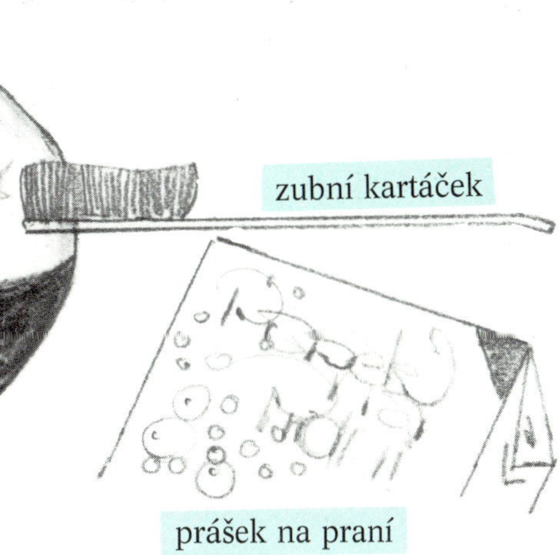

POTRAVINY

Lekce 4

Rolf: Dobrý den. Prosím vás, máte barevné pohlednice a známky?

prodavačka: Pohlednice a známky nemáme. Pohlednice dostanete v papírnictví a známky v obchodě Tabák.

Rolf: A kde je papírnictví, prosím?

prodavačka: Papírnictví je hned za rohem.

Rolf: Aha, děkuji. Na shledanou.

papír	→	papírnictví
květiny	→	květinářství
hodiny	→	hodinářství
železo	→	železářství

Rolf: Chtěl bych koupit květiny. Jak se jmenuje obchod, kde prodávají květiny?

Jirka: Květinářství.

Rolf: Aha, a kde koupím láhev červeného vína?

Jirka: Víno koupíš v potravinách.

1 *Kdo potřebuje co?*

a. Ute potřebuje … .
b. Rolf chce koupit … .
c. Oba potřebují … na metro a … .
č. Dnes večer jdou … .
d. Rolf chce koupit láhev vína a … .

2 *Co potřebujete?*

– Dobrý den, co si přejete, prosím?
– Chtěl bych dobrou zubní pastu, malé mýdlo a vatu.
– Ještě něco, prosím?
– Ne, děkuji. To je všechno.

...

– Dobrý den, máte prosím, červené víno?
– Ano, máme dobré moravské červené víno. Přejete si ještě něco?
– Ano, ještě chléb.
– Je to všechno?
– Ano, děkuji.

Chtěl **bych** koupit mýdlo.
Chtě**la bych** 4 pohlednice.
červené víno.
...

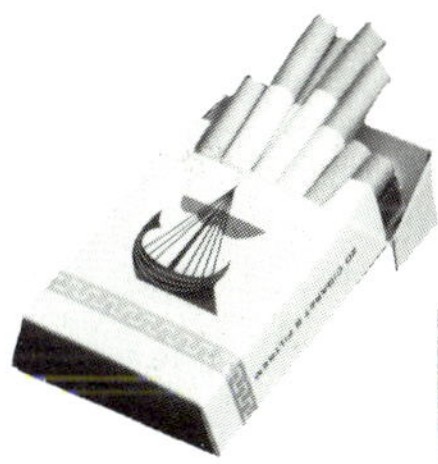

Lekce 4

3 *Co chtějí koupit?*

Schreiben Sie vier Einkaufszettel.

4 *blok → papírnictví*

cigarety	květinářství
mýdlo	papírnictví
pohlednice	zápalky
chléb	známky
blok → papírnictví	časopisy
květiny	máslo
noviny	obálka
dopisní papír	šampón

moci
mohu
můžeš
může
můžeme
můžete
mohou

B Paní Palečková je v obchodě

paní Palečková: Dobrý den, máte skládací deštníky?
prodavačka: Ano, máme japonské mini a německé.

paní Palečková: Můžete mi ukázat ten německý deštník?
prodavačka: Jakou barvu, prosím?
paní Palečková: Modrý.
prodavačka: Modré nemáme, máme jenom hnědé, červené a zelené.
paní Palečková: To je škoda, já chci modrý.
prodavačka: Máme modré, žluté a barevné japonské deštníky.
paní Palečková: Kolik stojí japonský deštník?
prodavačka: Japonský deštník stojí 189 Kč. Je drahý, ale dobrý. Německý stojí 145 Kč.
paní Palečková: Hm, japonský je drahý, ale je modrý. Dejte mi modrý japonský. Kde je pokladna, prosím?
prodavačka: Tam vlevo.
paní Palečková: Děkuji. Na shledanou.

Lekce 4

drahý

levný

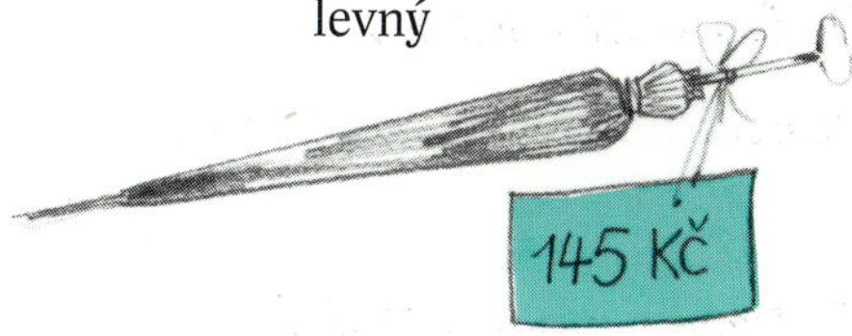

žlutá + modrá = zelená

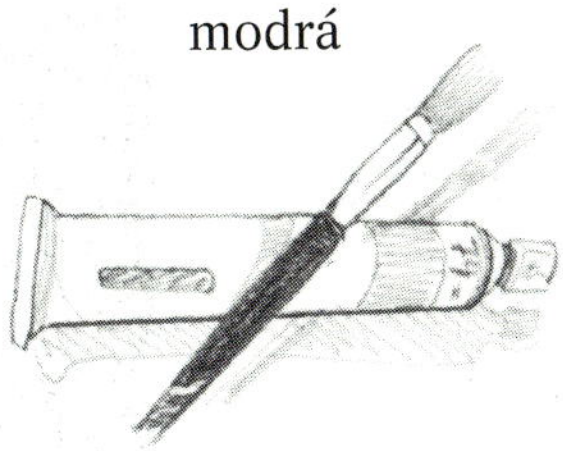

černá + červená = hnědá
červená + žlutá = oranžová
modrá + červená = fialová

1 *Jakou barvu mají vlajky?*

Vlajka České Republiky (ČR) je …

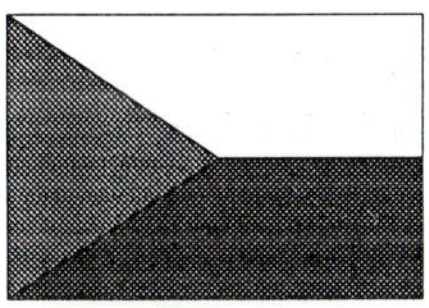

Vlajka Německa (SRN) je …

Vlajka Rakouska je …

Vlajka Švýcarska je …

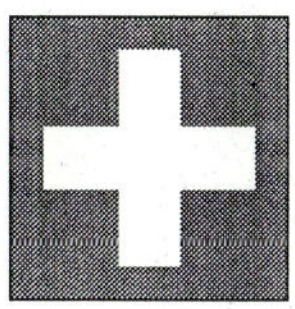

2 *Jakou barvu má …?*

– Jakou barvu má tvoje auto?
– Moje auto je červené. A tvoje?
– Moje je bílé.

klobouk

kabát

rukavice

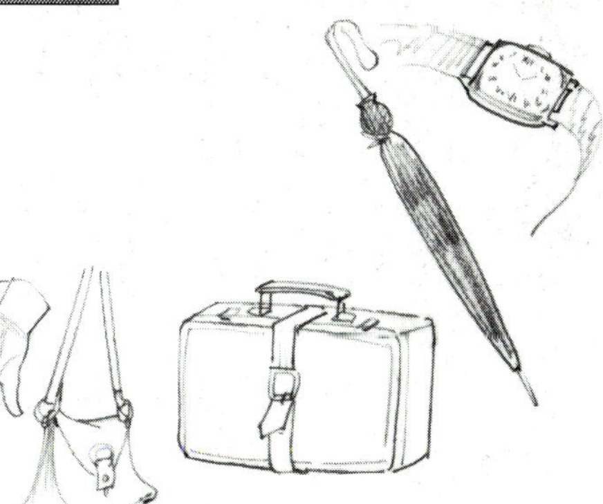

Lekce 4

3 *V hodinářství. Chci si koupit nové hodinky.*

a. Jaké hodinky mají v obchodě?
b. Jakou barvu mají hodinky Prim?
c. Jsou ruské hodinky červené?
č. Které hodinky jsou levné?
d. Jaké hodinky jsem si koupila?

4 *A teď jdete nakoupit vy*

slovník

Kde mohu koupit …?

gramofonová deska

plán města

suvenýr

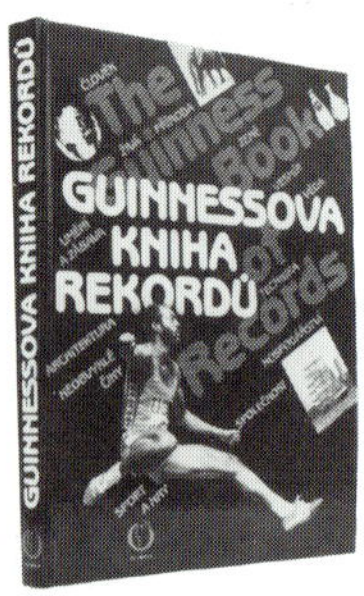

kniha

Kolik to stojí?

Máte …?

Potřebuji ….

Jaké … máte?

fotoaparát

Můžete mi ukázat …?

broušené sklo

kožená taška

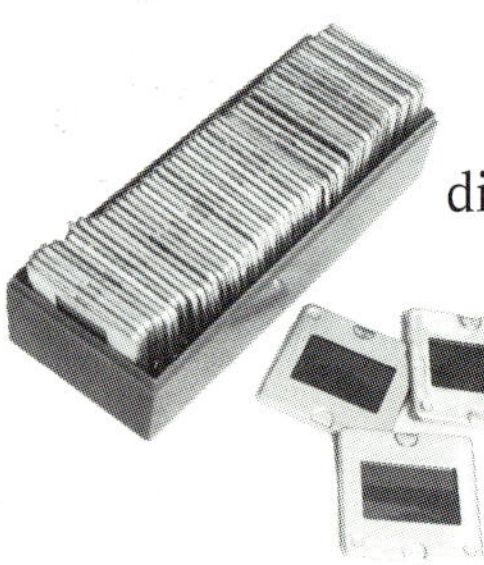

diapozitivy (diáky)

film

Chtěl / chtěla bych ….

české granáty

Kde koupím jízdenku na metro?

nástup – nastoupit
výstup – vystoupit
přestup – přestoupit

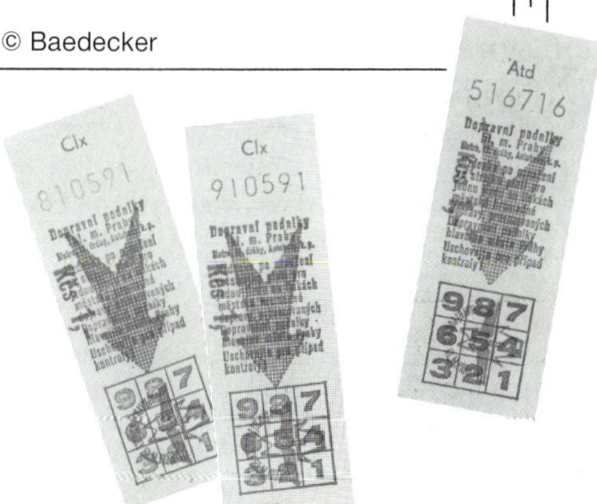

Kde musím přestoupit?

Kde musím vystoupit?

Kolik stojí jízdenka?

...?

Kterým směrem musím jet?

Ze zahraničního humoru

Lekce 4

Jiří Daniel

Ute:	Chceme jet na Pražský hrad. Jak se tam dostaneme?
paní P.:	Můžete tam jet metrem.
Ute:	A kde koupíme jízdenky?
paní P.:	Jízdenky koupíte v Tabáku nebo v automatu u metra.
Ute:	Kolik stojí jízdenka?
paní P.:	Jedna stojí 4 koruny.
Ute:	Musíme přestoupit?
paní P.:	Ne, přestoupit nemusíte. Je to asi 6 nebo 7 stanic. V metru hlásí každou stanici. Musíte vystoupit na stanici Hradčanská.
Ute:	Děkuji. Na shledanou.
pani P.:	Na shledanou a hezké odpoledne.

1 *Před Parkhotelem Praha (stanice: Vltavská). Jak se dostanu na ...?*

- Promiňte prosím, jak se dostanu na Malou Stranu?
- Metrem do stanice Malostranská.
- Musím přestoupit?
- Ne, nemusíte.
- Kolik je to stanic?
- Je to šest stanic.
- Děkuji. Na shledanou.
- Není zač. Na shledanou.

Nádraží
stanice: Hlavní nádraží

Národní třída
stanice: Národní

Pražský hrad
stanice: Hradčanská

Staroměstské náměstí
stanice: Staroměstská

Autobusové nádraží
stanice: Florenc

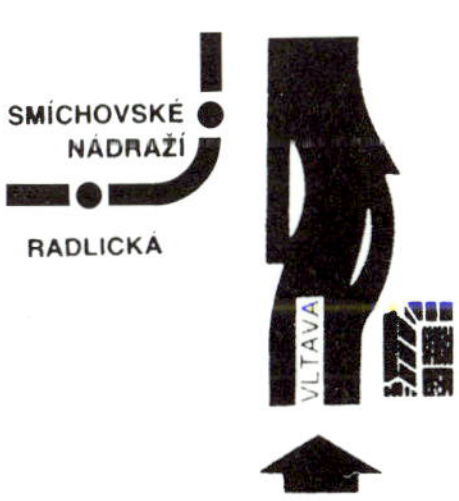

Eva – jak se dostanu na Pankrác?

Lekce 5

5 Kde jste byli?

A Na ulici

Jana: Ahoj, Aleno.
Alena: Ahoj, Jano, jak se máš?
Jana: Dobře. Kde jsi byla včera večer?
Alena: Pracovala jsem. Měla jsem moc práce. Byla jsem v práci do 8 hodin a pak jsem jela domů. A kde jsi byla ty?
Jana: Byla jsem s Honzou do půlnoci v disku a potom jsme šli do bufetu Koruna na párek.
Alena: Měli jste pěkný večer?
Jana: Ano, byl to moc hezký večer.

1 *Kde byla Alena včera večer?*

Do osmi hodin .... Měla ....
Potom ....

A Jana?

Jana byla s ....
Potom ....

být –	**byl**, -a, -o
	byli, -ly, -la
byl jsem	
byl jsi	
byl	
byli jsme	
byli jste	
byli	

2 *V disku nebo v kině?*

– Kde jste byl/byla včera večer?
– Byl/byla jsem v restauraci.
– Celý večer?
– Ne, jen do 19.30 hodin.
– A co jste dělal/dělala potom?
– Potom jsem šel/šla na procházku do parku.

disko **Lucerna**
22.30
domů tramvají

kino **BLANÍK**
23.00
pivnice **U FLEKŮ**

restaurace
Nebozízek
21.00
přátelé

vinárna **VIOLA**
20.30
bufet KORUNA

A kde jste byl/byla vy včera?

Z deníku

Včera jsme byli na procházce na Hradě. Nejdříve jsme jeli metrem na stanici Hradčanská. Tam jsme vystoupili a šli kousek pěšky. Viděli jsme chrám svatého Víta, Daliborku, Vladislavský sál a Zlatou uličku. Zlatá ulička je malá a úzká ulička s malými domky. Dříve tam bydleli zlatníci, alchymisté a umělci. Také Franz Kafka tam bydlel. Dnes jsou tam malé obchody s gramofonovými deskami, knihami, známkami a pohlednicemi. Rolf měl štěstí! Dostal pěknou knihu o Karlových Varech. Z Pražského Hradu jsme viděli přes celou Prahu.

1 *Otázky – odpovědi*

...	Rolf koupil knížku o Karlových Varech.
...	Rolf a Ute jeli metrem.
...	Viděli Zlatou uličku, Daliborku, Vladislavský sál, chrám svatého Víta.
...	Vystoupili na stanici Hradčanská.
...	Zlatá ulička je ulička s malými domky.
...	Ano, na procházce byla s Rolfem.
...	Dříve bydleli ve Zlaté uličce zlatníci a umělci. Také Franz Kafka tam bydlel.
1	Ute byla včera na procházce na Hradě.

Lekce 5

pan Paleček:	Tak kde jste včera byli a co jste viděli?
Rolf:	Včera jsme byli na Hradě.
pan P.:	Byli jste také ve Zlaté uličce?
Rolf:	Ano, byli jsme tam. Ute tam koupila gramofonovou desku „Má vlast“ a já jsem koupil knihu o Karlových Varech.
pan P.:	Tvoje rodiče se narodili v Karlových Varech, že? Jaká je to kniha?
Rolf:	Je to stará kniha, jsou tam zajímavé černo–bílé fotografie z roku 1952.
pan P.:	To je dárek pro tvoje rodiče?
Rolf:	Ano, je tam také fotografie ulice, kde se narodila moje maminka.
pan P.:	Karlovy Vary jsou hezké. Musíte se tam jet podívat.

Kde jsi byl včera?
Kde jsi byla včera večer?
Kde jste byli minulý týden?
ve středu?
… ?

Byl jsem nakupovat.
Byla jsem v práci.
Byli jsme v disku.
na nádraží.
… ?

2 *Kde jsi se narodila?*

jsi se = ses

A kde jste se narodil/narodila vy?

A maminka? | sestřenice | dědeček | strýc | přítelkyně

bratr | tatínek | teta | bratranec | babička

3 *Dnes a včera*

a. Ute a Rolf jsou v hotelu.
b. K snídani mají chléb s máslem a kávu.
c. Potom jdou na procházku.
č. Chtějí navštívit Národní muzeum.
d. Národní muzeum je zavřeno.
ď. Prohlédnou si Orloj a dají si kávu na Staroměstském náměstí.
e. Na večer mají lístky na koncert.

Ute a Rolf byli v hotelu.
K snídani ...

pít	pil, pi**la**, pi**lo**	pi**li**, **-ly**, **-la**
mít	měl, mě**la**, mě**lo**	mě**li**, **-ly**, **-la**
jíst	jedl, jed**la**, jed**lo**	jed**li**, **-ly**, **-la**
jít	šel, š**la**, š**lo**	š**li**, **-ly**, **-la**

Výlet

C

Karlovy Vary jsou známé lázně. Léčivé prameny objevil podle legendy ve čtrnáctém století král Karel IV.
Karlovy Vary navštívili známé osobnosti jako Schiller, Goethe, Smetana, Dvořák, Bach a jiní.
Je zde 12 léčivých pramenů. Jeden pramen má teplotu 72 °C.
V Karlových Varech se konají hudební a filmové festivaly. Sklo a porcelán z Karlových Var se vyváží do celého světa.

Lekce 5

Výlet do Karlových Varů

Ute a Rolf se včera vrátili z Karlových Varů.

V pondělí ráno v 8 hodin odjeli z autobusového nádraží. Cesta trvala dvě hodiny. V Karlových Varech bydleli v hotelu Thermal. Hotel Thermal je nový moderní hotel ve středu města. Po obědě se prošli po promenádě. Tam si koupili specielní karlovarský pohárek a ochutnali několik pramenů. Rolfovi prameny nechutnaly.

Večer šli tancovat do baru. Ute pila dobré moravské víno a Rolf si dal plzeňské pivo.

V úterý dopoledne měli na programu prohlídku města. Odpoledne si udělali výlet na kopec zvaný Jelenní skok. Nahoře byla restaurace, kde měli české speciality. Rolf a Ute si objednali svíčkovou s knedlíkem.

Večer navštívili nově otevřené kasino. Ute měla štěstí a vyhrála. Rolf vyhrál a prohrál.

Ve středu ráno si prohlédli prodejní výstavu karlovarského skla a porcelánu. Ute koupila vázu a Rolf popelník z broušeného skla. Před odjezdem si koupili známé karlovarské oplatky a láhev Becherovky. Becherovka je bylinkový likér – třináctý karlovarský pramen. Ten chutná všem.

Ve čtvrtek ráno odjeli zpátky do Prahy.

1 *Ano – ne?*

a. Ute a Rolf odjeli autobusem do Karlových Varů.
b. Po obědě šli do hotelu Thermal.
c. Ute prameny nechutnaly.
č. Rolf pil večer pivo.
d. V úterý byli na výstavě karlovarského skla.
ď. Na Jelenním skoku je restaurace.
e. Svíčkovou s knedlíkem jedli v hotelu.
ě. Ute vyhrála a Rolf prohrál v kasinu.
f. Rolf koupil vázu a popelník z broušeného skla.
g. Ute a Rolf byli čtyři dny v Karlových Varech.

ano	ne

2 *Kde byla Vlasta minulý týden?*

12 Pondělí	13 Úterý	14 Středa	15 Čtvrtek	16 Pátek	17 Sobota	18 Neděle
08.00						
09.00	Ute a Rolf odjezd do Karlových Varů		v Ústí nad Labem			
10.00						
11.00				snídaně s Karlem		
12.00						
13.00		Václavské nám. oběd s Evou				
14.00						
15.00						tenis
16.00				Ute a Rolf zpátky		
17.00		objednat stůl v restauraci			nákup na sobotu a neděli	
18.00						
19.00		joga		kurs němčiny		
20.00	gymnastika					
21.00			restaurace U Lorety		návštěva teta Květa	opera
22.00						

11. LISTOPADU

3 *Kde jste byli?*

pondělí
úterý
středa
čtvrtek
pátek
sobota
neděle

výstava · tancoval · na nádraží · opera · výlet · restaurace · kurs češtiny · Karlův most · prohlídka města · disko · odjezd do … · kino · nákup · procházka · gymnastika · návštěva · judo · práce

4 *Haló, kdo je tam?*

Pavla telefonuje s Žanetou.

a. Kdy chce jít Pavla do kina?
b. Jak dlouho dávají film?
c. Co dělá Žaneta v úterý?
č. Kdy jde Žaneta s Pavlou do kina?
d. Kde a kdy se sejdou?

Tomáš telefonuje s Dárinkou.

a. Kde byla Dárinka v pondělí?
b. Co dělala v úterý?
c. Kde byl Tomáš ve středu?
č. Jak se jmenuje teta Dárinky?
d. Má Tomáš v sobotu čas?
ď. Kde byli Tomáš a Dárinka před týdnem?
e. Kdy a kde se sejdou v neděli?

Arnošt telefonuje s Ivanou.

a. Kdo přijede z Pardubic na návštěvu?
b. Kdy přijede návštěva?
c. Kam jde Arnošt ve středu večer?
č. Má Arnošt ve čtvrtek čas?
d. Co dělá Ivana v pátek?
ď. Jak dlouho je výstava otevřená?

5 *Pan Fröhlich je Rakušan a navštívil jako turista Českou Republiku.*

Co dělal celý týden?

pondělí úterý středa čtvrtek pátek sobota neděle	přijet prohlédnout si navštívit jít podívat se jít tancovat odjet zpátky	Brno Olomouc výstava návštěva Hradčany hotel Forum Rakousko	Plzeň Eva

V pondělí přijel do Brna. …

Pan Fröhlich je zpátky ve Vídni. Setkal se s přítelem Václavem.

– Ahoj, Roberte.
– Dobrý den, Václave, právě jsem přijel z Prahy.
– A kde jsi byl?
– V pondělí …
…

6 *Národní píseň*

Šly panenky silnicí

Šly panenky silnicí,
silnicí, silnicí,
potkali je myslivci,
myslivci dvá.
Kam panenky, kam jdete,
kam jdete, kam jdete,
která z vás to budete,
budete má?

Ta maličká, ta je má,
ta je má, ta je má,
ta má oči jako já,
jako já mám.
Na krku má granáty,
granáty, granáty,
mezi nimi dukáty,
dukáty jsou.

Lekce 6

(Opakovací lekce)

6 Hádej – hádej!

1 *Dovolená v Čechách*

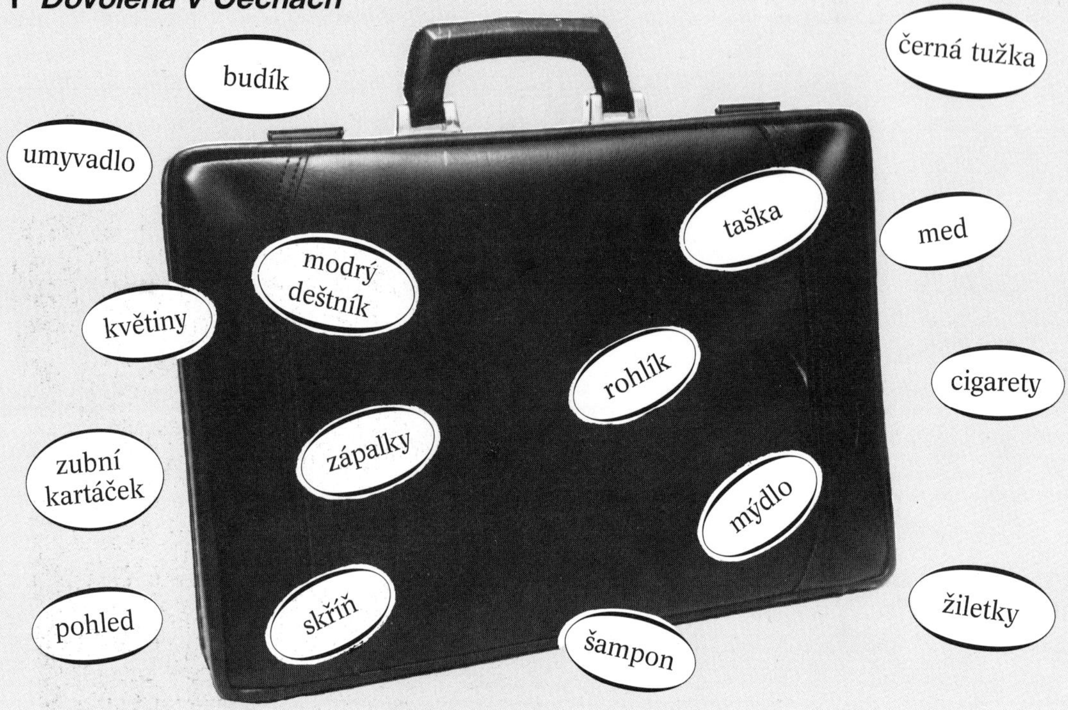

Co není v kufru?

____

____

____

2 *Co odpovíte?*

– Dobrý večer.

- ☐ Jak se máte?
- ☐ Dobrý večer.
- ☐ Na shledanou.

– Kolik je hodin, prosím?

- ☐ Jsou tři hodiny.
- ☐ V pět hodin.
- ☐ Není zač.

– Jak se máte?

- ☐ Také dobře.
- ☐ Jak se máte?
- ☐ Dobře, a vy?

– Na zdraví!

- ☐ Děkuji, vám také.
- ☐ Dobrou chuť!
- ☐ Na zdraví!

3 *Karel šel nakoupit. Kam?*

B	O	E	I	U	N	K	A	E
N	R	I	K	O	E	V	R	E
R	E	R	K	V	E	Ě	U	Í
P	A	E	R	N	I	T	V	V
Y	V	T	D	E	R	I	M	T
N	A	N	O	T	E	N	I	C
I	R	A	M	A	N	Á	R	I
V	U	L	A	B	E	Ř	S	N
A	D	A	B	Á	S	S	O	R
R	U	G	E	K	Y	T	F	Í
T	A	Á	K	T	I	V	O	P
O	E	N	S	T	V	Í	A	A
P	R	E	D	E	C	I	N	P
V	E	Ž	E	N	A	M	U	Z
D	R	O	G	E	R	I	E	E
K	V	K	V	E	T	U	S	A

a. ______________________________

b. ______________________________

c. ______________________________

č. ______________________________

d. ______________________________

ď. ______________________________

4 *Čtyři malé dialogy*

a. Aleno, v kolik hodin se podává snídaně?	Ne, nemáme.	A kolik hodin je teď?	Černou, prosím.
b. Kdy jede vlak do Rokycan?	Kávu, rohlíky, máslo a med.	Kde koupím žiletky?	Máme ještě čas, je půl osmé.
c. Co si přejete, prosím?	Snídaně se podává v půl deváté.	Musím přesedat?	V drogerii.
č. Máte žiletky, prosím?	Vlak jede v 9.20 hod.	Jakou kávu, černou nebo s mlékem?	Ne, nemusíte.

Lekce 6

(Opakovací lekce)

5 *Hádej!*

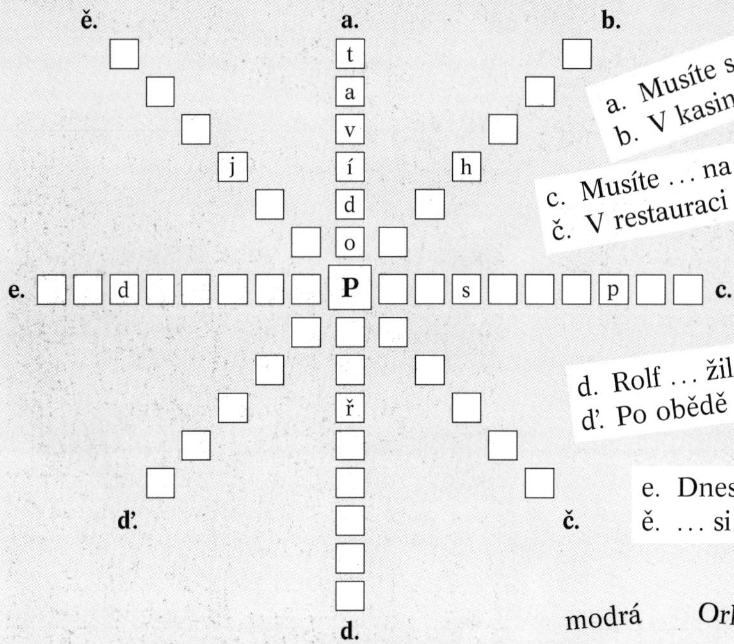

a. Musíte se jet … do Karlových Varů.
b. V kasinu Rolf … a Ute vyhrála.

c. Musíte … na stanici Můstek na trasu A.
č. V restauraci se právě … oběd.

d. Rolf … žiletky. Musí jít do drogerie.
ď. Po obědě jsme se … po Brně.

e. Dnes jsme si … Zlatou uličku.
ě. … si bílou nebo černou kávu?

6 *zavazadla → taška, …*

modrá Orloj devět housky med hnědá hodiny žlutá tatínek syn taška budík tři chléb rohlíky maminka šunka čtyři kufr

zavazadla → ______________________

rodina → ______________________

pečivo → ______________________

hodinky → ______________________

čísla → ______________________

potraviny → ______________________

barvy → ______________________

7 *Hádanka*

Den od 8 hod. do 12 a od 12 do 18 hod.

E	N	O
P	L	D
D	E	O

D ______________________

O ______________________

Specialita z Karlových Varů.

P	O	Y
A	K	L
–	T	–

O ______________________

7 Na poště

Kolik stojí dopis do ...?

- Kolik stojí známka na dopis a pohled do Rakouska, prosím?
- Dopis do Rakouska stojí 8 Kč a pohled 5 Kč.
- Dejte mi prosím, dvě známky na dopis a tři na pohled.
- Je to všechno? Dostanu 31 Kč.
- Ještě tento dopis do Bratislavy, ale doporučeně, prosím.
- Doporučeně 5 Kč a 3 koruny na dopis. Dohromady 39 Kč.
- Tady je 50 Kč.
- Děkuji a 11 korun zpátky.
- Prosím vás, kde je poštovní schránka?
- Hned tam vlevo u vchodu.

männlich	ten	– tento
sächlich	to	– toto
weiblich	ta	– tato

listonoš/listonoška
pošťák/pošťačka

pošta
poštovní úřad

Lekce 7

telefonní budka

balíček

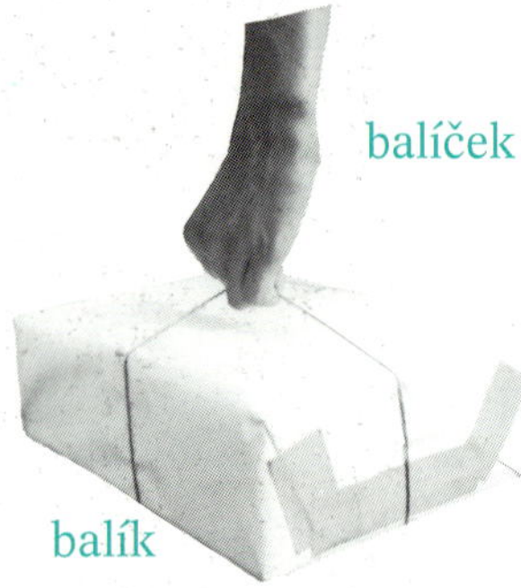

balík

pohled/pohlednice

dopis

expres

letecky

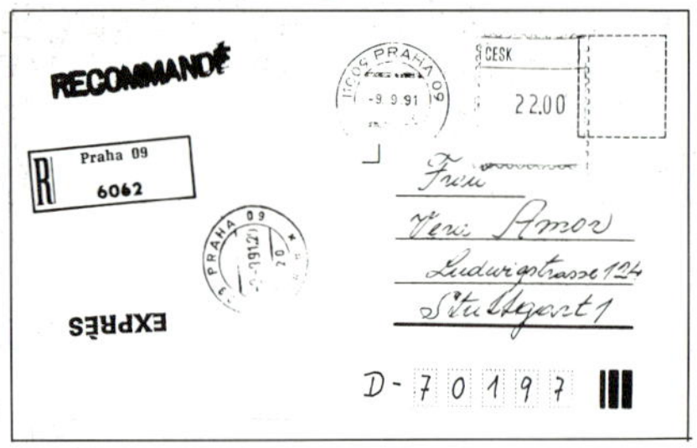

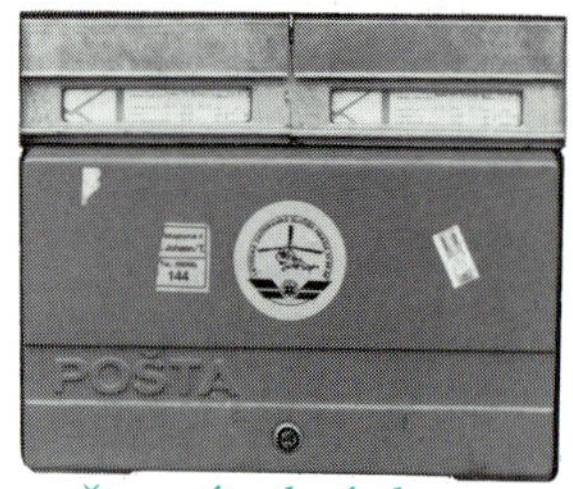

poštovní schránka

1 *Poštovní zásilky. Kolik stojí ...?*

Česká Republika

dopis	3 Kč
expres	+ 8 Kč
doporučeně	+ 5 Kč
pohlednice	2 Kč

Ostatní země v Evropě

dopis	8 Kč	letecky	12 Kč
expres	+ 10 Kč		
doporučeně	+ 20 Kč		
pohlednice	5 Kč		

Italie Polsko Amerika

Kolik stojí dopis letecky do Belgie?

Kolik stojí doporučený dopis do Opavy?

Kolik stojí ... ?

Kolik stojí známka na dopis do Rakouska?

Anglie Francie Holandsko

- Prosím, formulář na telegram.
- Tady je, prosím.
- Kolik stojí deset slov do Švýcarska?
- Deset slov stojí 250 Kč.
- Dojde ten telegram ještě dnes do Bernu?
- Ano, ale zapomněla jste vyplnit adresu odesílatele.
- Máte pravdu, děkuji.

Pište čitelně – adresu hůlkovým písmem! **TELEGRAM** Používejte služby ozdobných telegrafních blanketů!

Silně orámované části vyplní odesílatel!

Poplatky v hotovosti ve známkách		Kčs	h		Adresa odesílatele (nedopravuje se)	Směrovací záznam	Radové číslo:
	za telegram				Dana Nova		Vypraven na: (okruhu, pracovišti)
	za služby			Přijal:	Stare zamky 1	do:	dne: hod.: podpis:
	celkem				Brno		

Druh	Adresní stanice - Podací stanice	Číslo	Počet slov	Den	Hodina	Přepravní cesta – bezpl. a služ. údaje

Placené údaje	Adresa příjemce (jméno nebo označení – ulice – číslo domu – místo určení. Má-li adresát telefon, uveďte jeho číslo před adresou!)
	P. Hruby, Kamenicka 17, 17 000 Praha 7

Text a podpis

Prijedu v patek v 18.39 na Hlavni nadrazi

Cekej

Dana

22 101 IV - 1987 VČT 1:

2 *Prosím, známky . . .*

– Dobrý den. Kolik stojí tento doporučený dopis?
– Patnáct korun a padesát haléřů.
– Tady je dvacet korun.
– Tady máte čtyři koruny a padesát haléřů zpátky.
– Děkuji.
– Prosím.

– Dejte mi prosím, známky za 3.50 Kč.
– Prosím.
– Tady je 5 Kč.
– A tady je 1.50 Kč zpátky.
– Děkuji.

Lekce 7

- Je tady nedaleko telefonní budka, prosím?
- Telefonní budka je na rohu, ale nefunguje. Moment ... na náměstí je pošta, tam můžete telefonovat.
- Děkuji.

- Máte prosím, telefonní seznam Olomouce?
- Ano, leží tady na stole.
- Aha, děkuji. Mohu volat do Olomouce přímo?
- Jistě, předčíslí do Olomouce je 068.
- To je výborné, ale já ještě potřebuji drobné. Můžete mi rozměnit desetikorunu?
- Tady máte deset korun.
- Děkuji vám. Jsou tu ještě jiné telefony? Všechny jsou obsazené.
- Je mi líto, ale jiné telefony tu nemáme. Musíte chvilku počkat.

předvolací čísla z ČR do		předčíslí z SRN do	
Německa (SRN)	0049	České Republiky (ČR)	0042
Rakouska	0043	Ostrava 69, Brno 5	Plzeň 19, Praha 2
Švýcarska	0041		

Lekce 7

3 *Informace*

Paul Merz		
Miroslav Houba		
Ingrid Schlegel		
Gerd Hammer		
Jan Urbánek		
Rosi Bode		
Francesco Vitta		

4 *Na poště*

Kde dostanu známky?

Kde je …?

…?

Kolik stojí …?

Lekce 7

B

Telefonní rozhovor

Ute: Haló, je tam pan Malý, prosím?
Mirek: Miroslav Malý. Kdo volá, prosím?
Ute: Ahoj Mirku, tady je Ute ze Stuttgartu.
Mirek: Ahoj, to je ale překvapení.
Ute: Prosím tě, mluv pomalu a hlasitě, špatně ti rozumím.
Mirek: Voláš ze Stuttgartu nebo z Prahy, už jsem tě dlouho neviděl.
Ute: Volám z Prahy. Zítra jedu na dva dny do Olomouce. Máš čas? Můžeš nám ukázat Olomouc?
Mirek: Samozřejmě. Kdo s tebou jede a v kolik hodin přijedete?
Ute: Přijedu s Rolfem do Olomouce v 16.23 hod.
Mirek: Vyzvednu vás na nádraží.
Ute: Výborně. Tak zítra na shledanou.
Mirek: Ahoj.

Mohu mluvit?	Mluv! Mluvte!
platit?	Plať! Plaťte!
volat?	Volej! Volejte!
čekat?	Čekej! Čekejte!

7. Fall (Instrumental)

já	mnou
ty	tebou
my	námi
vy	vámi
s/se	

1 *Výlet*

V neděli chcete navštívit přítele Jana.

Telefonujete s Janem.

V 9.30 jste v Děčíně.

Vlak jede v 8 hod. z Hlavního nádraží.

Jan vás vyzvedne na nádraží.

Jedete s přítelkyní Evou.

Telefonujete s přítelkyní Evou.

Jak dlouho jede vlak?

Kdy jede vlak?

Kdy a kde se sejdete?

Je někdo na nádraží?

Lekce 7 C

Ve směnárně

Ute: Prosím tě, je tu někde banka nebo směnárna? Musím si ještě vyměnit nějaké peníze. Už žádné nemám.

Vlasta: Banky jsou už zavřené. Mají otevřeno od 9 do 17 hodin. Ale můžeš vyměnit marky v hotelu, tam je také směnárna a mají otevřeno do 18 hodin.

kde	–	někde
kdo	–	někdo
jaké	–	nějaké
kam	–	někam
kdy	–	někdy
kolik	–	několik

Před Ute stojí dvě studentky ze Salzburku a mění šilinky za koruny. Potom je na řadě Ute.

Ute: Můžete mi vyměnit 100 marek?
slečna u přepážky: Ano, prosím. Tady je 1750 korun.
Ute: Děkuji.

- Promiňte prosím, nevyměnil jsem si marky. Mohu platit šekem?
- Je mi líto, nemůžete.
- Mohu platit v markách?
- Ne, musíte jít do banky.
- Hm, a kde je banka? Je to daleko?
- Ne, není. Banka je za rohem ve Vodičkově ulici.
- Jak dlouho má banka otevřeno?
- Od 9 do 17 hod.
- Děkuji.

Můžete mi proplatit šek?	Je mi líto, nemůžeme. Musíte jít do banky.
Mohu platit šekem?	Ne, nemůžete. Šeky neakzeptujeme.

1 ***Kdy má ... otevřeno?***

- Potřebuji šampón. Kdy má drogerie otevřeno?
- Drogerie má otevřeno od 9 hodin do 18 hodin.

2. Fall (Genitiv)		
jedna	–	jedné
dvě	–	dvou
tři	–	tří
čtyři	–	čtyř
pět	–	pěti
šest	–	šesti
sedm	–	sedmi
:		:
deset	–	deseti

Banka od 9 do 17 hod.	**DROGERIE** od 9 do 18 hod.	**Výstava** od 10 do 16 hod.	***Restaurace*** od 18 do 24 hod.
Potraviny od 8 do 20 hod.	**Směnárna** *od 11 do 18 hod.*	**MUZEUM** od 9 do 15 hod.	**...** od ... do ... hod.

Lekce 8

8 V restauraci

A

Restaurace U Pelikána

vrchní: Restaurace Pelikán, prosím.
pan Paleček: Dobrý den, můžete mi rezervovat stůl pro šest osob na dnes nebo zítra večer?
vrchní: Je mi líto, dnes už je vše obsazeno, ale na zítra vám mohu rezervovat stůl. Na kolik hodin?
pan P.: Dobře, zítra na 8 hodin.
vrchní: Na jaké jméno, prosím?
pan P.: Paleček.
vrchní: Děkuji vám a zítra na shledanou.

Můžete mi / nám	rezervovat stůl … / pokoj / místo	Je mi / nám	líto, ale je obsazeno.
… pro pět osob / dvě osoby / tři	na dnes večer? / pondělí? / osm hodin?		Ano, na jaké jméno, prosím?

1 *Můžete mi rezervovat stůl?*

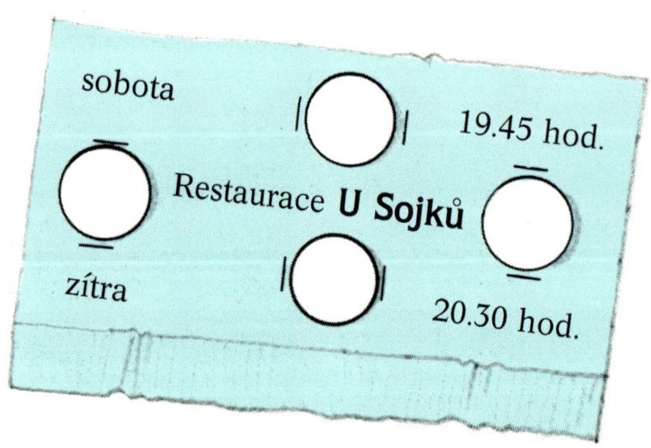

Lekce 8

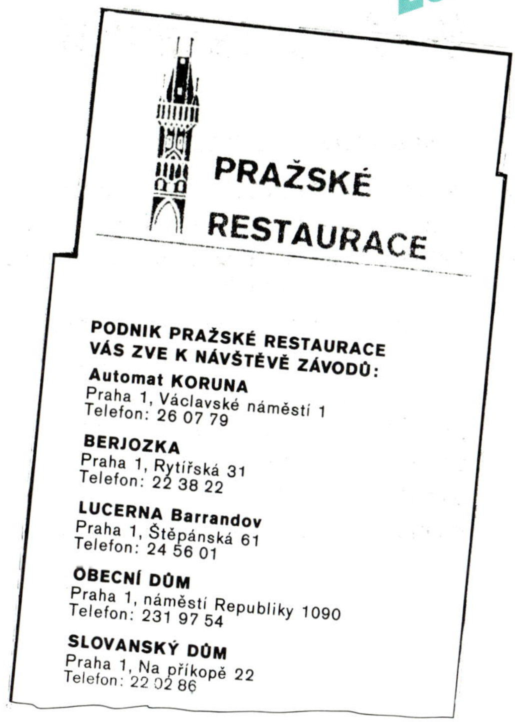

PRAŽSKÉ RESTAURACE

PODNIK PRAŽSKÉ RESTAURACE
VÁS ZVE K NÁVŠTĚVĚ ZÁVODŮ:

Automat KORUNA
Praha 1, Václavské náměstí 1
Telefon: 26 07 79

BERJOZKA
Praha 1, Rytířská 31
Telefon: 22 38 22

LUCERNA Barrandov
Praha 1, Štěpánská 61
Telefon: 24 56 01

OBECNÍ DŮM
Praha 1, náměstí Republiky 1090
Telefon: 231 97 54

SLOVANSKÝ DŮM
Praha 1, Na příkopě 22
Telefon: 22 02 86

vrchní: Dobrý večer, máte rezervováno, prosím?
pan Paleček: Ano, objednal jsem telefonicky stůl na dnes večer.
vrchní: Na jaké jméno, prosím?
pan P.: Paleček. Rezervoval jsem stůl pro šest osob.
vrchní: Ano, tudy prosím.

Lekce 8

2 *Přineste mi prosím, ...*

Pane vrchní, Slečno,	přineste mi prosím, nám prosím,	jídelní lístek. vinný lístek. nápojový lístek.

3 *Nic jiného nemáme*

● *Skota pozval přítel Jones do kavárny na kávu.*
„Bílou, se šlehačkou nebo bez?“ ptá se číšník.
„Mně se šlehačkou,“ říká Jones.
„A vám, prosím?“ ptá se číšník Skota.
„Mně s hovězím na smetaně!“

● **„Pane vrchní, přineste mi pstruha!“ volá host v přeplněné restauraci.**
„Já chci také pstruha!“ přidává se jiný návštěvník, „ale čerstvého!“
„Hned to bude,“ slibuje číšník a volá do kuchyně: „Dva pstruhy! Jeden čerstvej!“

● **„Chtěl bych jídelní lístek,“ žádá host.**
„Prosím, ale i tak vím, že si dáte guláš.“
„A jak byste to mohl vědět?“ diví se host.
„Nic jiného nemáme.“

Jídelní lístek

RESTAURANT
PELIKÁN
PRAHA

Předkrmy

Kaviár s máslem a citrónem
100 g Pražská šunka, máslo, okurka
Ruské vejce
70 g Uherský salám, máslo, okurka

Polévky

Bramborová polévka
Hovězí vývar
Slepičí polévka
Zeleninová polévka

Hlavní jídla

150 g Vepřová pečeně, knedlík, zelí
Hovězí guláš, knedlík
150 g Hovězí pečeně, zelenina, opékané brambory
150 g Vídeňský řízek, bramborové hranolky, salát
150 g Smažená játra, rýže, okurkový salát
200 g Svíčková pečeně, knedlík, brusinky

Drůbež a ryby

250 g Pečené kuře, bramborová kaše, salát
250 g Pečená husa, knedlík, zelí
250 g Rybí filé, bramborové hranolky, salát

Moučníky

Koláč
Palačinky se zmrzlinou, ovocem a šlehačkou
Jablečný závin

Zmrzlina

Čokoládová
Jahodová
Zmrzlinové poháry s ovocem a šlehačkou

Přejeme dobrou chuť!

Lekce 8

vrchní: Už jste si vybrali?
pan Paleček: Ano, přineste mi prosím, vídeňský řízek s hranolkami a salát.
vrchní: Předkrm nebo polévku?
pan P.: Houbovou polévku, prosím.
vrchní: A co jste si vybrala vy?
paní Palečková: Polévku nechci, svíčkovou s knedlíkem a brusinkami, prosím.
Ute: Já si dám pečené kuře, hranolky a salát.
vrchní: A polévku nechcete?
Ute: Ne, jako předkrm ruské vejce, prosím.
Rolf: Uherský salám a smažená játra s rýží.
vrchní: Lituji, ale játra nemáme.
Rolf: Tak mi přineste pečenou husu, knedlík a zelí, prosím.
Vlasta: Máte rybí filé?
vrchní: Ano. Jednou rybí filé. Předkrm nebo polévku?
Vlasta: Zeleninovou polévku, prosím.
Jirka: Já si dám pražskou šunku, hovězí vývar, vepřovou pečeni s knedlíkem.
Vlasta: Aha, to je tvoje nová dieta?
Jirka: Ano, to je moje specielní česká dieta.
vrchní: Je to všechno? A něco k pití?
Jirka: Tři velká piva, dvakrát dvě deci bílého vína a jednu kolu.

pít	jíst
piji	jím
piješ	jíš
pije	jí
pijeme	jíme
pijete	jíte
pijí/pijou	jedí
pil, -a, -o	jedl, -a, -o

Co si dáte?	Dám si kuře.
Na co máte chuť?	Mám chuť na rybu.
Co jste si vybral/vybrala?	Vybral/vybrala jsem si řízek.
Co si objednáte?	Objednám si jen polévku.
Co si přejete, prosím?	Prosím, jen něco k pití.

Lekce 8

1 *Co máte rád/ráda?*

2 *Kdo si co objednal?*

Petr	Pavel	Eva	Irena

3 *Říkej rychle*

Já rád játra,
ty rád játra,
. . .

Lekce 8

C Jak vám chutnalo?

slečna: Nějaký zákusek, kávu, zmrzlinu, koňak nebo sýr?
Vlasta: Jakou máte zmrzlinu?
slečna: Vanilkovou, čokoládovou, jahodovou a zmrzlinové poháry s ovocem.
Vlasta: Dám si zmrzlinový pohár s ovocem.
Jirka: Ale Vlasto, kolik kalorií má zmrzlinový pohár? Přineste mi prosím, čokoládový dort se šlehačkou.
Ute: Já už nemohu nic jíst. Dám si jen kávu.
Rolf: Přineste mi prosím, jablečný závin, koňak a kávu.
slečna: Ten závin, prosím, se šlehačkou nebo bez šlehačky?
Rolf: Se šlehačkou, prosím.
paní Palečková: Mně jen kávu, prosím.
pan Paleček: Kávu a Becherovku.

Jak vám/ti chutnalo?	Bylo to výborné. Bylo to dobré, chutnalo to. Nebylo to dobré, nechutnalo to.
Jaká byla vaše pečeně? Jaký byl tvůj řízek? Jaké bylo tvoje hovězí?	Dobrá./Měkká. Tvrdý./Tuhý. Studené./Mastné.

Lekce 8

1 *V restauraci s přáteli*

slečna

- Dobrý den.
- Ano. Přejete si něco k pití?

- Už jste si vybrali, prosím?
- A co si dáte vy?
- Polévku nebo předkrm nechcete?
- Chutnalo vám?
- Nedáte si moučník nebo zákusek?
- Je to všechno? Nedáte si kávu nebo koňak?
- Na shledanou.

vy

- Dobrý den, máte volný stůl pro čtyři?
- Ano, jedno velké pivo, dvě koly, malé pivo a jídelní lístek, prosím.
- Ano. ...
- Mám chuť na ...

...

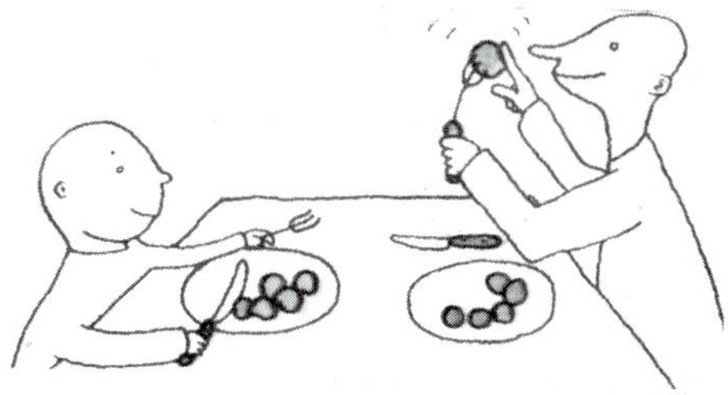

2 *Návštěva*

Vaši přátelé z České Republiky k vám přijeli na návštěvu. Dnes večer jdete do hotelu Krone na večeři.

Jakou polévku si dáte?

Dáte si zmrzlinu?

Chcete nějaký předkrm?

Chcete ještě kávu?

Máte ještě na něco chuť?

Chceš jablečný závin se šlehačkou nebo bez šlehačky?

Máš rád/ráda rybu?

Chcete koňak?

Co chceš pít?

Co máš rád/ráda?

Na zdraví!

Máte chuť na salát?

Dobrou chuť!

Chutnalo ti?

Jaká byla pečeně?

Vladimír Hlavín

»Jenom žádnou specialitu, pane vrchní. Chceme se dobře najíst.«

Lekce 8

3 *Recept*

TĚSTO

Jahodové knedlíky

Těsto: 240–250 g tvarohu
40 g másla
2 vejce
240–250 g mouky
sůl
500 g jahod

Z tvarohu, másla, vajec a mouky vypracujeme těsto a rozvalíme. Do těsta zabalíme oprané jahody. Knedlíky vaříme v osolené vodě 5–6 minut. Podáváme posypané cukrem, tvarohem a polité máslem.

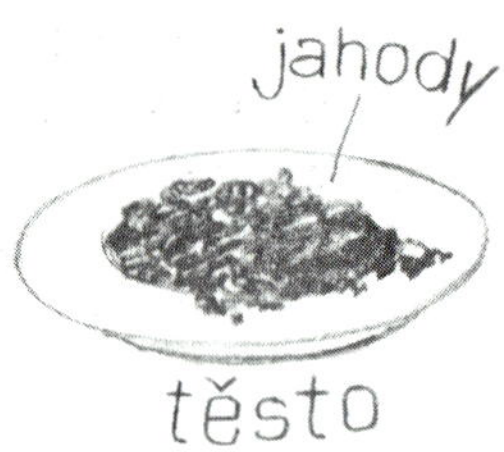

9 Kalendář

Na návštěvě

Rolf jde navštívit svého přítele Karla Smíška, který studoval jeden rok na univerzitě ve Stuttgartu.

Karel: Ahoj, tak pojď dál, sedni si a povídej.
Rolf: Co ti mám vyprávět.
Karel: Všechno. Co dělají tvoje rodiče, tvůj bratr a malá sestra Kerstin.
Rolf: Mé malé sestře je už 12 let a chodí do gymnazia. A bratru Paulovi je 16 let. Chodí také do gymnazia. Maminka pracuje na půl dne v pojišťovně a tatínek pracuje v nemocnici.
Karel: Kolik je tatínkovi let? Kdy jde do penze?
Rolf: Tatínek musí ještě pár let pracovat, je mu teprve 56 let.
Karel: Na jaké škole učíš? Na gymnaziu nebo na základní škole?
Rolf: Ne, učím na odborné škole. Učím matematiku a dějepis.
Karel: Sbíráš pořád ještě staré pohlednice? Mám pro tebe nějaké po mé babičce.
Rolf: To je výborné, děkuji. A co ty, kdy se budeš ženit?
Karel: Ještě ne, Alena chce nejdříve dokončit školu, a stejně nemáme kde bydlet. Já vydělám málo a Alena nemá nic. Jsme ještě mladí. A co ty?
Rolf: Budu se ženit, hned jak se vrátím z Prahy. Budu otcem. Už se těším.
Karel: To je fantastické! Gratuluji. Znám tvoji přítelkyni?
Rolf: Jistě. Ute znáš.
Karel: Kde je Ute? Proč jsi ji nevzal s sebou?
Rolf: Ute je v hotelu, nechtěla jít se mnou, je unavená.
Karel: No, to musíme zapít. Na zdraví malého Bergera, nebo to bude holčička?
Rolf: Musím už jít, Jirka má dnes narozeniny. Jsme k nim pozvaní na večeři.

2. Fall (Genitiv)	
můj moje	mého mé
tvůj tvoje	tvého tvé
svůj svoje	svého své

Klára je svobodná.
Klára se bude vdávat.
Klára se vdala/provdala.
Klára je vdaná.
Klára se vdala za Karla.

ženich

nevěsta

Karel a Klára se vzali.

Karel je svobodný.
Karel se bude ženit.
Karel se oženil.
Karel je ženatý.
Karel se oženil s Klárou.

být
budu
budeš
bude
budeme
budete
budou

Lekce 9

1 *Ano – ne?*

a. Karel Smíšek pracoval na univerzitě ve Stuttgartu.

b. Sestra Rolfa se jmenuje Kerstin.

c. Karel učí na odborné škole.

č. Rolf sbírá staré známky.

d. Karel se nechce ženit.

ď. Ute čeká dítě.

e. Karel Ute nezná.

ě. Ute je v hotelu, je unavená a má dnes narozeniny.

ano	ne

Kolik je vám/ti let?
tatínkovi
tvojí mamince

Je mi …
mu …
jí …

3. Fall (Dativ)

männlich	-u / ovi / -i
sächlich	-u / -i / -i
weiblich	-e / -ě / -i
on	mu/jemu/němu
ono	mu/jemu/němu
ona	jí/ní
oni	jim/nim

2 *Interview*

Musíte se ženit?

Kdy se budete vdávat?

Jste ženatý, pane …?

Čeká vaše žena dítě?

Jak se jmenujete?

Jak dlouho jste vdaná?

Je tatínek v důchodu?

Kdy máte narozeniny?

Kdy jste měli svatbu?

Kolik je vám let?

Kdy se budete ženit?

Kde bydlíte?

Je vaše sestra vdaná?

Vyděláte hodně?

… ?

Kolik je mamince let?

3 ***Prohlížíme fotografie. Přineste fotografie rodiny.***

B

slovník

Václav Havel – životopis

Václav Havel se narodil 5. října 1936 v Praze. Jeho otec byl soukromý podnikatel a měl známou restauraci až do roku 1948. Komunisté mu restauraci vzali a pak musel pracovat jako úředník. Maminka Havla pracovala jako turistická průvodkyně.

Na začátku padesátých let pracoval Havel jako taxikář a vyučil se chemickým laborantem. Chtěl jít studovat dramaturgii, ale jako syn bývalého majitele restaurace, nesměl. Na začátku šedesátých let začal pracovat jako dělník v divadle ABC. Později praco-

val v divadle Na zábradlí – nejdříve jako osvětlovač, později jako dramaturg. Divadlo Na zábradlí také uvedlo jeho první divadelní hru „Zahradní slavnost". V roce 1964 se oženil s Olgou.
Od roku 1968 po invazi sovětských vojsk až do roku 1989 nesměl publikovat a byl několikrát ve vězení pro svou politickou činnost. Jeho hry však byly známé v zahraničí. 15. října 1989 dostal v Německu za svou práci Cenu míru.

Kdy jste/jsi se narodila?

Kdy se narodil?

Narodila jsem se dvacátého prvního srpna 1972.

Narodil se …

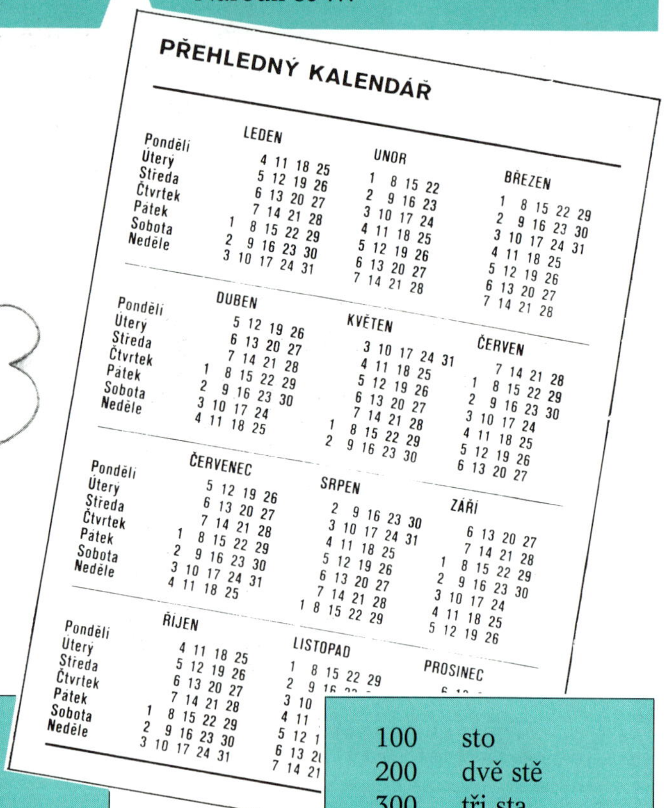

1 *Napište svůj životopis*

Jmenuji se …
Narodil/narodila jsem se …
…

1.	první	11.	jedenáctý
2.	druhý	:	
3.	třetí	20.	dvacátý
4.	čtvrtý	21.	dvacátý první
5.	pátý	:	
6.	šestý	30.	třicátý
7.	sedmý	31.	třicátý první
8.	osmý	:	
9.	devátý	99.	devadesátý devátý
10.	desátý	100.	stý

100	sto
200	dvě stě
300	tři sta
400	čtyři sta
500	pět set
600	šest set
700	sedm set
800	osm set
900	devět set
1000	tisíc

2 *Kdy se narodil/narodila?*

Martina Navrátilová
tenistka
18. 10. 1956

Miloš Kopecký
herec
22. 8. 1922

Edita Gruberová
operní zpěvačka
23. 12. 1946

Karel Gott
zpěvák
14. 7. 1939

Vladimír Menšík
herec
9. 10. 1929

Věra Čáslavská
gymnastka
3. 5. 1942

Lekce 9

3 *Rok má dvanáct měsíců*

jaro
březen/duben/květen

léto
červen/červenec/srpen

HOUSÁTKA
Josef Václav Sládek

Zelená, zelená travička,
sešla studená rosička;
jarní slunko zlatou nití
vyšívá na lukách kvítí,
housátka se v trávě svítí
jako zlatá klubíčka.

zima
prosinec/leden/únor

podzim
září/říjen/listopad

den	=	24 hodin
týden	=	7 dní
měsíc	=	4 týdny
rok	=	12 měsíců
století	=	100 let

Kolikátého je dnes?
bylo včera?
bude zítra?

Dnes je šestého března.
Včera bylo pátého března.
Zítra bude sedmého března.

Co budete slavit?

Jana: Ahoj, Maruš, tady je Jana.

Maruška: Ahoj, Jano. Jak se máš, co je nového?

Jana: Máme se dobře, ale máme hodně práce. A jak se máte vy?

Maruška: Máme se také dobře.

Jana: Maruš, nechcete k nám přijít v pátek večer?

Maruška: Co budete slavit? Má někdo narozeniny?

Jana: Jenda má narozeniny.

Maruška: Kolik mu bude let?

Jana: Už 35 let. Je to už starý pán.

Maruška: Říkala jsi v pátek? Počkej, ve středu budu u Oliny, má svátek. Ve čtvrtek jsem pozvána do divadla. A v pátek? Hm, v pátek dopoledne jedu za maminkou do Řevnic, ale vrátím se asi v 5 hodin do Prahy. A Pavel, ten pracuje v pátek do 4 hodin a potom jde do sauny. V kolik hodin máme přijít?

Jana: Mezi osmou a devátou.

Maruška: Dobře. A teď mi ještě poraď, co mám koupit Jendovi k narozeninám.

Jana: Já sama nevím, ale chceme jet do Rakouska. Snad nějakou knihu.

Maruška: Dobře, podívám se po něčem. Pozdravuj všechny doma, a v pátek na shledanou.

Jana: Ahoj, už se na vás těším.

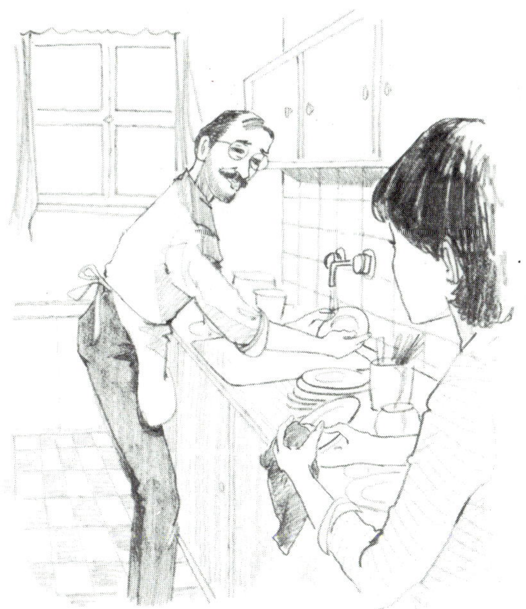

* * *

Maruška: Volala Jana. Jsme k nim pozvaní v pátek večer. Jenda má narozeniny.

Pavel: Já jsem myslel, že má narozeniny příští měsíc. Žádný dárek pro něj nemám, musíme něco koupit. Nemáš nějaký nápad?

Maruška: Já jsem mu koupila knihu o Vídni. Chtějí jet do Rakouska.

Pavel: Už vím, co mu koupím. Příští týden hraje Sparta proti Slavii. Koupím dva lístky na kopanou.

Lekce 9

1 *Všechno nejlepší k ...*

Veselé vánoce a šťastný
Nový rok Ti/Vám
přeje

...

❶

❷

❸

Veselé velikonoce a
bohatou pomlázku
přeje

...

Všechno nejlepší k narozeninám,
hodně zdraví a spokojenosti
přeje

2

❹

Blahopřejeme k narození
synáčka/dcerušky a přejeme
všem hodně zdraví.

...

❺

Všechno nejlepší
k svátku
přejí

...

❻

Srdečné blahopřání k sňatku
s přáním všeho dobrého do
společné cesty životem
Vám přejí

...

2 Kalendář

LEDEN

1. týden
1 S Nový rok
2 Č Karina
3 P Radmila
4 S Diana
5 N Dalimil

2. týden
6 P Tři králové
7 Ú Vilma
8 S Čestmír
9 Č Vladan
10 P Břetislav
11 S Bohdana
12 N Pravoslav

3. týden
13 P Edita
14 Ú Radovan
15 S Alice
16 Č Ctirad
17 P Drahoslav
18 S Vladislav
19 N Doubravka

4. týden
20 P Ilona
21 Ú Běla
22 S Slavomír
23 Č Zdeněk
24 P Milena
25 S Miloš
26 N Zora

5. týden
27 P
28 Ú
29 S
30 Č
31 P

Kdo má svátek 15. května?

BŘEZEN

1 N Bedřich

10. týden
2 P Anežka
3 Ú Kamil
4 S Stela
5 Č Kazimír
6 P Miroslav
7 S Tomáš
8 N Gabriela

11. týden
9 P Františka
10 Ú Viktorie
11 S Anděla
12 Č Řehoř
13 P Růžena
14 S Rút
15 N Ida

12. týden
16 P Elena
17 Ú Vlastimil
18 S Eduard
19 Č Josef
20 P Světlana
21 S Radek
22 N Leona

13. týden
23 P Ivona
24 Ú Gabriel
25 S Marián
26 Č Emanuel
27 P Dita
28 S Soňa
29 N Taťána

14. týden
30 P Arnošt
31 Ú Kvido

Kdy má svátek Edita?

Kdy je Státní svátek ČR?

KVĚTEN

1 P Svátek práce
2 S Zikmund
3 N Alexej

19. týden
4 P Květoslav
5 Ú Květnové povstání českého lidu (1945) Klaudie
6 S Radoslav
7 Č Stanislav
8 P Ctibor
9 S Státní svátek ČR Den osvobození od fašismu (1945)
10 N Blažena

11 P Svatava
12 Ú Pankrác
13 S Servác
14 Č Bonifác
15 P Žofie
16 S Přemysl
17 N Aneta

21. týden
18 P Nataša
19 Ú Ivo
20 S Zbyšek
21 Č Monika
22 P Emil
23 S Vladimír
24 N Jana

22. týden
25 P Viola
26 Ú Filip
27 S Valdemar
28 Č Vilém
29 P Maxim
30 S Ferdinand
31 N Kamila

Má 12. července svátek Milan?

ČERVENEC

1 S Jaroslava
2 Č Patricie
3 P Radomír
4 S Prokop
5 N Státní svátek ČR Den slovanských věrozvěstů Cyrila a Metoděje

28. týden
6 P Státní svátek ČR mistr Jan Hus (1415)
7 Ú Bohuslava
8 S Nora
9 Č Drahoslava
10 P Libuše
11 S Olga
12 N Bořek

29. týden
13 P Markéta
14 Ú Karolína
15 S Jindřich
16 Č Luboš
17 P Martina
18 S Drahomíra
19 N Čeněk

30. týden
20 P Ilja
21 Ú Vítězslav
22 S Magdaléna
23 Č Libor
24 P Kristýna
25 S Jakub
26 N Anna

31. týden
27 P Věroslav
28 Ú Viktor
29 S Marta
30 Č Bořivoj
31 P Ignác

...?

Lekce 9

3 *Co bude paní Palečková dělat tento rok?*

jít	jet
jdu (dnes)	jedu (dnes)
půjdu (zítra)	**po**jedu (zítra)

I.	Tatínek – narozeniny 14.1. v Kolíně
II.	Frank a Gerda – Německo od 15.2 do 27.2
III.	Velikonoce – výlet do Švýcarska
IV.	Picasso – výstava/Pražský hrad
V.	Jirka – svátek
VI.	Rolf a Ute – svatba 3.6. v 15 hod.
VII.	Rolf a Ute u nás – svatební cesta 1.7. – 10.7.
VIII.	3 týdny v Rakousku 6.8 – ??
IX.	Kopaná ČR – SRN
X.	Vlasta – narozeniny 27.10.
XI.	6.11. – tatínek penze, restaurace U Kalicha
XII.	Vánoce, Silvestr u přátel

STÁTNÍ SVÁTKY, DNY PRACOVNÍHO KLIDU A VÝZNAMNÉ DNY V ROCE

Státní svátky

9. května	Státní svátek ČR - Den osvobození od fašismu (1945)
5. července	Státní svátek ČR - Den slovanských věrozvěstů Cyrila a Metoděje
6. července	Státní svátek ČR - mistr Jan Hus (1415)
28. října	Státní svátek ČR - Den vzniku samostatného Československa (1918)

Dny pracovního klidu

1. ledna	Nový rok
20. dubna	Pondělí velikonoční
1. května	Svátek práce
24. prosince	Štědrý den
25. prosince	1. svátek vánoční
26. prosince	2. svátek vánoční

Významné dny

5. května	Květnové povstání českého lidu (1945)
17. listopadu	Den boje studentů za svobodu a demokracii

4 *Vlasto, máš tento týden čas?*

27. března	P	velikonoční návštěva
28. března	Ú	sauna
29. března	S	babička 70 let - narozeniny
30. března	Č	Arnošt - svátek
31. března	P	tenis s Pavlou
1. dubna	S	Ute - narozeniny
2. dubna	N	Divadlo ABC - 20 hod.

Kdy má babička narozeniny?
Kolik let jí bude?
Má Arnošt svátek v pondělí?
Kam jde Vlasta v …?
…

5 *Kdo má kdy svátek/narozeniny?*

kdo	co	kdy
teta Šárka		
Rolf		
maminka Jirky		
Ute		
maminka Rolfa		
Monika		

Lekce 10

10 Kam dnes večer?

A Co budeme dělat dnes večer?

Viděla jsi už výstavu v ... ?

VÝSTAVY:

NÁRODNÍ GALERIE

Jízdárna Pražského hradu, U prašného mostu 55, Praha 1: Osobnosti a hodnoty — stálá expozice českého mo- ího umění.

rnberský palác, Hradčanské nám., Praha 1: Italské umění 1895 až 1952 z trivenetských muzeí (do 5. 5.).

Klášter sv. Anežky České, U milosrdných 17, Praha 1: Krajiny Josefa Mánesa.

Palác Kinských, Staroměstské nám. 12, Praha 1. J. Zrzavý — kresby, studie, návrhy (do 31. 3.).

GALERIE HLAVNÍHO MĚSTA PRAHY

Staroměstská radnice, Křížová chodba, Rytířský sál a II. patro: Český informel, V. Tomalík (do 24. 3.).

Dům U kamenného zvonu, Staroměstské nám., Praha 1, I. patro: Ve světle monitoru — rakouské videoumění. **II. patro:** M. Luskačová — fotografie.

Kde se sejdeme?

KONCERTY

19.–25. dubna 1990

PRAHA

SMETANOVA SÍŇ OBECNÍHO DOMU: N 22. Pražští komorní sólisté. Um. ved. H. Šimáček. **J. Růžička** — klavír, dir. U. Schneider (Švýcarsko). Na programu: A. Vivaldi, U. Stranz, W. A. Mozart, A. Bruckner. 7. abo Velkého komor. cyklu. — **Po 23. Symfonický orchestr Čs. rozhlasu, Pěvecký sbor Čs. rozhlasu.** Dir. V. Válek, sbm. P. Kůn. Zpěv — Soběhartová, D. Drobková, I. Kusnjer. Na gramu: O. Mácha, A. Dvořák. 13. abo SOČR. — **KLÁŠTER SV. ANEŽKY ČESKÉ: So 21. I. Štraus — housle, M. Petráš — violon-**

19. DUBNA

Chceš jít na koncert?

PROGRAMY PRAŽSKÝCH KIN

Praha 1: ALFA Muka obraznosti (ČSR), Indiana Jones a chrám zkázy (USA) odpol. — BLANÍK Skřivánci na niti (ČSR), Tajemná záře nad Pacifikem (USA) dop. — HVĚZDA Medvědi (Fr.) nonstop, Zanikající svět (Jugoslávie) odpol., Zlaté dítě (USA) večer — JALTA Projekt X (USA) — 64 U HRADEB adaptace kina — KOTVA 19. Sedím na konári (SSR), 20.–22. Oči černé (It.), 23.–24. Sedím na konári (SSR), 25. Prohnilí (Fr.) — LETKA Zabu (SRN) — LUCERNA Smuteční slavnost (ČSR) — PAŘÍŽ Dobrý den Babylonie (It., Fr., USA) — PASÁŽ Přelet nad kukaččím hnízdem (USA) — SEVASTOPOL Smrt obchodního cestujícího (SRN, USA) — SVĚTOZOR (Amadeus (USA) • **Praha 2:** BIO IL... Okno do dvora (USA) —

Co dávají v kině ... ?

DIVADLO NA ZÁBRADLÍ
Praha 1 – Anenské náměstí 5 – telefon 24 81 31
Přejeme příjemný večer
Kč 28,–
Datum:
ŘADA 6
SEDADLO 8
Pátek 13. ... 19.30
KONTROLNÍ ÚTRŽEK

V kolik hodin začíná ... ?

W. A. Mozart Museum
Musée W. A. Mozart
W. A. Mozart - Museum

BERTRAMKA

Exhibitions Concerts
Expositions Concerts
Ausstellung Konzerte

Bertramka, Mozartova 169, Praha 5
Metro (U-Bahn) B, Station Anděl
Tram (Strassenbahn) 4, 6, 7, 9, 12, 14, 16

Koupil jsi lístky na ... ?

DIVADLA:

SOBOTA

Národní: Tajemství 14, Kouzelná flétna 19. **Nová scéna:** Minotaurus 17 a 20 (LM). **Na Vinohradech:** Zahrada na křídě 19. **Pod Palmovkou:** Hra o králi Davidovi 19. **ABC:** Černí baroni 15 a 19.30. **Činoherní klub:** Utrpení mladého Medarda 19.30 **Na zábradlí:** Sny 19.30. **Hudební v Karlíně:** Netopýr — Die Fledermaus 19.30. **Za branou II:** Hudební svátky v Divadle za branou II — Orchestra puellarum Pragensis 19.30. **Reduta:** Markéta Johnová se skupinou 19, Swing oáza kvartet 21.30. **Supraclub:** Volf-jazztet 15.30 a 19.30. **Press jazz club:** F.U.T. Franty Uhlíře 21.30. **S+H:** Jak Hurvínek hledal, až našel 14 a 16.30. **Opera Furore:** Andy Warhol 20 (v MB) **Opera Mozart:** The Best of Mozart 20 (A-scéna). **Studio Gag:** Concerto grosso 17 a 20. **Futurum:** Diskohrátky P. Šrámka 17. **Alhambra:** Piknik v srdci Evropy 22.30. **U Fleků:** Staropražské milování aneb Techtle mechtle 19.30. **Semafor:** Ach, ta láska nehezká 19.30.

Lekce 10

4. Fall (Akkusativ)	
já	mě/mne
ty	tě/tebe
my	nás
vy	vás

Jirka: Vlasto, co budeme dělat dnes večer? Půjdeme s Rolfem a Ute do divadla, kina nebo na koncert?

Vlasta: Ty si děláš legraci! Myslíš, že dnes dostaneme ještě lístky na něco slušného?

Jirka: Nejdřív se podíváme, co vůbec dávají.

Vlasta: V Národním dávají Rusalku. Nemusíme se ani ptát, zda mají lístky. Je už měsíc předem vyprodáno.

Jirka: Rusalka. To je něco pro tebe a Ute, ale nic pro mě.

Vlasta: Němci mají rádi Laternu magiku nebo pantomimu.

Jirka: To máš pravdu. České pantomimě rozumí i Číňan.

jít **na** balet
jazz
výstav**u**
pantomim**u**

jít **do** muze**a**
oper**y**
galerie

Vlasta: Máte prosím, ještě vstupenky?

pokladní: Na kdy, prosím?

Vlasta: Na dnes večer.

pokladní: Je vyprodáno na večerní i odpolední představení.

Vlasta: To je škoda, máme tu návštěvu z Německa. Nemáte tam někde ještě čtyři lístky?

pokladní: Teď nemám, ale zavolejte si v 5 hodin, možná, že nám Čedok nějaké lístky vrátí.

Vlasta: To by bylo výborné. Můžete mi čtyři lístky schovat na jméno Palečková?

pokladní: Nic vám neslibuji, zavolejte v 5 hodin.

Vlasta: Děkuji a na shledanou.

Co dávají v divadle?	V divadle dávají Rusalku.
Co hrají v kině?	V kině hrají film Letiště.

1 *Co budeme dělat zítra?*

Co dávají? Začátek? Kdo? Kolik? Kdy?

Halo … Kam? Od – do? Kde a kdy? Kolik?

Co? Kdo? Kde? Kdy? Potom?

… … … …

hrát	–	hra	–	herec	–	herečka
prodat	–	prodejna	–	prodavačka	–	vyprodat
dívat se	–	divák	–	divačka	–	divadlo

17.00 hodin

Vlasta: Dobrý den, Palečková, mluvila jsem s vámi dnes dopoledne. Máte lístky na dnes večer?

pokladní: Ano, máte štěstí. Čedok vrátil čtyři lístky, ale nejsou pohromadě. Dva jsou vpředu v přízemí v páté řadě a ty druhé jsou vzadu ve dvacáté řadě.

Vlasta: To nevadí. Kdy začíná představení?

pokladní: Představení začíná v 19.30, ale pro lístky si musíte přijít hned.

Vlasta: Kolik stojí lístky?

pokladní: Lístek stojí 75 korun.

Vlasta: Dobře, přijdu hned.

2 *Máte dnes večer čas?*

– Ahoj, jak se máš?
– Ahoj, dobře. Nechceš jít dnes večer do kina? Vláďa koupil lístky do kina a teď nemůže jít. Má moc práce a musí zůstat v práci do noci.
– Dnes večer? Jak se jmenuje ten film?
– *Rain Man.* Má to být dobrý film.
– V kolik hodin začíná film?
– Ve 20 hodin v kině Alfa.
– Ráda s tebou půjdu. Kdy se sejdeme?
– Ve tři čtvrtě na osm?
– Dobře, ve tři čtvrtě na osm před Alfou.

kina

ALFA: Rain Man. Setkání dvou bratrů, z nichž starší je postižen neléčitelnou duševní vadou. **BLANÍK: Hříšný tanec.** Příběh lásky ve stylu »Dirty dance«. 24. 12. v 10.30 h **Sněhurka a sedm trpaslíků,** USA. **SEVASTOPOL: Vážení přátelé, ano.** Tragikomický příběh z prostředí umírněně pracující inteligence aneb Kupředu, kupředu, Bohouši a Andělo.

Přehled koncertů FOK v červenci

1. 7. neděle — Síň Josefa Mánesa — Anežský areál NG v 10 hodin
3. koncert festivalu Mozartova Praha
BOHEMIA QUARTETT, Jaroslav Marek — klarinet
W. A. Mozart

1. 7. neděle — Hudební síň Klárov v 10 hodin
4. koncert festivalu Mozartova Praha
SUKOVO KVARTETO, J. Hlaváč — klarinet
W. A. Mozart, J. Haydn

2. 7. pondělí — Majakovského sál ÚKDŽ ve 20 hodin
Koncertní kytara — ĽUBOMÍR BRABEC

3. 7. úterý — Kostel sv. Jakuba v 17 hodin
5. koncert festivalu Mozartova Praha
ALEŠ BÁRTA — varhany, D… …AR PEČKOVÁ — zpěv
W. A. Mozart, J. N. Sege… …ndel, J. K. Kuchař, G. B. Pergolesi,
C. Monteverdi

3. 7. úterý — Síň Josefa … …20 hodin
6. koncert festivalu Moza…
MOZARTOVO DECHOV…
W. A. Mozart, J. N. Ven…

výstavy

Výstavní dům Mánes, Gottwaldovo nábř. 250, Praha 1: Praha těchto dnů — pražský listopad 1989 — výstava fotografií (do 14. 1.). **Galérie bratří Čapků, Jugoslávská 20, Praha 2:** Jaroslav Kříž — obrazy. **Galérie Fronta, Spálená 53, Praha 1:** Kamil Lhoták — grafika (do 26. 12.). **Galérie hl. m. Prahy, 2. patro Staroměstské radnice:** Eva Bednářová — volná grafika. **Muzeum hl. m. Pra… sady, Praha 1:** P… pěti století (do … **Výstavní d… Republiky.**

divadla

Sobota

Atrium: Vánoční muzika Adama Michny z Otradovic 17. **Palác kultury:** Vánoce v Paláci kultury (Společen. sál) 14. **Reduta:** F. U. T 21. **Jazz klub Metro:** PS kvartet 21. **Sparta:** Pop legendy 19. **E klub:** Diskospektrum III 19.30. **F klub:** Disko M. Laštovičky 19. **Alhambra:** Piknik v srdci Evropy 22.30. **Zvoneček:** Perníková chaloupka 14.30 a 16.

Pondělí

Národní: Zlý jelen 14 a 19. **Smetanovo:** Brouk Pytlík 14. Trubadúr 19. **Nová scéna:** Zahrada 14. Nebezpečné vztahy 19. **Na Vinohradech:** Taková ženská na krku 14 a 19.30. **Realistické:** Maryša 16. **ABC:** Sklenice vody 15 a 19.30. **Rokoko:** Skleněný zvěřinec 19.30. **E. F. Buriana:** Představení Hamleta ve vsi Dolní Mrduša 19.30. **Laterna magika:** Kouzelný cirkus 17 a 20. **Činoherní klub:** Pension pro svobodné pány 19.30. **Hudby:** Vyznání Renaty Tabaldiové 17. To byla Edith Piaf 19.30. **Atrium:** České pastorální skladby 17. **Semafor:** Pohoda vánoc — Zavěste, volá Semafor 19.30. **Hudební v Karlíně:** Vánoční koncert ze světových muzikálů 15.30 a 19.30. **Spejbla a Hurvínka** …

HDK
45 LET
HUDEBNÍHO DIVADLA V KARLÍNĚ

HUDEBNÍ DIVADLO V KARLÍNĚ

divadelní sezóna

LISTOPAD

1.	čt		FUNNY GIRL
2.	pá		FUNNY GIRL
3.	so	o	ORFEUS V PODSVĚTÍ
		v	ORFEUS V PODSVĚTÍ
4.	ne		nehraje se
5.–10.			zadáno pro ČS televizi
11.	ne		nehraje se
12.	po		MY FAIR LADY

REPERTOÁR V SEZÓNĚ

Rudolf Friml — Herbert Stothart
ROSEMARIE

Jule Styne — Isobel Lennartová:
FUNNY GIRL

Kdy začíná koncert/divadlo/film... ?

Kdy začíná představení?

Máte dnes večer čas?

Kolik stojí vstupenka?

Kdo koupí lístky?

Viděl jsi už ... v kině... ?

Do které řady jsi koupil/koupila lístky?

Máte rád/ráda jazz?

Kde a kdy se sejdeme?

Chcete jít do divadla?

Máte rád/ráda operu?

3 ***Chodíte rád/ráda na/do ... ?***

kino
opereta
balet
pantomima
výstava
...

divadlo
opera
galerie
jazz
muzeum
...

4 *Píseň.*

Tulipán

Jiří Suchý – Jiří Šlitr

Přišel mi k svátku
Gratulovat Olda
A přinesl mi
Žlutej tulipán
A pěknou reprodukci
Od Marolda
Je na ní vidět
Bitva u Lipan

Pověsil jsem si
Bitvu do pokoje
A tulipán jsem
Pod ni postavil
Jo umění a kytky
To je moje!
Pak jsem to s Oldou
Pěkně oslavil

Proč nechal jsem tulipán pod obrazem
Proč?
Proč jsem ho radši nepostavil na zem
Proč?
Když výstřel padne
Voják se kácí
Tulipán vadne
Barva se ztrácí
I kytka pozná
Že bitva hrozná
Životu nesvědčí

A proto tvrdím
Že když kvůli pánům
Se lidi začnou
Mezi sebou prát
Neprospívá to
Vůbec tulipánům
A nezlobte se
Já mám kytky rád!

Spolutvůrce tradice českých divadel malých forem. Spolutvůrce legendárního divadla SEMAFOR. Spolutvůrce dnes už legendární dvojice SUCHÝ – ŠLITR. JIŘÍ SUCHÝ.
Kabaretiér? Divadelník? Písničkář? Zpěvák? Textař? Ředitel divadla Semafor? Kdo vlastně? Kdo to ví? Nezařaditelný, nezaměnitelný, prostě svůj. Suchý.
Dnes už sice prošedivělý, ale vždy ve střehu, v dění, ve tvoření.
Věříme, že jeho TROCHA POEZIE, vydaná Československým spisovatelem v Praze, vás nejen jak se tvrdívá „nezabije" – ale naopak osvěží, vyloudí úsměv, zavede do vzpomínek. A těch věru není nikdy dost. Ani dnes. Zvlášť těch dobrých, motivujících vpřed, těch, které přežili a žijí i dnes. Jakoby se právě zrodili.
Zavzpomínejte si, zazpívejte si, osvěžte se prosím – třeba právě dnes.
/as/

Divadlo *Semafor*
Ze hry *Jonáš a tingl-tangl*

B

Jaký je váš koníček?

Nejsem žadný velký sportovec. Rád vařím. Dívám se rád na fotbal a na hokej. V létě chodím na ryby. Zahrádka, to je moje. Na zahrádce máme rajská jablíčka, angrešt, rybíz, jahody a ovocné stromy jabloň, hrušku, švestku a meruňku. Dovedu strávit celou dovolenou na zahradě.

Ráda pletu a velmi často chodím do divadla nebo do opery. Miluji Mozarta. Každý pátek chodím na judo. Ale mým největším koníčkem je anglická literatura. Příští rok pojedeme na dovolenou do Anglie, už se moc těším.

Já mám hodně zájmů. V zimě jezdím na hory, rád lyžuji. V létě hraji tenis a chodím plavat. Rád poslouchám jazz. Sbírám gramofonové desky a rád maluji. Nerad vařím, ale rád jím. Nejraději ze všeho nedělám nic a lenoším.

Ráda tancuji. Chodím pravidelně na jazzgymnastiku a na jogu. Nerada pletu nebo vařím. Ráda jezdím do hor, stanuji a všude fotografuji. Doma mám už několik stovek fotografií. Minulý rok jsem se zúčastnila jedné soutěže a získala jsem třetí místo za fotografii z mého výletu do Vysokých Tater.

Zajímá mě hudba. Rád poslouchám hudbu, chodím na koncerty a sám hraji na trumpetu v našem orchestru. Sbírám staré pohlednice a rád jezdím na kole.

Mám ráda lehkou atletiku. Ráda běhám. Jsem členkou sportovního klubu MTV ve Stuttgartu a občas hraji tenis, ale špatně. Ráda čtu detektivky, ale musí být opravdu dobré. Mým koníčkem jsou také jazyky, mluvím dobře anglicky a francouzsky. Jsem na univerzitě a tam se učím česky a rusky.

Lekce 10

Zajímáš se o vaření?	Ano, zajímám se o vaření.
Jakého máš koníčka?	Zahrádka je můj koníček.
Jaké máte zájmy?	Zajímám se o módu a o umění.
Zajímá tě sport?	Ano, rád se dívám na fotbal v televizi.

1 *Hobby a vy?*

Co k tomu potřebuješ?

Kde … ?

Kolik stojí tvůj koníček?

V klubu?

… ?

Jak často … ?

S kým … ?

Jak dlouho … ?

2 *Co dělají?*

Jaké? Kam? Co? Jak? Co to bude? Co dělají? Proč? Kde?

3 *Co vidíte na obrázku?*

Kde je … ?
Co je vpravo?
Co stojí u … ?
Co leží na … ?
Jak se jmenuje
ten strom vzadu?
… ?

Jaké koníčky má Jirka?

4 *Rodina Řeháková dělá plány na víkend*

kdo	sobota	neděle
Anička		
Eva		
Pepík		
pan Řehák		
paní Řeháková		

5 *Plánujete dovolenou?*

Na jak dlouho?

Kdy chcete jet?

Budete na dovolené fotografovat?

Kam chcete jet?

Hrajete tenis?

Musíte objednat hotel nebo jedete na kempink?

Jezdíte na kole?

Co tam budete dělat?

Chytáte ryby?

Kdo jede s vámi?

Lenošíte rád/ráda?

Umíte plavat?

Jedete autem, autobusem nebo vlakem?

... ?

C Před odjezdem

Ute navštívila Vlastu před odjezdem do Jičína.

Vlasta: Ahoj, Ute. Sedni si. Udělám ti kávu a pak mi řekneš, kam zítra jedete.

Ute: Kávu si dám, už jsem se na ní těšila. Zítra jedeme autem do Jičína.

Vlasta: Jičín znám velmi dobře. Blízko Jičína, v Sobotce, bydlí moje babička. Jezdíme ji pravidelně navštěvovat. Co tam budete dělat?

Lekce 10

4. Fall (Akkusativ)	
on	ho/jeho/jej
ono	je
ona	ji
oni	je

Ute: Podíváme se na Jičín a potom budeme jezdit po okolí.
Vlasta: Víš už, kde budete bydlet?
Ute: Jedeme do kempinku. Ale teď už musím jít. Musím ještě koupit pár věcí na cestu. Kam chodíš nakupovat, Vlasto?
Vlasta: Chodím nakupovat do samoobsluhy. Úplně jsem zapomněla. Musím jít ještě na poštu koupit známky. Půjdeme spolu? Už jsi psala domů?
Ute: Ano, napsala jsem mamince a babičce dlouhý dopis.
Vlasta: Už jsi vypila kávu?
Ute: Ano, kávu jsem vypila, můžeme jít.
Vlasta: Tak jdeme.

unvollendet	vollendet
dělat	udělat
jíst	sníst
dívat se	podívat se
kupovat	koupit
nakupovat	nakoupit
pít	vypít
psát	napsat
platit	zaplatit

Milá Vlasto,

jsme už tři dny na Jičínsku a moc se nám tu líbí. V Praze jsme si udělali plán na každý den, ale děláme něco úplně jiného, než jsme si naplánovali. Jsme v kempinku blízko Šikníku. Každý večer chodíme do malé, velmi dobré hospody na večeři. Včera jsme šli jinam, ale tam nám večeře nechutnala. Chtěli jsme jet autobusem do Prachovských skal, ale žádný přímý autobus tam nejezdí. Jeli jsme tedy do Jičína.

Mnoho pozdravů a na shledanou v Praze,

Ute a Rolf

Lekce 10

1 *Psát nebo napsat?*

a. Ute musí ještě [kupovat / koupit] pár věcí na cestu.

b. Včera jsem [psala / napsala] dopis babičce a poslala ho.

c. Pavel a Olina [pili / vypili] kolu a šli do města.

č. Co budete na zahradě [dělat / udělat] ?

d. Pane vrchní, [platit / zaplatit] prosím!

ď. Chodíš [nakupovat / nakoupit] každý den?

e. Já vím, že máš hlad, ale nemusíš nám všechno [jíst / sníst] .

2  *nebo*  *?*

a. Kam chceš  dnes večer?

b. Můžeme  metrem do středu města?

c. Jak často  metro?

č.  do středu města také autobus?

d. Do kterého kina chceš  ?

ď.  přes Karlův most auta?

e.  pravidelně do kursu češtiny?

○ → I

Jít na výstavu.
Jet do Ostravy.

Teď jdu do kostela.
Jedeš dnes do práce?

bestimmt	unbestimmt
jít	chodit
jet	jezdit

○ ⇄ I ↖ ↑ ↗ ← ○ → ↙ ↓ ↘ ○ ⇉ I

Chodit po výstavě.
Jezdit po Ostravě.

V neděli chodím do kostela.
Jezdím do práce každý den.

3 *Vlasta plánuje dovolenou*

strávit chodit bydlet chodit učit dívat se
fotografovat stanovat číst hrát sbírat poslouchat

Milá Jano,

Chci ____________ dovolenou na Slovensku. První týden
budu ____________ v Nízkých Tatrách a druhý týden
budu ____________ v hotelu Srdiečko. Na horách budu
____________ na ryby, ____________ rádio
a večer ____________ detektivku. Vezmu si s sebou
fotoaparát, protože ráda ____________.

V hotelu budu ____________ plavat a ____________
tenis. Večer se budu ____________ na televizi.

Na Slovensku musím koupit nějaké pohledy pro Rolfa, protože je
____________ a pro Ute slovensko-německý slovník.
Chce se ____________ slovenštinu.

Mnoho pozdravů
Vlasta

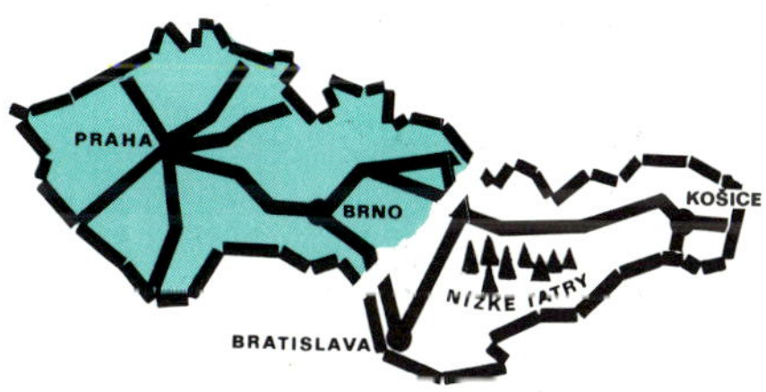

4 *Národní píseň*

Škoda lásky

Teče voda, dokola se točí,
ty jsi nemiloval moje oči.
Já bych byla pro tebe jen žila,
že mou lásku zradíš, to jsem nevěřila.

Refrén

Škoda lásky, kterou jsem tobě dala,
Ty mé oči dnes bych si vyplakala!
Moje mládí
uteklo tak jako sen,
na všechno mi zbyla jenom,
v srdci mém vzpomínka jen.

Lekce 11

11 Na cestách

A Česká Republika

sever
severozápad ↖ ↑ ↗ severovýchod
západ ← → východ
jihozápad ↙ ↓ ↘ jihovýchod
jih

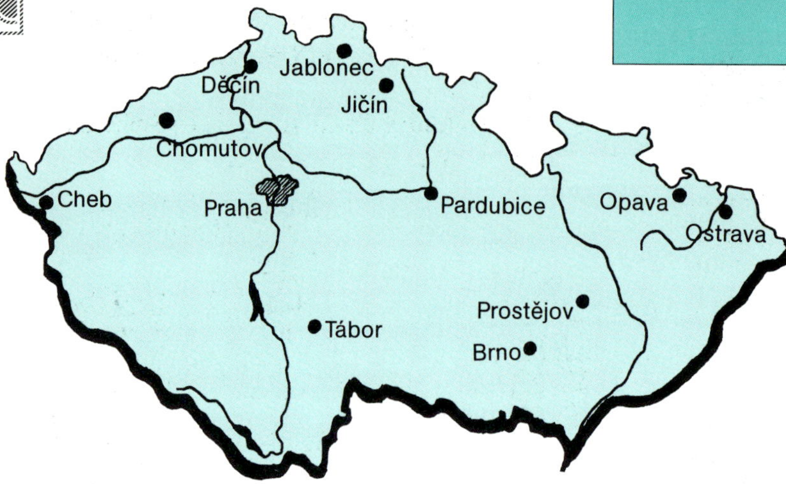

státní znak
České Republiky

Česká Republika leží ve střední Evropě a má kolem 10,5 miliónů obyvatel. Hlavní město České Republiky je Praha.

V České Republice jsou dvě země: Čechy a Morava. Největší město Čech je Praha a největší město Moravy je Brno. Praha leží na řece Vltavě. Češi a Moravané mluví česky.

Lekce 11

Česká Republika hraničí se čtyřmi státy. Na východě se Slovenskem a na jihu s Rakouskem. Na západě tvoří přírodní hranici Šumava a Český les s Německem. Krkonoše, Beskydy a Jeseníky tvoří východní hranici s Polskem.
V Čechách pramení dvě řeky. Na Šumavě pramení Vltava a v Krkonoších pramení řeka Labe.
Nejvyšší hora v České Republice j Sněžka v Krkonoších.

6. Fall (Präpositiv)

männlich	**-u / -i / -ovi**
sächlich	**-ě / -i**
weiblich	**č / -i**

na v
po při kde?

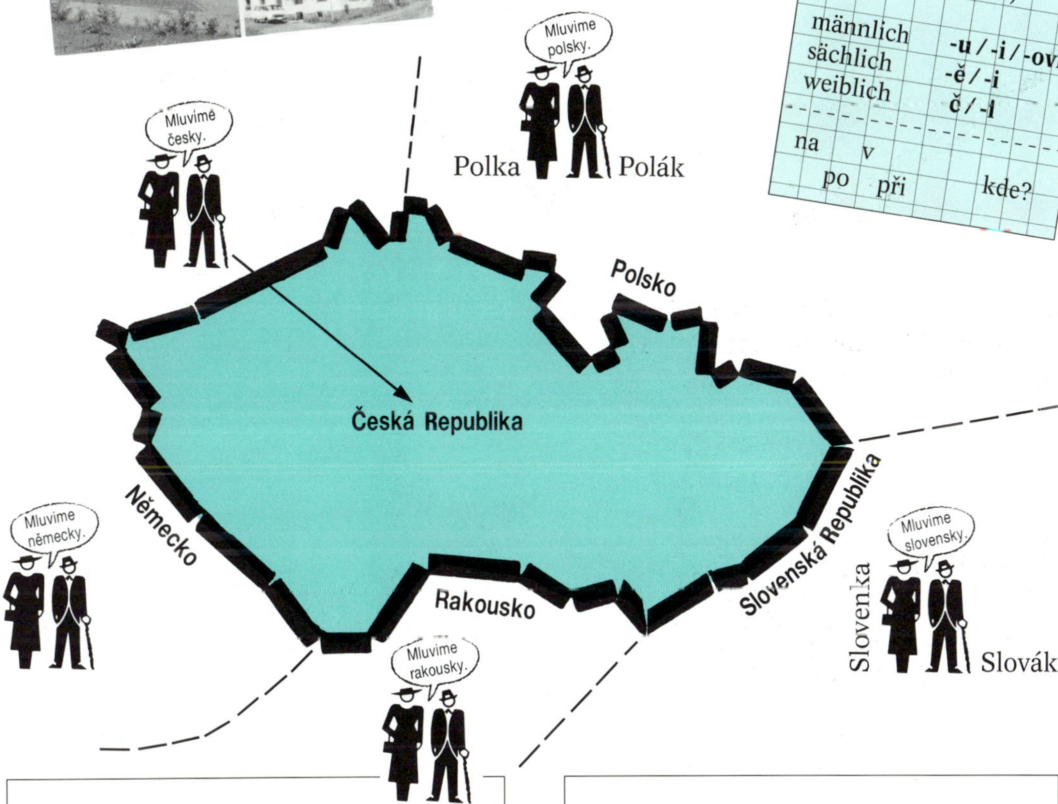

Auto jede ...	
na sever	
na západ **KAM?** na východ	
na jih	

Město leží ...
na sever**u**
na západ**ě** **KDE?** na východ**ě**
na jih**u**

Lekce 11

1 *Česká státní hymna*

„Kde domov můj“ je píseň z české zpěvohry „Fidlovačka“, která měla premiéru dne 21. 12. 1834 v Praze ve Stavovském divadle. V roce 1918 se stala tato píseň Českou hymnou.

Kde domov můj?
Voda hučí po lučinách,
bory šumí po skalinách,
v sadě stkví se jara květ,
zemský ráj to na pohled!
A to jest ta krásná země,
země česká, domov můj!

2 *Co víte o České Republice?*

Ve které části Evropy leží Česká Republika?

S kým hraničí Česká Republika na východě?

Kde leží Německo?

Který stát hraničí s Českou Republikou na severu?

Kde leží Rakousko?

Jak se jmenuje největší město Moravě?

Na které řece leží Praha?

... ?

Kde žijí Moravané a jakou řečí mluví?

Kde pramení Labe?

3 *Kde leží město ... ?*

Na Moravě?

Cheb

Znojmo

Chomutov

Karlovy Vary

Tábor

Pardubice

Jičín

V Čechách?

Děčín

Domažlice

Opava

... ?

Prostějov

Praha

Jablonec

Na severu ČR?

Brno

Ostrava

4 *Kde kdo žije a jakou řečí mluví?*

Německo			německy
		Moravanka	
Rakousko			
			slovensky
	Čech		
Švýcarsko			
			polsky

5 *Co je Macocha?*

Vlasta vypráví, co všechno v Brně a okolí viděli. Nejdříve jsme šli na hrad Špilberk. Hrad nechal postavit král Přemysl Otakar II kolem roku 1270. Od roku 1820 sloužil tento hrad jako vězení. Bylo to nejznámější vězení v rakousko-uherské monarchii.

Pak jsme navštívili kostel svatého Petra a Pavla. Kostel je z 11. století. Už mě boleli nohy, ale Karel šel pořád dál a dál. Říkal, že mi ještě musí ukázat Brněnského draka a Brněnské kolo. Příští den jsme jeli na Macochu.

Co víte o propasti Macocha?

Kdo bydlel ve vesnici Vilemovice?

Proč se otec oženil?

Kdo je macecha?

Kam šla macecha se synem a proč?

Kde byly nejkrásnější jahody?

Co udělala macecha?

Kdo zachránil chlapce?

Co se stalo s macechou?

Spadl chlapec do propasti?

Kde leží propast Macocha?

Víte proč se jmenuje propast Macocha?

B

Výlet

Rolf a Ute chtějí navštívit několik známých a příbuzných. Pan Paleček jim půjčí auto.

Většina jejich známých žije v jižních Čechách. Rozhodli se tedy navštívit známé v Táboře, Českých Budějovicích a okolí. Ve Veselí nad Lužnicí bydlí sestřenice Rolfa. Tam budou také bydlet. Chtějí navštívit zámek Konopiště, zámek Hluboká, Český Krumlov, Lipenskou přehradu a jiná zajímavá místa.

Posledním majitelem byl arcivévoda František-Ferdinand, který byl zastřelen v Sarajevu. V zámku Konopiště ❶ je sbírka loveckých trofejí a loveckých zbraní. Zámek je obklopen nádherným parkem a lesy.

Město Tábor ❷ je spojené s husitskou tradicí. Na náměstí je stará radnice ze 16. století.

Zámek Hluboká ❸ je vystaven v anglickém gotickém stylu. V zámku je velká sbírka gobelínů, starého nábytku a obrazů.

Město České Budějovice ❹ bylo založeno ve 13. století. Je tam známý pivovar. U piva tam seděl také dobrý voják Švejk. Možná, že tam v hospodě sedí ještě dnes.

Ve vltavském údolí byla roku 1956 postavena Lipenská přehrada. Umělé jezero Lipno ❺ je 40 km dlouhé a jedno z nejoblíbenějších míst pro vodní sport. Kolem jezera je mnoho kempinků a motelů.

2

3

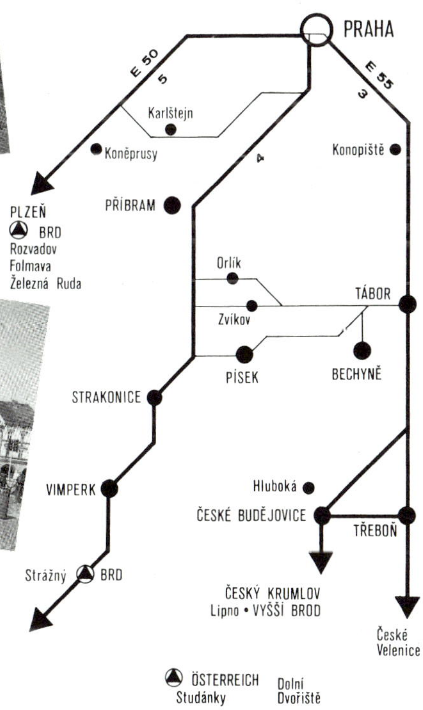

4

1

5

Lekce 11

1 *Co víte o jižních Čechách?*

Lipno	
zámek Konopiště	
zámek Hluboká	
České Budějovice	
Veselí nad Lužnicí	

sestřenice
obrazy
arcivévoda František
lesy
park
kempink
13. století
přehrada 1956
trofeje
gobelíny
starý nábytek
jižní Čechy
pivovar
40 km
dobrý voják Švejk
umělé jezero
lovecké zbraně
anglický styl

Rolf: Zítra chceme jet na Konopiště. Asi je nejlepší jet po dálnici, ne?
pan Paleček: Ano, to je nejrychlejší.
Rolf: Jak se dostanu na dálnici?
pan P.: Musíš jet z města směrem na jihovýchod.
Rolf: Kam vede ta dálnice?
pan P.: To je dálnice do Brna.
Rolf: Kde musím odbočit?
pan P.: Musíte odbočit na první odbočce – směrem na Benešov.
Rolf: Kolik je to asi kilometrů?
pan P.: Je to asi 27 km k odbočce a potom ještě 6 km ke Konopišti.
Rolf: Ukažte mi to, prosím, na mapě.

2 *Chci jet z Prahy do ...*

Jak se dostanu na dálnici?

Je to ještě daleko?

Je to silnice do ... ?

Kolik je to kilometrů?

Kde musím odbočit?

Můžete mi to ukázat na mapě?

Dostanu se tudy do ... ?

Kterým směrem musím jet?

vysoký	vyšší	nejvyšší
starý	starší	nejstarší
teplý	teplejší	nejteplejší
dobrý	lepší	nejlepší
zlý	horší	nejhorší
špatný	horší	nejhorší
velký	větší	největší
malý	menší	nejmenší
dlouhý	delší	nejdelší

3 *Co ještě o České Republice nevíte*

a. (vysoký) ... hora v ČR je Sněžka (1602 m nad mořem).
b. (dlouhý) ... řeka v ČR je Vltava (430 km).
c. (teplý) ... minerální pramen je v Karlových Varech (72 °C).
č. (velký) ... vodní přehrada je Lipno.
d. (starý) ... ženský klášter v Čechách je na Pražském hradě.
ď. (velký) ... hrad na světě jsou Hradčany.
e. (vysoký) ... most přes Vltavu je u Žďákova (67 m).

4 *Navštivte okolí našeho města*

Václav a Jana k vám přijeli na návštěvu. Přineste mapu a vysvětlete jim, jak se dostanou do měst v okolí.

Lekce 11

C

U benzínové pumpy

Jirka je u benzínové pumpy a připravuje auto na cestu.

Jirka: Zkontrolujte, prosím, olej a vodu v chladiči.
muž: Ano, mám vyměnit také svíčky?
Jirka: Nemusíte, jsou nové, ale dejte mi 40 litrů benzínu.
muž: Jaký benzín? Normal, Super nebo Natural?
Jirka: Super, prosím. A umyjte mi, prosím, auto. Kdy bude auto hotové?
muž: Auto vám nemohu umýt. Linka je rozbitá a nemáme lidi. Přijďte odpoledne.

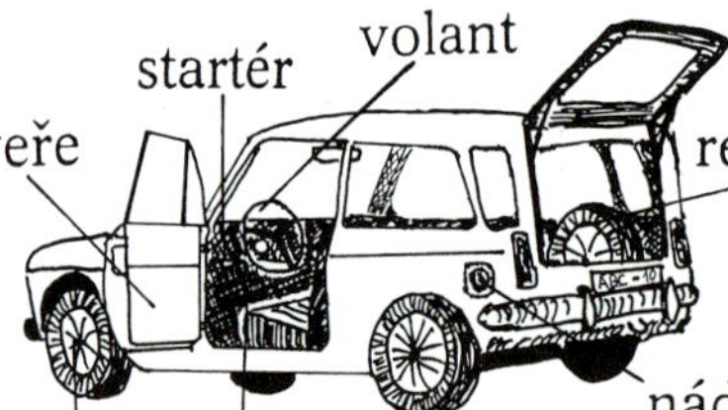

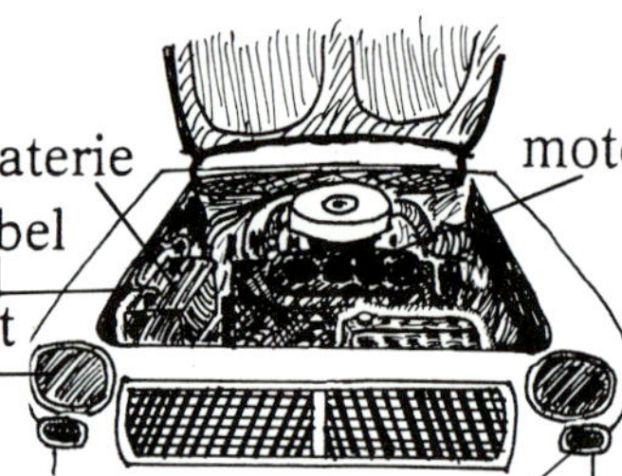

policista

řidičský průkaz

řidič – řidička

Lekce 11

Nejvyšší povolená rychlost

na dálnici je	110 km/hod.
na ostatních silnicích	90 km/hod.
ve městě	60 km/hod.

a žadný alkohol!

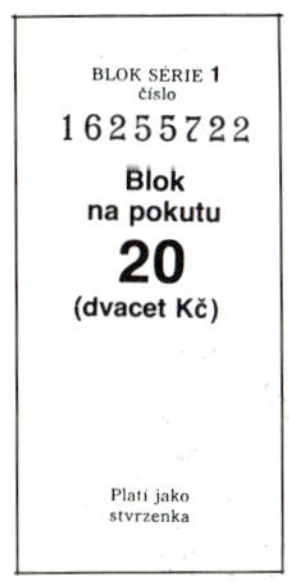
BLOK SÉRIE 1
číslo
16255722
Blok na pokutu
20
(dvacet Kč)

Platí jako stvrzenka

Ute a Rolf jsou na dálnici.

policista: Váš řidičský průkaz, prosím.
Ute: Tady je. Co se stalo?
policista: Víte, jaká je nejvyšší povolená rychlost na dálnici?
Utc: Hm, hm ... 130 kilometrů za hodinu?
policista: Ne, ne, tady nejste v Německu. Na českých dálnicích je nejvyšší povolená rychlost 110 km za hodinu. Jela jste rychleji, naměřili jsme vám 120 km za hodinu. Zaplatíte 100 Kč pokuty.
Ute: To jsem nevěděla. Tady je 100 Kč.
policista: Tady je pokutový blok. A příště na to nezapomeňte!

„Klíče od bytu, řidičský průkaz a peníze na pokuty máš?“

Lekce 11

1 *Ano – ne?*

	ano	ne
a. Ute nemá řidičský průkaz.		
b. Rolf jel rychleji než měl.		
c. Rolf věděl, jaká je povolená nejvyšší rychlost v ČR.		
č. Ute jela moc pomalu.		
d. Ute jela o 15 kilometrů rychleji než je povoleno.		
ď. Ute nemusí zaplatit pokutu, protože neřídila.		
e. Nejvyšší povolená rychlost ve městě je 50 km/hod.		
ě. Řidič může vypít jedno pivo a jet autem.		

2 *Znáte dopravní značky?*

1

Směrová tabule
pro vyznačení objížďky

4

5

9

2

	zákaz parkování
	vjezd zakázán
	zákaz odbočení doprava
	zákaz odbočení doleva
5	průjezd zakázán
	zákaz předjíždění
	nemocnice
	jednosměrka
	objížďka

6

8

3

Jednosměrný provoz

7

3 *Tady nemůžete ...*

- Pavle, tady nemůžeš parkovat!
- A proč, tady je zrovna místo.
- Podívej, tady je značka – zákaz parkování.
- Značku jsem neviděl. To je škoda, takové pěkné místo.
- ...

4 *Říkej rychle*

Chytil Petr pstruha na prut v prudkém proudu.

Paní Palečková má nehodu

Paní Palečková jela do města nakupovat. Když se vracela domů, měla nehodu na rohu Kateřinské a Lipové ulice. Zleva vyjela Škodovka a nedala přednost v jízdě paní Palečkové. Paní Palečková prudce zabrzdila, ale už bylo pozdě.

paní Palečková:	Měla jsem přednost v jízdě! Proč nedáváte pozor?
řidič Škody:	To není vůbec pravda, já jsem měl přednost, a ještě k tomu jste jela pomalu. Kde jste, prosím vás, dělala řidičák? Policii vůbec nemusíme volat. Dejte mi číslo vaší pojišťovny. Ta mi škodu zaplatí.
paní Palečková:	Nic vám nedám. Mám na to svědky, že jste vyjel zleva. Zavoláme policii a uvidíme, kdo má pravdu.

Lekce 11

paní Palečková:	Dobrý den, tady je Palečková. Měla jsem nehodu.
policista:	Kde se stala nehoda?
paní P.:	Na rohu Kateřinské a Lipové.
policista:	Je někdo zraněn?
paní P.:	Ne, není, ale zavolejte odtahovací službu, moje auto musí asi do opravny.
policista:	Počkejte na místě i se svědky, hned tam budeme.

1 *Nehoda paní Marečkové*

a. Kam chce jet pan Mareček?
b. Kde a s kým byla paní Marečková?
c. Kde parkovala?
č. Kam odbočila z parkoviště?
d. Kdo jel za ní?
ď. Má paní Marečková svědky? Zavolala policii?
e. Co dal cizinec paní Marečkové?

„To jsme dopadli, co?“

2 *Pan Malý měl nehodu. Vjel do semaforu. Policista má mnoho otázek.*

Komu patří toto auto?	Ne, když řídím, nepiji.
Jak se jmenujete?	To je moje maminka.
Kdo je ta paní?	Ne, nepotřebuji. Auto je v pořádku.
Jste v pořádku?	Letohradská 75, Praha 7.
Kde bydlíte?	Ano, před několika minutami.
Váš řidičský průkaz, prosím.	Alexandr Malý.
Je někdo zraněn?	Tady je.
Zavolal jste doktora?	To je moje auto.
Pil jste?	Ano, moje maminka je zraněna.
Potřebujete odtahovací vůz?	Ano, jsem v pořádku.

Lekce 12

Metropolitan
Počasí dnes: polojasno, déšť, denní teploty 5—9 stupňů C. Svátek má dnes Vojtěch.
Rozhovor s V. Bendou na str. 2
1,90 Kč
Václav Havel hostem na Downing Street č. 10
Svobodné slovo
Náš rozhovor
První žena v čele
ČSSR - SSSR: o faulech z let 1944 až 1955 a ze srpnové noci roku 1968 str. 3
DEMJÁNOVO SVĚDECTVÍ (Jak to bylo na Everestu) str. 8
Večerník Praha
2 Kč
List všech Pražanů
ÚTERÝ
vlasta
27. DUBNA 1991
NOVÝ svět motorů
TÝDENÍK HUMORU A SATIRY • 24. DUBNA 1991 • CENA 5 Kčs
NOVÝ dikobraz
ČÍSLO 17

Lekce 12

12 Informace

A

Noviny

– Čteš noviny každý den?
– Ano, máme předplacené Lidové noviny.
– Kolikrát týdně vychází?
– Noviny dostáváme šestkrát za týden.
– V neděli noviny nedostáváte?
– Ne, v neděli nevycházejí žádné noviny.
...

Ze světa i z domova

MÁLO ZNÁMÝ VAN GOGH. Dvě pozoruhodné expozice věnované holandskému období světoznámého malíře Vincenta van Gogha budou až do 29. července otevřeny v Nizozemsku, jedna v Amsterodamu, druhá v Otterlu. Návštěvníka jistě překvapí zjištění, jak výrazným tvůrcem byl tento malíř už před svým příchodem do Francie. Vstupenky na výstavu platí na konkrétní den a hodinu a předpokládá se, že budou patrně brzy vyprodány, a tak naši turisté, kteří zavítají do Nizozemska, nemají nejspíše šanci je zhlédnout.
(bor)

Největší atrakce

Staroměstské radnice je bezesporu orloj, který je každou hodinu obklopen rojem žasnoucích cizokrajných turistů, přičemž cvakají fotoaparáty a vrčí kamery. Včera zde byla další atrakce, tak typická pro současné dny — italský mladík v hloučku chechtajících se krajanů, oblečený ve zbrusu nové uniformě ruského oficíra a na hlavě s beranicí opatřenou velkou červenou hvězdou ...

ht

Chudé podzemí

I výstavbu pražského metra trápí nedostatek financí ● Hrozí posun konečných termínů ● Hledají se sponzoři

Praha (sts). Rok co rok jsme vám touto dobou předkládali optimistické informace o tom, která další trasa metra zahájí provoz, kolik se vyrazí metrů tunelů, kde se začne, kde skončí. Letos mnoho důvodů k výskání není, jak jsme se dozvěděli od náměstka ředitele DP-Inženýrské služby MHD **ing. Tomáše Gollera.**

– Kupuješ pravidelně nějaký časopis?
– Ano, kupuji pravidelně „Sport“.
– Proč si ho nepředplatíš?
– Protože jsem často na cestách.
...

Hony na valuty

Jak stověžatá Praha vítá turisty

Praha (hal). V našem hlavním městě se množí případy okrádání zahraničních turistů. Zde je pár příkladů:

● Na železničním oddělení VB Hlavního nádraží oznámil švýcarský turista, že mu někdo ukradl jeho zavazadla z automatické úschovní skříňky. Tento cizinec si odvezl vzpomínku v podobě částky 34 000 korun.

● Obdobně na tom je i Japonec, který po příjezdu na holešovické nádraží ČSD zjistil, že chvilka spánku ve vlaku ho přišla na 25 000 korun. Také on má pryč zavazadlo.

● Vykradené auto nahlásil v Praze 4 italský turista. Z jeho volkswagenu, který parkoval v Pískové ulici, mu zmizely věci za 29 000 korun.

● Další dva Němci a jeden Dán dopadli stejně. Všichni tři s vozidly parkovali na území Prahy 1. Z ulice Na Františku zmizely z mercedesu věci za 44 000 korun, z mazdy u hotelu Albatros za 30 000 korun a z karavanu, který stál na Malém náměstí, za 40 000 korun.

Co den dal ...

● CYKLISTIKA

● Devátou etapu závodu Dolním Saskem vyhrál Messerschmidt ze SRN, celkově vede Polák Piatek před Liesem z NDR, náš Tesař je devátý.

● ODBÍJENÁ

● V prvních semifinálových zápasech play-off ligy mužů vyhrála Zbroj. Brno nad ČH Bratislava 3:0 (5, 13, 10) a Aero Odolena Voda nad Zlínem 3:1 (11, 8, —3, 9).

● HÁZENÁ

● D. Praha—VSŽ Košice 25:21 (14:12) — předehrávaný zápas 16. ligového kola. Nejvíce branek: Šetlík 6, Tonar 5 — Szücz 9/2.

● SAZKA — SPORTKA

SAZKA: I poř.: 108 750 Kčs (4 vý-

JAK SE ZPÍVALO ZA MOZARTA?

Před premiérou komorního nastudování Figarovy svatby

Jména Daniela Dvořáka a Jiřího Nekvasila již třetím rokem spojujeme s Operou Furore a Operou Mozart. Když jsme asi před rokem vyslechli v Malostranské besedě při představeních Houslema do železa a Andy Warhol jejich mozartovský program, nechtělo se nám věřit, že jej zvládnou tak brzy. Jenomže mezitím už od listopadu 1990 je trvale vyprodáno The best of Mozart a připravuje se premiéra »Figaro? Figaro!« do Smetanova muzea na Novotného lávce. Tam jsme se také sešli s oběma autory a režiséry.

- Co čtete nejdřív v novinách?
- Nejdřív si přečtu zprávy ze zahraničí a potom z domova. A vy?
- Já si přečtu nejdřív sport a teprve potom politiku.
- Zajímá vás kultura?
- Ano, rád si přečtu o nové inscenaci nebo o koncertu.

● *Pil – umřel. Nepil – umřel taky. Ale ne současně. Ten, co nepil, dřív. Protože ten, co pil ho přejel.*

Německo: Málem zabil

Bonn —Proces s nyní třiadvacetiletým Mathiasem Rustem, známým jako »kremelský letec", byl včera zahájen v Hamburku. Rustovo jméno obešlo svět před čtyřmi roky, kdy po ilegálním přeletu území SSSR se sportovním letadlem přistál na Rudém náměstí v Moskvě.

Nyní se Rust musí zodpovídat před soudem pro pokus vraždy. V listopadu 1989, kdy vykonával náhradní civilní službu, nožem těžce zranil v hamburské nemocnici 18letou studentku zdravotní školy. Důvodem pro Rusta bylo, že děvče se nechtělo dát od něho políbit. Amatérský letec se poté sám dobrovolně přihlásil policii.

Galérie v bunkru

Originální nápad by asi Stalina šokoval

Tajný Stalinův bunkr v Kujbyševě, vybudovaný na podzim roku 1941, bude upraven na muzeum výtvarného umění a zpřístupněn veřejnosti.

PRODEJ — KOUPĚ

● **KOUPÍM FOTOAPARÁTY, STARÉ,** do sbírky, dobře zaplatím, i stereo, dřevěné a zajímavé. Tel. (02) 27 71 89, box 12, Tofo, pošta 34, Praha 3, 130 04. 16-18333-VP

● **KOUPÍM NĚM. MILITÁRIE** do roku 1950, např. letecké kukly, bundy, kalhoty, boty, kombinézy, palubní přístroje, přepínače, kontrolky a podobné součásti vnitřního vybavení něm. letadel. Dále koupím chladné zbraně, maskované obleky atd., listy vrtulí. Platím hotově. v jakékoliv měně. Tel. 437 98 75, ateliér. 16-18139-VP

● **STARÉ POHLEDNICE, KOUPÍM.** Zn.: »Tel. 75 14 34 — T-18460-VP.«

● **PRODÁM** Mikr. troubu BOSCH, nová, záruka 6 měsíců. Zn.: »8500 Kčs — 16-18546-VP.«

Nabídka knih z Václavského náměstí

1. Bejblík, A.: **Život a smrt renesančního kavalíra** (vázaná 27,—). Poutavé vyprávění o pestrém životě anglického kavalíra sira Waltera Raleigha.
2. Berková, A.: **Knížka s červeným obalem** (brož. 12,—). Nevšední povídky určené hlavně mladým čtenářům.
3. Boček, J.: **Polka pro astrální ženu** (brož. 18,—). Historický sci-fi příběh.
4. Doleček, R.: **Na cestách** (váz. 27,—). Knížka cestopisných črt, zážitků a vzpomínek známého endokrinologa.
5. Dub, O.: **Profesoři** (váz. 22,—). Oblíbený román z lékařského prostředí.

1 *Čtete noviny?*

A jaké noviny čtete vy?

Čtete nejdřív sport nebo politiku?

Máte předplacené noviny/časopisy?

Jaké?

… ?

2 *Co je dnes v novinách?*

– Četl jsi už dnes noviny?
– Ne, je tam něco zajímavého?
– Píší o Pražském metru, mají velké finanční problémy.
– Finanční problémy mám také, radši mi řekni, jak hrála Selešová.
– Selešová vyhrála 6 : 1, 6 : 1 proti Collinsové.

...

– Prosím tě, to si musíš přečíst.
– O čem píší?
– V novinách píší, že se množí případy okrádání zahraničních turistů.
– A to jim někdo ukradl věci v hotelu?
– Ne, vykradli auto, ukradli zavazadla.
– To je hrozné, viď. Co si o nás cizinci pomyslí.
– Já si myslím, že je to na celém světě stejné.

DUBNOVÁ SUPER NABÍDKA!
BAREVNÉ FOTOGRAFIE
pouze 6 Kčs,
do 24 hodin –
opět v prodejně
FOTO-KINO,
Vodičkova 33,
DROBNÉ ZBOŽÍ PRAHA.
4377-VP

Nevíš, kdo dělá barevné fotografie?

Co víte o hradu Křivoklát?

ZVEME VÁS NA ČESKOU ZABIJAČKU!
Prodejna ŽELEZÁŘSTVÍ U ROTTA
připravila ve spolupráci
s RESTAURACÍ U PRINCE
akci pod názvem **„Česká zabijačka".**
V ŽELEZÁŘSTVÍ U ROTTA
seženete vše potřebné pro přípravu zabijačky
V RESTAURACI U PRINCE
si můžete pochutnat na vepřových specialitách.
Česká zabijačka začíná 22. ledna
Srdečně vás zve kolektiv prodejny
ŽELEZÁŘSTVÍ U ROTTA,
Malé nám. 3, Praha 1.
DOMÁCÍ POTŘEBY PRAHA
65066 PEX

Kam pojedete na dovolenou?

Za jak dlouho a za kolik?

S CK Tempo Tours za poznaním
Francie
1. – 8.6. Alpy, Provence, Azurové pobřeží cena 8990,–
4. – 13.7. Kouzelná Normandie cena 11 614,–
9. – 18.8. Bretaň a pobřeží Atlantiku cena 8958,–
Doprava autobusem vybaveným WC, videem, s občerstvením, ubytování v kvalitních hotelech, seriozní služby.
tempo tour
Informace: CK TEMPO TOURS
U svépomoci 11, Praha 4
tel: 434887, 432158.
LND-3457

Co dostanete v restauraci U Prince?

Nemáte chuť na zabijačku?

● ***Hrad Křivoklát*** *byl a bude státní. Obavy z toho, že tomu tak nebude, rozptýlil doklad o tom, že rod Fürstenberků prodal velkostatek Křivoklát se vším všudy československému státu v roce 1921. Potvrdil to T. Bednařík, archivář křivoklátského pracoviště oblastního archivu Praha.*

Co jste četl dnes ve vašich novinách?

Slovník	vyšel	před rokem.
Knihy	vyšly	minulý týden.
Časopis	vychází	každé úterý.
Noviny	vycházejí	každý den.
Román	vyjde	příští měsíc.
Noviny	vyjdou	za hodinu.

noviny – novinka – novinář – novinářka

3 ***Co vás zajímá? Co čtete v novinách a co ne?***

obsah	**strana**
Zprávy z domova	1, 2, 4, 6
Zprávy ze světa	1, 2, 3
Počasí	1
Ekonomika	5
Kultura	6
Reportáž	6
Publicistika	7
Komentář	7
Sport	12, 13
Rozhlasový a televizní program	12
Křížovka	9
Horoskop	9
Inzeráty	10, 11

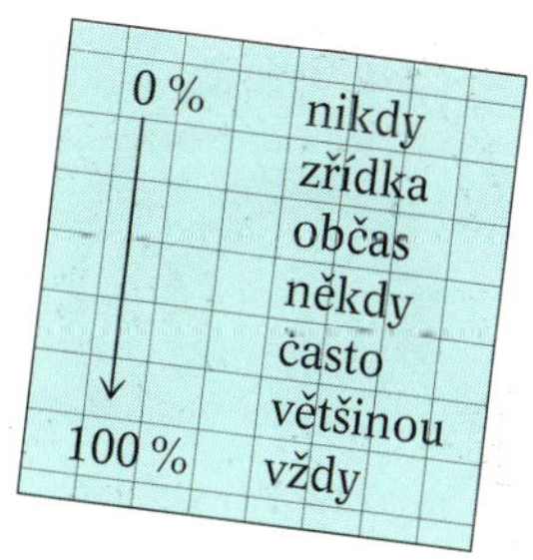

– Co tě nejvíc zajímá v novinách?
– Vždy čtu zprávy z domova a ze světa.
– A co tě nezajímá?
– Nikdy nečtu horoskop.

Lekce 12

B Počasí

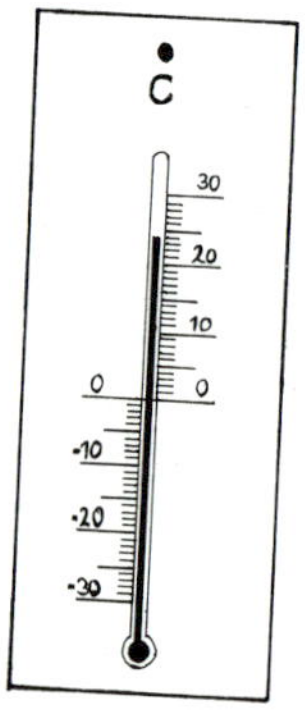

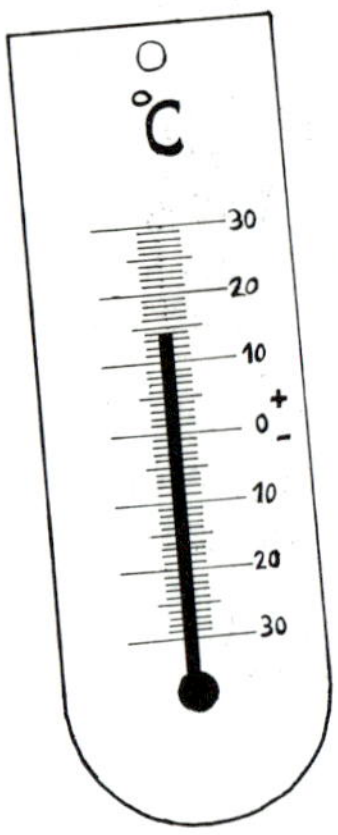

Předpověď počasí

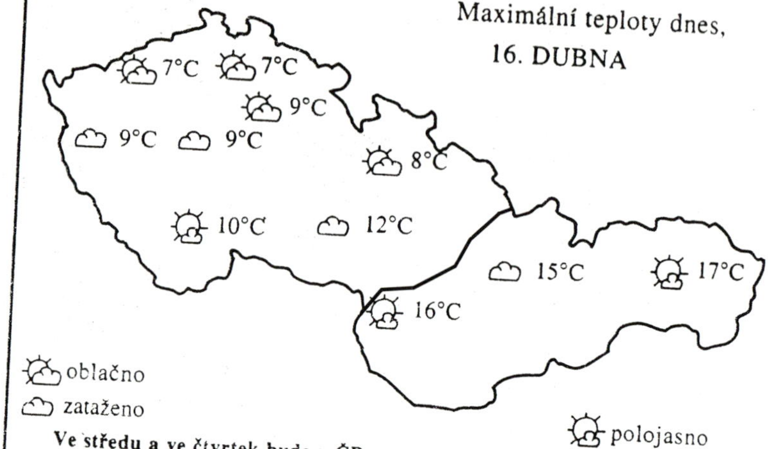

Ve středu a ve čtvrtek bude v ČR proměnlivá, převážně velká oblačnost s přeháňkami, které budou postupně přecházet i v nížinách ve sněhové. Ojediněle i bouřky. Ranní teploty +2 až -2 st.C, ve čtvrtek místy až kolem -4 st.C, denní teploty 4 až 8 st.C.

V SR bude proměnlivá, časem zmenšená oblačnost a místy přeháňky, na horách sněhové. Ve čtvrtek na východě Slovenska trvalejší déšť. Chladno. Noční teploty 4 až 0 st.C, v horských dolinách kolem -2 st.C, nejvyšší denní 7 až 11 st.C, na severu území jen kolem 6 st.C.

Počasí včera ve vybraných městech (v závorce je uveden místní čas) **Oslo** (13 h) skoro jasno, 11 st., **Stockholm** (13 h) polojasno 14 st., **Moskva** (15 h) zataženo, déšť, 7 st., **Londýn** (12 h) jasno, 12 st., **Paříž** (13 h) skoro jasno, 19 st., **Berlín** (13 h) jasno, 19 st., **Praha** (13 h) polojasno, 16 st., **Varšava** (13 h) skoro jasno, 18 st., **Madrid** (13 h) zataženo, mrholení, 10 st., **Řím** (13 h) polojasno, 18 st., **Atény** (14 h) skoro zataženo, 18 st., **Washington** (1 h) zataženo, mrholení, 8 st., **New York** (1 h) zataženo, 9 st., **Los Angeles** (22 h) skoro jasno, 14 st., **Montreal** (1 h) zataženo, 8 st.

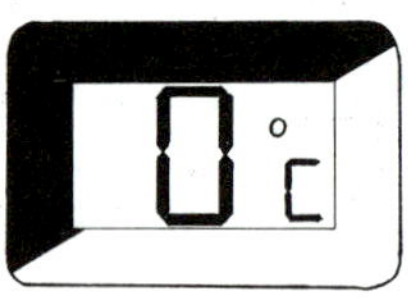

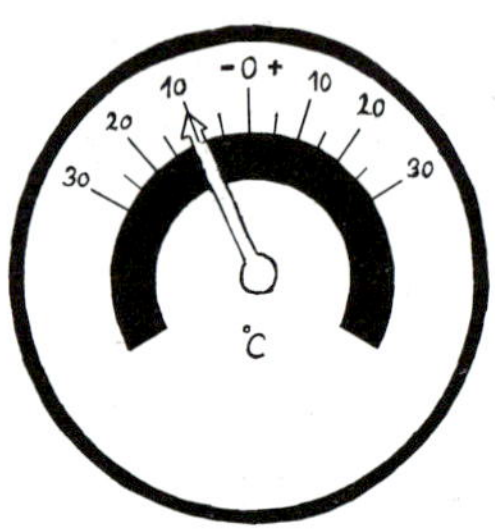

Je 24 stupňů nad nulou.

14 °C = čtrnáct stupňů Celsia

Je nula stupňů.

Je 10 stupňů pod nulou.

Jaké je dnes počasí?
Jaké máme dnes počasí?

Jak je dnes?
Jak je venku?

Dnes je pěkné a teplé počasí.
Dnes máme ošklivé, studené počasí a je mlha.
Je horko a slunce svítí.
Je tam zima a prší.

Lekce 12

sníh
Padá sníh – sněží.

déšť
Vezmi si deštník, prší.

mlha
Ráno budou mlhy.

vítr
Fouká studený vítr.

slunce
Slunce svítí a je horko.

mráz
Je pod nulou – mrzne.

náledí/led
V zimě je často náledí.

Lekce 12

1 *Kdo ví, odpoví a dá další otázku*

Kolik stupňů je dnes venku?

Sněží v Africe?

Jaké roční období máme teď?

Sněží v zimě nebo v létě?

Jsou delší noci v zimě nebo v létě?

V kterém ročním období je květen?

Bylo včera horko?

Co padá, když prší?

Fouká dnes vítr?

Jaká byla předpověď počasí na dnes?

Jak je dnes venku?

Kdy chodíte plavat?

Kdy jdeme lyžovat?

Jaké je počasí na podzim?

2 *Počasí a roční období*

léto	podzim	zima	jaro

měsíc

zima

Je vám/ti zima?
teplo?
horko?

Ano, je mi zima.
Ne, není mi horko.

3 *Před výletem na Slovensko*

	ano	ne
a. V Čechách a na Moravě bude celý den svítit slunce.		
b. Ranní teploty budou v Čechách a na Moravě 13–15 °C.		
c. V odpoledních hodinách bude východní vítr.		
č. V Čechách bude sněžit.		
d. Denní teploty na Slovensku budou až 22 °C.		
ď. Ráno budou na Slovensku mlhy.		
e. Večer přijde od západu lepší a teplejší počasí.		
ě. Na horách bude celý den hezky.		
f. V neděli ráno bude na horách padat sníh.		

Půjdete v sobotu
na výlet nebo nepůjdete? Proč?

Lekce 12

C

Co vás bolí?

Jirka je nemocný. Už od pátku se necítí dobře. Kašle, má rýmu a horečku. Bolí ho hlava a nemá chuť k jídlu. Včera si vzal prášek, ale ten nepomohl. Vlasta zavolala lékaře.

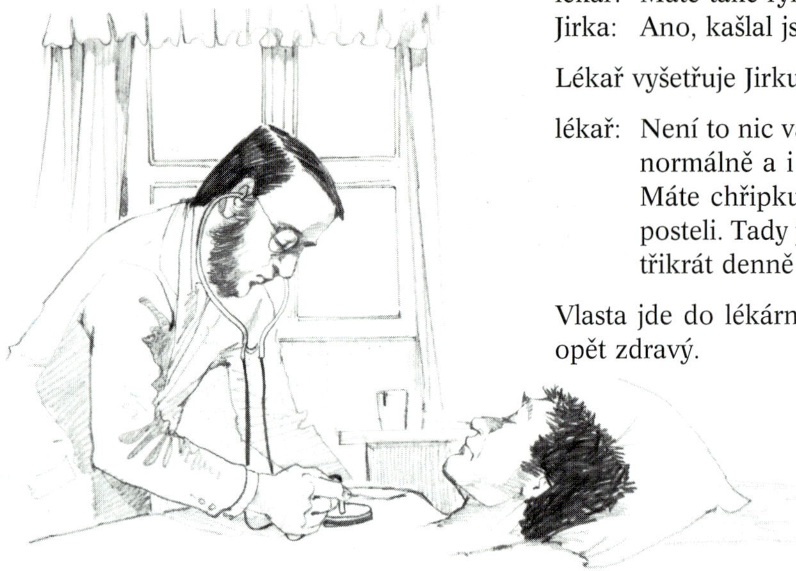

lékař: Tak co vám chybí?
Jirka: Jsem unavený, špatně spím, nechutná mi jídlo a mám horečku.
lékař: Bolí vás něco?
Jirka: Bolí mě v krku a hlava.
lékař: Jak dlouho máte tyto potíže?
Jirka: Již od pátku.
lékař: Máte také rýmu a kašel?
Jirka: Ano, kašlal jsem celou noc.

Lékař vyšetřuje Jirku.

lékař: Není to nic vážného. Srdce pracuje normálně a i plíce jsou v pořádku. Máte chřipku. Zůstaňte 3–4 dny v posteli. Tady je recept. Berte prášky třikrát denně jeden a hodně pijte.

Vlasta jde do lékárny. Za pár dní je Jirka opět zdravý.

Jak je ti?	Špatně. / Dobře.
Co vám chybí?	Není mi dobře.
Bolí vás něco?	Bolí mě u srdce.
Máš horečku?	Ano, mám 38,5 °C

lék – lékař – lékárna
nemoc – nemocný – nemocnice
zdraví – zdravý

Bohumil Ceplecha

Lekce 12

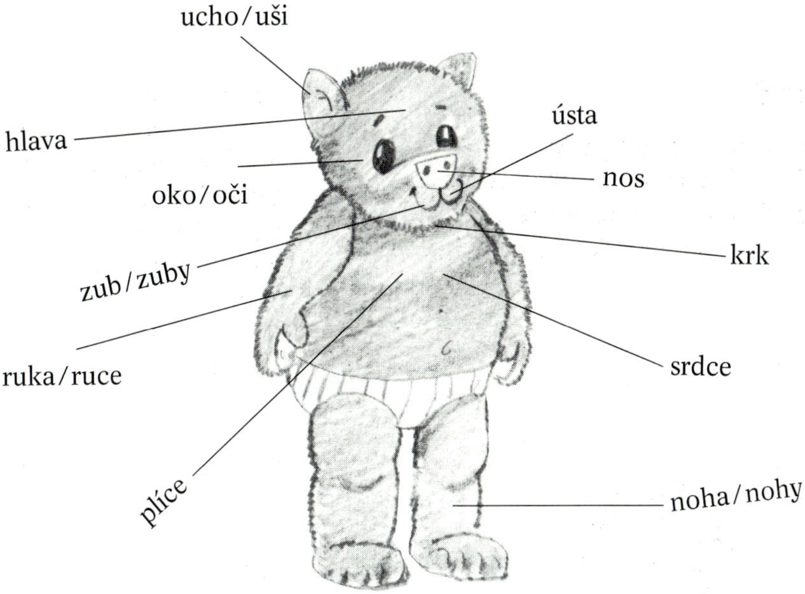

Bolí mě v krku.
zub.
Mám kašel.
rýmu.
chřipku.

Berte tablety třikrát denně.
prášky po jídle.
kapky před jídlem.

1 *Jste v hotelu a je vám špatně*

Lekce 12

2 *Pan Paleček se necítí dobře. Šel k lékaři.*

– Dobrý den, pane Palečku.
– Dobrý den, pane doktore.
– Tak co vám chybí?
– …
– Kdy to začalo?
– …
– Kdy jste šel včera spát?
– …
– Co jste jedl a pil?
– …
– Snídal jste?
– …
– Byl jste dnes v práci?
– …
– Tady máte recept. Berte třikrát denně jednu tabletku.
– …
– To je jedno. Zítra můžete jít opět do práce.
– Děkuji. Na shledanou.
– Na shledanou. Další, prosím.

3 *U lékaře*

Co vám chybí?

Jste unavený?

Jste alergický na …?

Bolí vás v krku?

Snídal/snídala jste?

Bolí vás na plicích?

Máte chuť k jídlu?

Máte horečku?

Jste často nemocný?

Kde máte bolesti?

Jak dlouho máte bolesti?

Máte často bolesti …?

Kde jste byl/byla včera?

Jak se jmenujete a kde bydlíte?

Co jste měl/měla včera k večeři?

Kdy odjíždíte zpět do …?

Kdy a kde jste se narodil/narodila?

Máte kašel?

Berete nějaké prášky?

Spal/spala jste dobře?

13 Kulturní život

Strážnice

Znáte městečko Strážnice? Je to město na jižní Moravě – město lidového umění.

V roce 1946 zde proběhl první mezinárodní folkloristický festival. Cílem festivalu bylo podnítit zájem o lidové umění a zachovat ho živé.

Samotná Strážnice má více než 6000 obyvatel. Může se pochlubit třemi cimbálovými kapelami a dvěma soubory písní a tanců.

Na začátku léta se sjíždějí do Strážnice soubory a kapely z celé republiky a ze zahraničí. Strážnice se promění v barevnou kytici. Mladí lidé v národních krojích zaplní město.

„Těm holkám to ale sluší“, slyším v řadě za mnou. Kluci z Prahy přijeli do Strážnice. Pozval je kamarád. Moc se jim nechtělo, mají radši rock, ale teď toho nelitují.

Součástí festivalu je také soutěž o nejlepšího tanečníka „verbuňku“. Verbuňk je typický mužský tanec ze Slovácka – východní oblasti jižní Moravy. Tanec vznikl v 18. století jako součást verbování.

Na sedmi podiích v areálu zámeckého parku tančí a zpívají sbory z domova a ze zahraničí. Dokonce taneční skupina z Číny navštívila tento festival.

Mezinárodní folkloristický festival ve Strážnici navštěvuje obvykle přes 30 000 lidí. Nezapomenutelný je pestrý průvod všech účinkujících městem. Všichni zpívají a tančí, dokonce i ti, kteří zpívat a tancovat neumí.

„To prostě sedíš, piješ moravské víno a najednou to jde samo“.

Potom se všichni zase rozjedou do svých domovů a těší se již na příští rok ve Strážnici.

Lekce 13

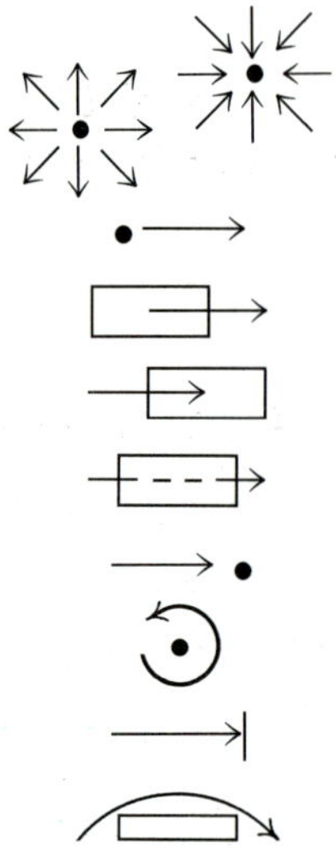

sjet	Všichni se sjedou do Strážnice.
rozjet	Po festivalu se návštěvníci rozjedou domů.
odjet	Petr musel odjet před koncem festivalu domů.
vyjet	Autobus vyjel z tunelu.
vjet	Vlak vjel do tunelu.
projet	Helena projela městem a vjela na dálnici.
přijet	Pavla přijela do Strážnice autobusem.
objet	Několikrát objeli náměstí.
dojet	Jana dojela do Strážnice až druhý den.
přejet	Auto přejelo přes most.

jít	**při**jít **ode**jít **vy**jít
jet	**při**jet **od**jet **vy**jet

1 *V Čedoku*

Rolf a Ute jsou v Brně. Už si prohlédli Brno a teď chtějí navštívit okolí. Všechny informace dostanou v Čedoku.

– Dobrý den, prosím?
– Dobrý den, jsme na výletě v Brně. Brno jsme si už prohlédli a teď chceme udělat pár výletů do okolí. Můžete nám říct, co je kde zajímavého?
– Máte štěstí, právě začal festival ve Strážnici.

...

Kolik má Strážnice obyvatel?

Jaký je to festival?

Kde leží Strážnice?

Jaké soubory ...

... ?

2 *Napište dopis*

Četli jste o městečku Strážnice. Napište dopis vaší přítelkyni v ČR o městě, kde bydlíte. Napište o tom, jak velké je vaše město, kolik má obyvatel, jaký je tam kulturní život, … .

3 *Dopis z USA*

Češi a Slováci žijící v cizině zachovávají lidovou tradici. Přečtěte si dopis jedné krajanky z USA a odpovězte.

slovník

Československý svět

časopis pro všechny Čechy a Slováky v zahraničí

„… Jsem předsedkyní The Bohemia Historical Society v New Yorku a ráda bych vám napsala pár slov o našem klubu. Máme přes dvě stě členů, udržujeme české, moravské a slovenské tradice, nosíme kroje, které jsme si sami ušili, tančíme české a slovenské tance a také pečeme české pečivo, které prodáváme a z tohoto výdělku potom financujeme naši činnost – a hlavně šetříme na muzeum. Ano. České muzeum. Už jsme si ušetřili tolik, že jsme se v únoru letošního roku mohli dát do jeho budování. Kouřilova rodina nám odkázala svůj dům, který jsme odstěhovali na pozemek, jež nám věnovalo zase město. Tam bude muzeum. Chceme totiž české, moravské a slovenské národní dědictví uchovat i našim potomkům. Ještě bych se měla zmínit o jedné věci. Naše vesnice nese jméno Bohemia. Dali jí je naši předkové, kteří do těchto míst přišli před 135 lety …“

FAY PAGELS, USA

	ano	ne
a. Bohemia Historical Society je soubor.		
b. Tančí české a slovenské tance.		
c. Nosí kroje, které si ušili.		
č. Udržují moravské a české tradice.		
d. V obchodech se prodává české pečivo.		
ď. Město věnovalo klubu pozemek pro muzeum.		
e. Rodina Kořínkova darovala svůj dům klubu.		
ě. Vesnice se jmenuje Bohemians.		

Lekce 13

B

Pražské jaro

Jednou z největších hudebních událostí pražského kulturního života je festival Pražské jaro.

Festival se jmenuje Pražské jaro, protože se pořádá v jednom z nejkrásnějších měsíců roku, v květnu.

Stalo se již tradicí, že festival se zahajuje slavnostním provedením cyklu symfonických básní Má vlast od Bedřicha Smetany.

Bedřich Smetana je jedním z nejznámějších českých skladatelů. Skoro každý zná jeho symfonickou báseň Vltava.

Na programu je obvykle vedle známých skladeb světové hudební tvorby také řada děl moderních skladatelů, českých i zahraničních.

Vedle velkých symfonických orchestrů přijíždějí do Prahy komorní soubory, kvarteta a celá řada sólistů: známí houslisté, klavíristé, zpěváci a jiní.

O koncerty je vždy velký zájem. Dostat lístky není lehké. Na festival přijíždí mnoho mimopražských i zahraničních posluchačů.

Pro milovníky hudby, kteří nemohou jet do Prahy nebo nedostali lístky na koncert, vysílá televize a rozhlas přímé přenosy z Pražského jara.

Festival obvykle uzavírá Beethovenova Devátá.

Vážení návštěvníci Pražského jara,

touto brožurou dostáváte do svých rukou nejen přehled festivalových akcí, ale i formulář pro objednání vstupenek. Vedeni četnými připomínkami, jak obtížné je sehnat pražskojarní vstupenky a zároveň jak mnoho pochybností minulý způsob obsahoval, zvolili jsme dosti jednoduchý a přísné kontrole podléhající systém.

Především jsme se rozhodli letos vyčlenit třetinu vstupenek pro každý koncert zahraničním návštěvníkům, kteří si je objednají přes kancelář BOHEMIA TICKETS INTERNATIONAL P. O. B. 534, Praha 1 — 111 21, neboť nemůžeme ani nechceme být pro cizinu uzavřenou společností.

Lekce 13

Otázka	Odpověď
Kdy začíná představení?	Představení začíná ve 20.00 hodin.
Jak dlouho trvá?	Představení trvá dvě hodiny.
Kdy představení končí?	Představení končí ve 22.00 hodin.
Na co hrajete/hraješ?	Hraji na klavír. trumpetu. kytaru.

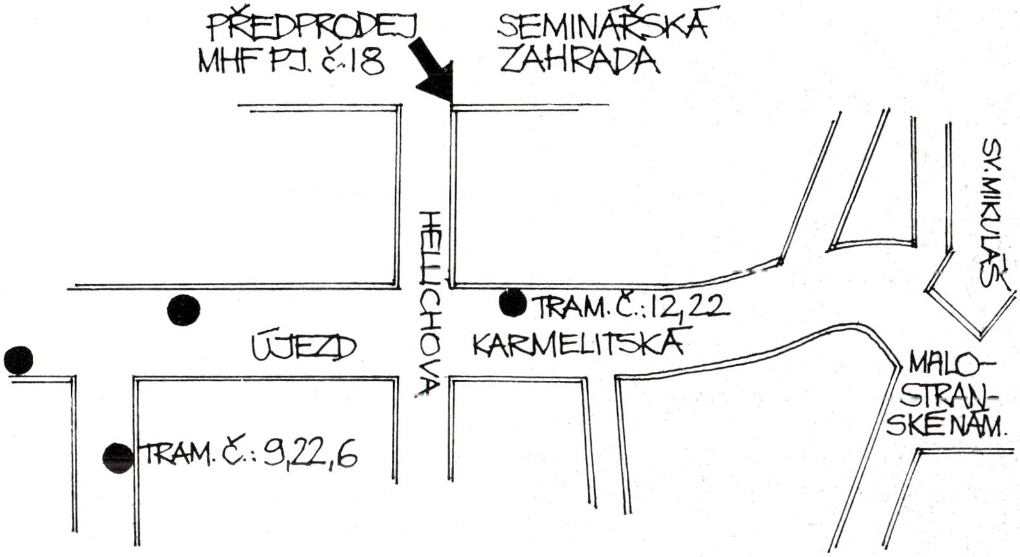

mnoho	Znám mnoho ope**r**.
několik	Znám několik opere**t**.
dost	Koupil jsi dost lístk**ů** na koncert?
kolik	Kolik je hodi**n**?
moc	Mám moc prác**e**.
hodně	Ve městě je hodně turist**ů**.

2. Fall Mehrzahl (Genitiv)

orchest**r**	–	orchest**rů**
sklad**ba**	–	skla**deb**
měst**o**	–	měs**t**

Lekce 13

1 *Program Pražského jara*

- Nemáš chuť jít na konzert dnes večer?
- Myslíš na koncert Pražského jara?
- Ano. Tady je program. Vyber něco.
- Ve Smetanově síni dávají Requiem od Dvořáka. V katedrale sv. Víta dávají také Requiem, ale od G. Verdiho. A ve Španělském sále na Hradě violoncellový recitál.
- Kdo diriguje ve Smetanově síni?
- Petr Altrichter. Znáš ho?
- Ne, neznám, ale ten smíšený sbor a sólisty znám.
- Slyšela jsi někdy Slovenskou filharmonii? Diriguje ji italský dirigent.
- Myslím, že půjdeme do Španělského sálu. Mám ráda recitály.
- Kolik stojí vstupenka?
- Je to pěkně drahé. Jednotné vstupné je 110 Kč.
- Kdy je začátek?
- Recitál začíná ve 20 hodin.
- Snad ještě dostaneme lístky.

24. 5. pátek

Smetanova síň 20 hodin
SYMFONICKÝ ORCHESTR HL. MĚSTA PRAHY FOK
Dirigent: PETR ALTRICHTER
KÜHNŮV SMÍŠENÝ SBOR
Sbormistr: PAVEL KÜHN
Sólisté: EVA RANDOVÁ, HANA JANKŮ, další sólisté v jednání
A. Dvořák: Requiem

Kč 90,— 80,— 50,—, stání 20,—

Španělský sál Pražského hradu 20 hodin
MISCHA MAISKY (Israel)
violoncellový recitál

Jednotné vstupné Kč 110,—

Katedrála sv. Víta 17 hodin
SLOVENSKÁ FILHARMONIE
Dirigent: ALDO CECCATO (Itálie)
SLOVENSKÝ FILHARMONICKÝ SBOR
Sbormistr: JAN ROZEHNAL
PETER MIKULÁŠ a zahraniční sólisté
G. Verdi: Requiem

Jednotné vstupné Kč 60,—

Národní divadlo 19 hodin
A. Dvořák: Armida

Španělský sál Pražského hradu 20 hodin
PAUL GULDA (Rakousko)
klavírní recitál
J. Haydn: Sonáta C dur, Hob. XVI/21
W. A. Mozart: Sonáta F dur, K. 280
Sonáta c moll, K. 457
Fantasie c moll, K. 475
L. van Beethoven: Sonáta č. 32 c moll, op. 111

Jednotné vstupné Kč 120,—

Katedrála sv. Víta 16 hodin
SLOVENSKÁ FILHARMONIE
Dirigent: ALDO CECCATO (Itálie)
SLOVENSKÝ FILHARMONICKÝ SBOR
Sbormistr: JAN ROZEHNAL
PETER MIKULÁŠ a zahraniční sólisté
G. Verdi: Requiem

Jednotné vstupné Kč 60,—

26. 5. neděle

Smetanova síň 20 hodin
ČESKÁ FILHARMONIE
Dirigent: GERD ALBRECHT (SRN)
PRAŽSKÝ FILHARMONICKÝ SBOR
Sbormistr: LUBOMÍR MÁTL
Sólisté: LÍVIA ÁGHOVÁ, DRAHOMÍRA DROBKOVÁ, další sólisté v jednání
A. Dvořák: Svatá Ludmila, oratorium pro sóla, sbor a orchestr, op. 71

Kč 110,— 100,— 70,—, stání 20,—

Na jaký koncert půjdete vy?

2 *Dixieland → je hudba bílých amerických hudebníků.*

Symfonická báseň	je člověk, který má hudbu velmi rád.
Houslista	hraje na klavír.
Klavírista	je instrumentální skladba na určitý námět.
Kvartet	je člověk, který skládá hudbu.
Skladatel	je hudebník, který hraje na housle.
Milovník hudby	je soubor čtyř hudebníků nebo zpěváků.

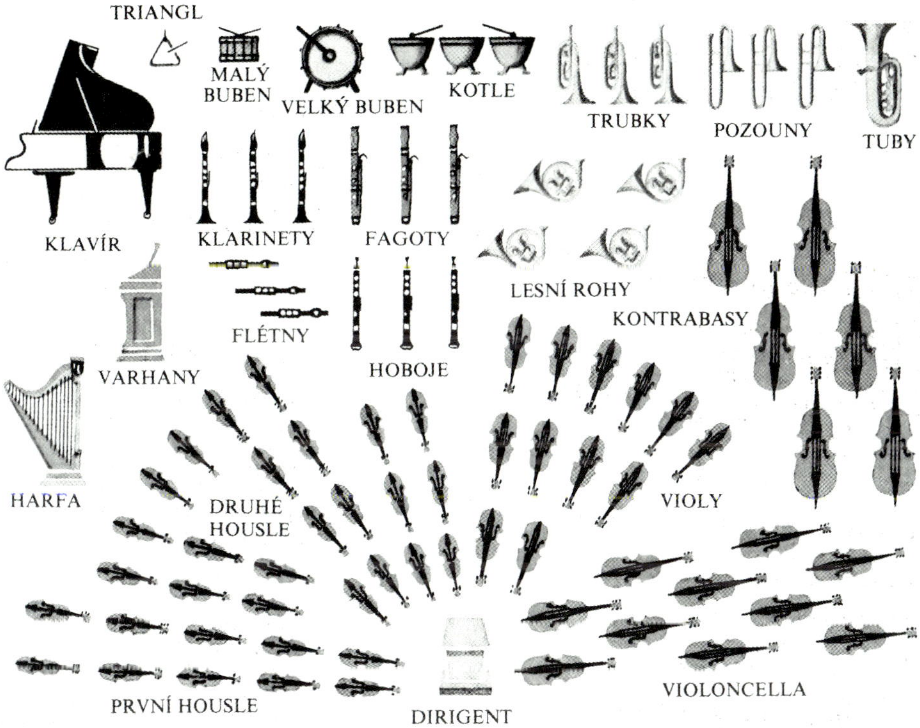

SCHÉMA SYMFONICKÉHO ORCHESTRU

3 *Co víte o Pražském jaru?*

– Slyšela jsem o Pražském jaru. Co je to?
– Pražské jaro je hudební festival.
– Kdy a kde se pořádá tento festival?
– ...

– Co zahajuje festival?
– ...
...

Lekce 13

Víte, …

…, který známý hudební skladatel řekl: „Moji Pražané mi rozumějí“?

W. A. Mozart

…, že Carl Maria Weber pracoval jako divadelní kapelník v Praze?

…, že Mozart složil symfonii, která se nazývá Pražská?

…, že Bedřich Smetana ohluchl/neslyšel jako L. v. Beethoven?
Přesto oba skladatelé složili ještě překrásná díla:
L. v. Beethoven svou 9. symfonii a Bedřich Smetana operu Tajemství.

…, kdo složil Slovanské tance a symfonii Z Nového světa?

Antonín Dvořák

Česká hospoda

Pivo – dvě slabiky, které neznamenají jenom žízeň, ale i společnost a část národního jídla. Žádný Čech ani Češka si nedovede představit vepřovou, knedlík a zelí bez piva. Pivo dostanete všude, ale pivo nejvíc chutná v hospodě. A protože Jaroslav Hašek řekl: „Hospoda je centrem místní inteligence“, má Praha hospod pochopitelně nejvíce – více než 1300.

Jedna z nejznámějších hospod je U Fleků. V 15. století vznikl na Novém Městě pivovar U Fleků, kde se vařilo a vaří ještě dnes černé 13° pivo. Černé pivo je sladké, má karamelovou chuť a protože chutná, pozná člověk pozdě, že vypil o džbánek víc. Hospoda U Fleků má několik velkých místností s názvy jako Staročeský sál, Velký sál a jiné. Velká kaštanová zahrada je v létě pořád plná. Jeden si chce zazpívat, druhý praštit do stolu, třetí diskutovat, a jiní chtějí ochutnat jedinečné topinky nebo Flekovský guláš. V jednom sále je několikrát za týden kabaret.

Kdo sedí u Fleků? Po celý rok tam slyšíte němčinu. Skoro žádného Čecha nebo Češku tam nenajdete. Samotu v hospodách nenajdete, protože u žádného stolu nezůstanete sami. Ptáte se, o čem se v hospodách diskutuje? Dvě témata stojí na prvních místech: politika – a to ve světovém měřítku – a kopaná. O fotbalu se mluví asi víc. V Praze jsou dva nejstarší české fotbalové

kluby – Sparta a Slavie. Oba byly založeny v roce 1893. Každý Čech je v hloubce svého srdce Sparťan nebo Slávista.

Ten, kdo četl známý román Jaroslava Haška „Osudy dobrého vojáka Švejka", zná hospodu U Kalicha. Tam se Švejk chtěl sejít s kamarády „v šest večer po válce". V hospodě U Kalicha byl Švejk také zatčen po atentátu na arcivévodu Františka-Ferdinanda. Jaroslav Hašek navštěvoval U Kalicha jen zřídka.

U Kalicha byla dříve hospoda, dnes je to turistická atrakce. Na stěnách jsou obrazy Švejka, pivní tácky a citáty z románu. Ani jídla se U Kalicha nemohou jmenovat jinak než Palivcův špíz, Švejkovo tajemství, paní Müllerové putimské žebírko.

I ceny jsou „turistické". Nemáte-li objednaný stůl, řekněte si se Švejkem „To chce klid" a objednejte si stůl na příští den.

Chcete-li poznat pravou pražskou hospodu, jděte na první roh ulice a rozhlédněte se. Na dalším rohu je zakouřená, ale pravá česká hospoda.

České národní jídlo je vepřová pečeně, knedlík a zelí.

Kopaná je hra s míčem a jinak se jmenuje fotbal.

Pivovar je místo, kde se vaří pivo.

Hospoda je dům nebo několik místností, kde si můžete vypít pivo, víno a jiné nápoje. Můžete si tam dát malou večeři. V hospodě najdete společnost a partnera k diskusi.

Kamarád je velmi dobrý přítel.

Lekce 13

V hospodě

Rolf: Ahoj, Jirko, kam jdeš?

Jirka: Jdu někam na pivo. Nechceš jít se mnou, Rolfe?

Rolf: A kam půjdeme?

Jirka: Půjdeme do hospody U Sudu. Pojď už, mám velikou žízeň.

Rolf: Dáš si také velké pivo?

Jirka: To víš, že jo, a ne jenom jedno.

Rolf: Nikdy jsem nevypil víc než tři piva.

Jirka: Ach, to je málo, já jich vypiji i pět. To víš, Češi jsou pivaři.

Rolf: Já chodím radši do vinárny. U nás v Německu máme výborná vína.

Jirka: Ale při víně se nemůžeš bavit o kopané.

Rolf: A proč ne?

Jirka: Pivo, fotbal a hospoda to patří k sobě.

Rolf: Hraješ fotbal?

Jirka: Ano, docela dobře. Trénujeme každou neděli na Spartě. Hraješ ty fotbal?

Rolf: Ano, ale špatně, raději se dívám na fotbal v televizi.

Hrajete/hraješ stolní tenis? golf? lední hokej?	Ano, hraji docela dobře. Ano, ale ne moc dobře. Ne, ještě jsem to nezkusil.
Umíte/umíš plavat? lyžovat? tancovat?	Ano, umím plavat docela dobře. Ano, trochu. Obávám se, že ne.

Lekce 13

1 *Sport a vy?*

Jste se svými přáteli v hospodě. U piva se bavíte o sportu: co umíte, co hrajete.

2 *Pozvání na pivo*

V hospodě Plzeňský dvůr jste potkali přítele a pozvali jste ho na pivo.

Ano, děkuji.

Ahoj, …! Dlouho jsme se neviděli. Zvu tě na skleničku. Co si dáš?

Ne, děkuji.

Velké/ malé pivo?

To je škoda.

Na zdraví!

Dám … .

A proč?

Mám tu auto.

Na zdraví!

Děkuji.

Na zdraví!

Tady máš … .

Tady je … .

Na zdraví!

To nevadí, dám si minerálku.

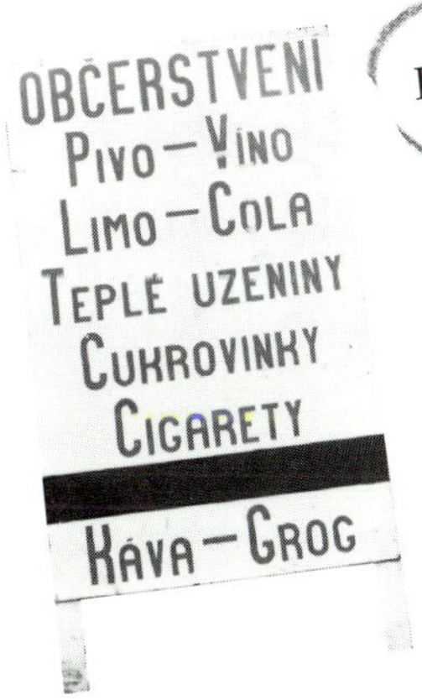

pivo
minerálka
džus
vodka
kola
whisky
becherovka
víno

Lekce 13

3 *Kdo to ví – odpoví*

Kolik piv vypila Marcela?		
		tři
		jedno
		dvě

Pepík a Marcela jsou v hospodě v		
		pondělí.
		pátek.
		sobotu.

Kolik piv vypil Pepík?		
		sedm
		pět
		šest

Marcela nechce další pivo, protože		
		neměla čas na oběd.
		je nemocná.
		měla k obědu vepřovou.

Marcela a Pepík se uvidí		
		dopoledne.
		v neděli.
		večer.

14 Na letišti

Letenka

letuška: Dobrý den. Prosím, co si přejete?

pan Paleček: Dobrý den. Můžete mi rezervovat letenku do Bratislavy?

letuška: Ano. Na kdy?

pan P.: Chci letět tento pátek a příští neděli zpátky.

letuška: V kolik hodin chcete v pátek letět?

pan P.: Musím být v Bratislavě v 8 hodin večer, a dopoledne musím ještě něco zařídit v práci.

letuška: Aha .... Jedno letadlo letí ve 16.20 hod. V Bratislavě jste v 17.10 hod. Odpoledne letí ještě jedno letadlo v 17.40 hod. a jste v Bratislavě v 18.30 hod. Kterým letadlem chcete letět?

pan P.: Myslím, že poletím letadlem v 16.20 hod.

letuška: A zpáteční letenku chcete na neděli? Dopoledne nebo odpoledne?

pan P.: Na odpoledne.

letuška: Je mi líto, ale odpolední lety jsou už vyprodané. Mám tady ještě místo na dopolední let v 10.40 hod.

pan P.: Co se dá dělat? Dobře, tak musím letět v neděli ráno.

letět – létat – letadlo – letenka – letuška – letec – letiště

Lekce 14

Na letišti

letecká společnost

Připoutejte se, prosím!

letadlo

letec

letadlo přistává

Nekuřte, prosím!

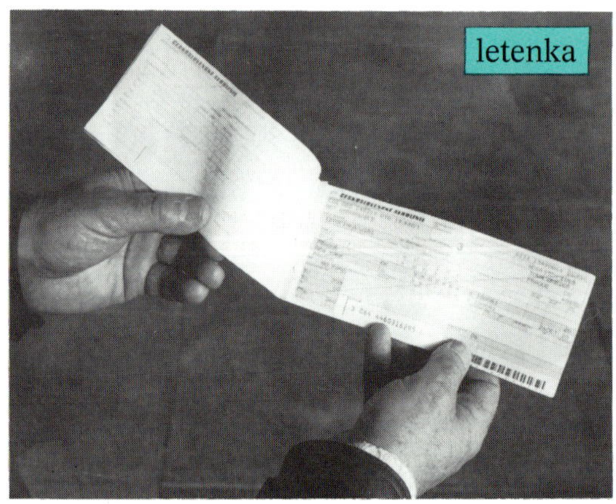

letenka

letuška

letadlo startuje

Lekce 14

1 *Kam poletíte vy?*

– Dobrý den, prosím?
– Dobrý den. Chci letět do Londýna. Můžete mi říci, kdy létá vaše společnost do Londýna?
– Kdy chcete letět?
– 26. března – to je sobota.
– Ano, v sobotu létá naše letecká společnost v 10.05 hod.
– V kolik hodin jsem v Londýně?
– V Londýně budete v 11.05 hod.
– Hm, to je brzo. Letí ještě jiné letadlo ten den?
– Ano, v 15.05 hod. a jste v Londýně v 16.05 hod.
– To je lepší. Rezervujte mi, prosím, letenku na 26. března v 15.05 hod.
– Vaše jméno a adresu, prosím.

...

ZAHRANIČNÍ LINKY / INTERNATIONAL SERVICES

Z/FROM PRAGUE (PRG) do/to

Platnost Validity	Dny prov. Frequency	Odlet Dep	Přílet Arr	Číslo linky Flight Number	Letadlo Aircraft	Třída Class	Bod přest. Trans point	Přil BP Arr TP	Odl B Dep T
London (LHR)									
30 Sep – 27 Oct	1------	1015	1215	OK754	TU5	Y			
25 Mar – 29 Sep	-2-4---	1250	1350	OK754	IL6	CY			
30 Sep – 27 Oct	-2-4---	1150	1350	OK754	IL6	CY			
25 Mar – 29 Sep A	----5--	1250	1350	OK754	TU5	Y			
30 Sep – 27 Oct A	----5--	1150	1350	OK754	TU5	Y			
25 Mar – 29 Sep	-----6-	1005	1105	OK754	TU5	Y			
30 Sep – 27 Oct	-----6-	0905	1105	OK754	TU5	Y			
25 Mar – 29 Sep	1234567	1505	1605	BA857	73S	CM			
30 Sep – 27 Oct	1234567	1405	1605	BA857	73S	CM			

A – Podleha schválení/Subject to approval

New York (JFK)						
26 Mar – 27 Mar	1------	1400	1700	OK600	IL6	Y
02 Apr – 29 Sep	1------	1300	1700	OK600	IL6	Y
30 Sep – 23 Oct	1------	1200	1700	OK600	IL6	

For PA flights see STOP – PRESS/Lety PA. viz STOP – PRESS

ZAHRANIČNÍ LINKY / INTERNATIONAL SERVICES

Z/FROM PRAGUE (PRG) do/to

Platnost Validity	Dny prov. Frequency	Odlet Dep	Přílet Arr	Číslo linky Flight Number	Letadlo Aircraft	Třída Class
Berlin (SXF)						
	1234567	1405	1455	OK812	TU3	Y
	123456-	0710	0800	OK810	TU3	Y
	1234567	0840	0920	IF251	TU3	Y
	1 567	2055	2145	IF255	IL8	Y
	-234---	2055	2135	IF255	TU3	Y
Frankfurt (FRA)						
	12345-7	1340	1450	OK730	TU5	Y
	-----6-	1340	1450	OK730	TU3	Y
	1234567	1105	1215	LH1407	727	FCM
21 Jun – 29 Sep	1--456-	0855	1005	PA75	72S	FY
30 Sep – 27 Oct	1-3--6-	0800	0905	PA75	72S	FY
01 Apr – 22 May	---4---	0855	1005	PA75	72S	FY
01 Apr – 22 May	------7	0855	1005	PA75	72S	FY
Helsinki (HEL)						
	1---5--	1010	1355	OK686	TU5	CY
25 Mar – 29 Sep	-2-----	1945	2305	AY764	M87	CM
02 Oct – 27 Oct	-2-----	1945	2305	AY764	M87	CM
25 Mar – 29 Sep	-----6-	1945	2305	AY764	M82	CM
02 Oct – 27 Oct	-----6-	1945	2305	AY764	M82	CM

2 *Informace*

Váš let do ... byl zrušen. Informujte se, jakou jinou možnost máte.

- Promiňte prosím, ale můj let do Vídně byl zrušen. Co mám dělat?
- Je mi líto, ale dnes už žádné letadlo ČSA do Vídně neletí.
- Oh ... . Mám dnes večer koncert ve Vídni. Je vyprodáno. Musíte mi pomoci.
- Já vám nemohu pomoci, ale zeptejte se na informaci, zda nějaká jiná letecká společnost neletí do Vídně nebo nemá mezipřistání ve Vídni.
- To je dobrý nápad. Děkuji vám.

...

ČÍSLO LETU		CÍL	ODLET			ODLETOVÁ HALA
OK	602	Vídeň	14.35	zrušen		
OK	512	Bangkok	15.20	zrušen		
OK	766	Paříž	15.45	zrušen		
OK	794	Milán	16.30	zpožděn		
OK	744	Londýn	16.35			3
KLM	280	Amsterdam	17.05			5
LH	251	Berlín	17.25	zrušen		
OK	776	Madrid	17.30	zpožděn		
LH	1407	Frankfurt	17.35	zrušen		
AF	766	Paříž	17.40			11
OK	564	Berlín	17.45			4
OK	302	Sofia	18.00	zpožděn		
BA	857	Londýn	18.10			8
OK	765	Frankfurt	18.15			9
OS	644	Vídeň	18.20			10

Lekce 14

Vlasta: Dobrý den. Čekám na letadlo z Curychu. Již tady mělo být.
letuška: Moment, let číslo 754 z Curychu má zpoždění. Mají tam špatné počasí.
Vlasta: Nevíte jak dlouho?
letuška: Letadlo už z Curychu odletělo, a hlášeno mám 30 minut, ale může to být ještě déle. Špatné počasí je také tady.
Vlasta: To musím ještě dlouho čekat. Je tady někde restaurace?
letuška: Ano, jedna restaurace je hned vedle informací.

Vlasta: Ahoj, Olino. To je dost, že už jsi tady.
Olina: Ahoj. Měli jsme zpoždění, viď.
Vlasta: Ano, 35 minut. Jaký byl let?
Olina: Bylo to hrozné. Nejdříve zpožděný odlet a pak špatné počasí. Museli jsme být připoutáni celou dobu. Ty víš, že mám strach z létání.
Vlasta: Vzala sis nějaký prášek na uklidnění?
Olina: Nevzala, ale v letadle jsem si dala velkou whisky a ta mi pomohla.
Vlasta: Kde máš zavazadla?
Olina: Ach, úplně jsem zapomněla, musím si pro ně dojít. Kde na mne počkáš?
Vlasta: Počkám na tebe před letištěm u taxiku.

3 *Praha – Hamburk → ČSA*

DO ISTANBULU
LETADLEM ČSA

od 2. dubna 1991

za zvýhodněný zpáteční tarif
7999,- Kčs

Bližší informace podají:
- **kancelář ČSA - Kotva Revoluční 1, Praha 1, tel. 2146**
- **všechny kanceláře ČSA v ČSFR**

ČESKOSLOVENSKÉ AEROLINIE

LND-3575

Praha – Toronto →	východ číslo 5
Milán – Praha	odletová hala číslo 7
Praha – Berlín	Tatra Air
Paní Hovorková	AL 724
Praha – Curych	odletová hala číslo 3

4 *Umíte také slovensky?*

z Bratislavy nonstop do
Mníchova
a
Zürichu

TATRA AIR, nová regionálna letecká spoločnosť so sídlom v Bratislave Vás dopraví do dvoch významných európskych hospodárskych metropolí: Mníchova a Zürichu.

Vychutnajte vynikajúci servis na palube pohodlného lietadla Saab Cityliner's 33-mi koženými sedadlami. Denne z Bratislavy-Ivánky.

z Bratislavy: do Mníchova:	11.35 13.00	z Bratislavy: do Zürichu:	06.35 08.30	08.25* 10.20*	17.20 19.15
z Mníchova: do Bratislavy:	13.45 15.05	z Zürichu: do Bratislavy:	09.10 11.00	11.00* 12.45*	19.50 21.40

* v sobotu

Ďalšie informácie o našich nových spojeniach Vám poskytne Vaša cestovná kancelária, alebo

TATRA AIR Bratislava, tel. 07/22 77 15.

5 *Létáte rád/ráda?*

Letěl/Letěla jste už letadlem?

Létáte rád/ráda?

Je vám špatně v letadle?

Co děláte, když je vám špatně?

Znáte knihu A. Haileyho „Letiště“? Vyprávějte obsah.

„To víte, sedím za tím prvně v životě – von taky žádnej učenej eště z nebe nespad!“

6 *Ano – ne?*

a. Pan Paleček letěl do USA před dvěma roky.
b. Letěl leteckou společností ČSA.
c. Pan Paleček musel otevřít kufr a tašku na celnici.
č. V letadle seděl u okna.
d. V letadle dostal jen večeři.
ď. Prvních pět hodin měli klidný let.
e. V New Yorku byla bouřka.
ě. V Atlantě byla mlha.
f. Pan Paleček přistál v Atlantě.
g. Pan Paleček měl v Atlantě objednaný hotel.
h. Pan Paleček letěl ráno prvním letadlem do New Yorku.

ano	ne

Lekce 14

B

Rozloučení

Ute a Rolf odlétají z Prahy domů. Moc se jim Čechách líbilo. Na pražském letišti v Ruzýni je hodně lidí. Ute hledá přepážku letecké společnosti Lufthansy. U přepážky podávají zavazadla a vyměňují letenky za palubní lístek. Ute a Rolf se loučí s rodinou Palečkovou.

Ute: Děkujeme vám mockrát za všechno, co jste pro nás udělali. Moc se nám tady líbilo. Přibrala jsem asi pět kilo. Až budu doma, uvařím rodičům jahodové knedlíky.

Rolf: Já vám také moc děkuji a doufám, že vás brzy u nás ve Stuttgartu uvítáme. Děkujeme také za všechny dárky, které jsme od vás dostali.

paní Palečková: Jsem ráda, že se vám u nás líbilo. Pozdravujte rodiče.

Vlasta: Napiš, kdy bude svatba, Ute.

Jirka: Šťastnou cestu. Zatelefonujte, až doletíte do Stuttgartu.

Rolf: Pozdravujte také pana Palečka, a že mu mockrát děkujeme.

Lekce 14

Ute a Rolf dostali hodně dárků. Ute má strach z celní kontroly. Rolf jí utěšuje. Nejdříve ale musí projít pasovou kontrolou, kde úředníci kontrolují pasy. Potom jdou dál na celnici.

celník: Máte něco k proclení?
Rolf: Ne, máme jen pár dárků a věci osobní potřeby.
celník: Jaké dárky jste dostali? Vezete broušené sklo nebo kožené výrobky?
Rolf: Dostali jsme dvě láhve Becherovky, Karlovarské oplatky, knihy a ...
celník: Máte ještě nějaké české koruny?
Ute: Já mám ještě pět korun.
celník: Ty si můžete vzít na památku. Přeji vám šťastnou cestu. – Další prosím, co si vezete?

Rolf a Ute nemuseli otevřít ani kufr. Ute si oddychla. Dostala od paní Palečkové granátové náušnice. Celník se ale na granáty neptal.

Vaše země je hezká, rád/ráda se sem vrátím. Moc se nám u vás líbilo. Strávili jsme u vás hezkou dovolenou.	To jsme rádi, že se vám u nás líbilo.
Děkujeme vám za všechno. Děkuji za všechno, co jste pro mně udělali.	Není zač. Není zač, rádi jsme to udělali.
Pozdravujte rodiče. Vyřid'te prosím, srdečný pozdrav od nás.	Děkuji, vyřídím. Ano, vyřídím.
Přejeme vám/ti šťastnou cestu.	Děkuji.

Lekce 14

1 *Na celnici*

Váš pas, prosím.

Máte ještě nějaké československé koruny?

Co máte v té tašce? Otevřte, prosím, kufr.

Máte něco k proclení?

Přejeme vám šťastnou cestu.

Vezete broušené sklo? Co jste dostali za dárky?

Jiří Petrák

2 *Pozvání na návštěvu*

Rozlučte se se svým přítelem a pozvěte ho na návštěvu k vám.

3 *Dopis*

Strávili jste týden u známých v Čechách. Vzali vás na výlet, ukázali vám město, šli s vámi do divadla. Teď jste zpátky doma a píšete děkovný dopis.

Milí přátelé,
jsem už týden doma a pořád
vzpomínám na týden strávený u Vás...

Kultura a umění

Na rozloučenou dostala Ute od Vlasty knihu o českém malíři Alfonsu Muchovi. Konečně má čas, aby si přečetla něco o malíři, kterého neznala.

Alfons Mucha: Lorenzaccio – plakát, 1896 (repro P. Štecha)

Alfons Mucha se narodil dne 24. 6. 1860 v malém moravském městečku Ivančicích, nedaleko Brna. Jeho otec pracoval u soudu, ačkoliv od 15. století byli Muchové vinaři. Už jako dítě Alfons kreslil a udivoval své okolí tím, že dovedl oběma rukama současně vystřihovat figurky z papíru. Na pražskou akademii se ale nedostal. Dva roky dělal soudního písaře, až šťastnou náhodou uviděl inzerát vídeňské firmy. Ta hledala mladé talenty na výrobu scenárií pro divadlo. Přihlásil se a byl přijat. Tím začala jeho umělecká kariéra. Ve Vídni začal navštěvovat kursy kreslení a později navštěvoval mnichovskou akademii. Po ukončení akademie odjel do Paříže, kde dostal první zakázku. Byly to ilustrace do časopisu pro mládež „Petit Parisien Illustré“.

Lekce 14

Pouhých pět let po jeho příchodu do Paříže, získal díky nečekané objednávce plakátů – pro slavnou herečku Sáru Bernhardtovou – okamžitou slávu. Každým novým plakátem stoupala jeho popularita. V Paříži se spřátelil s řadou umělců – Gauguinem, Stringbergem a malíři skupiny Nabis.
Muchovy plakáty se od začátku staly předmětem sběratelského zájmu. Velká popularita se mu stala problémem. Chtěl malovat, věnovat se portrétu. Měl však smlouvu s tiskařem Champenois a byl nucen zpracovat každý námět, který mu přinesl.

Alfons Mucha vytvořil návrhy na první československé poštovní známky a na státní znak. Zemřel v Praze roku 1938. Nejznámějším sběratelem a obdivovatelem jeho obrazů a grafiky je český tenista Ivan Lendl.

Pražský hrad na známkách

Pražský hrad, sídlo prezidenta ČR, se objevuje na známkách již od doby jejich prvních vydání. Jako první zobrazil Hradčany na známce slavný malíř secese Alfons Mucha. Od té doby inspiroval Pražský hrad mnoho tvůrců. Roku 1964 začala vycházet pravidelně emise dvou příležitostných poštovních známek, která seznamuje veřejnost s pohledy na hrad i s jeho poklady. Poslední vydání je dílem akademického malíře a grafika docenta Jana Solpery, který na tiskových listech o šesti známkách doplnil volný prostor kresbami, souvisejícími s hlavním námětem.

Roku 1904 se rozhodl odjet do Ameriky, kde doufal, že se bude moci věnovat portrétu. Byl však známý jako grafik a tak byl hned zavalen nabídkami jako ve Francii. Před začátkem první světové války se vrátil domů.
Konečně měl čas věnovat se malování. Z té doby pocházejí monumentální obrazy, na kterých zachytil okamžiky z českých dějin.

Lekce 14

1 *Ano – ne?*

a. Alfons Mucha se narodil na Moravě.

b. Jeho dědeček byl vinař.

c. Alfons Mucha studoval na pražské akademii.

č. Po ukončení akademie pracoval pro francouzský časopis pro mládež.

d. V Paříži začal malovat plakáty.

ď. Mucha chtěl malovat jen plakáty, ale na to neměl čas.

e. V USA nedostal žádné nabídky.

ě. V USA namaloval obrazy, na kterých zachytil okamžiky z dějin.

f. Alfons Mucha vytvořil návrh na státní znak.

g. Sběratelem známek, na kterých jsou obrazy Alfonse Muchy, je Ivan Lendl.

ano	ne

2 *Kdy?*

na začátku | v polovině | na konci

– Kdy ...?
– Alfons Mucha se narodil ... 19. století.
– Kdy ...?
– ... dvacátého století odjel do USA.
– Kdy ...?
– ... svého života namaloval několik obrazů, na kterých zachytil okamžiky z českých dějin.
– Kdy ...?
– Zemřel v Praze ... dvacátého století.

vinař
písař
herečka
sběratel
tiskař
tenista
malíř
kreslíř

dělá víno
píše, opisuje, přepisuje
hraje v divadle, ve filmu
sbírá známky, pohlednice
tiskne knihy, plakáty, noviny
hraje tenis
maluje barvami
kreslí tužkou, perem, tuší

Lekce 14

3 *Zeptejte se v kursu, kdo co ví o A. Muchovi.*

Mucha jako dítě.

Mucha v USA.

Poštovní známky.

Mucha ve Francii.

Sára Bernhardtová a A. Mucha.

Ivan Lendl a Mucha.

Mucha ve Vídni.

Plakát contra portrét.

4 *Rozumíte umění?*

Líbí se vám ten obraz?

Koupil/koupila byste ten obraz? Proč? Proč ne?

Co vidíte na obraze?

Umíte malovat?

Kdy jste byl/byla naposledy na výstavě?

Kterého malíře máte rád/ráda?

Máte doma obrazy?

Co je na nich?

Jaké umění máte rád / ráda? Proč?

Jan Ámos Komenský

Jan Ámos Komenský byl vynikající pedagog, filozof a lingvista – nejvýznamější osobnost naší kultury v 17. století.

Komenský se narodil 28. 3. 1592 v Nivnici u Uherského Brodu. Studoval nejen doma, ale i v cizině, v Herbornu a Heidelberku. Od roku 1614 vyučoval na bratrské škole v Přerově a od roku 1618 byl správcem ve Fulneku.

Po bitvě na Bílé Hoře 8. 11. 1620 musel svou vlast opustit, protože byl evangelík. Nejdříve žil v polském Lešně a později v Anglii. V letech 1642–48 pracoval v pruském Elblagu.

Stále doufal, že se bude moci vrátit do své vlasti, ale po třicetileté válce se emigrantů nikdo neujal, a tak se nesměli vrátit do vlasti.

Komenský pracoval jako pedagog v Uhrách, v Lešně a na konci života pracoval v Amsterdamu, kde také zemřel (15. 11. 1670).

Z jeho díla je nejznámější filozofická alegorie „Labyrint světa a ráj srdce". Je to alegorie poutníka, kterému dává Komenský možnost zamyslet se nad životem a světem, po kterém putoval.

Z jeho pedagogických prací je nejznámější „Didactica magna" (Velká didaktika). Vzorem učebnic cizích jazyků jsou jeho učebnice „Brána jazyků" a „Svět v obrazech".

Ve svých knihách a spisech dal mnoho rad učitelům a rodičům. Doporučoval při vyučování používat hodně obrázků a pomůcek. Češi nazývají Komenského učitelem národů.

Lekce 14

JOH. AMOS COMENII

ORBIS SENSUA

LIUM PICTUS

QUADRILINGUIS.

Hoc est:

Omnium fundamentalium, in mundo rerum, & in vitâ actionum,

Pictura & Nomenclatura

LATINA, GERMANICA, HUNGARICA, & BOHEMICA.

Cum Titulorum juxta atq; Vocabulorum indice.

Die sichtbare Welt

in Vier Sprachen.

Das ist:

Aller vornehmsten Welt-Dinge/ und Lebens-Verrichtungen/

Vorbildung/ und/ Lateinische/ Deutsche/ Ungrische und Böhmische Benamung.

Sampt einen Titel-und Wörter-Register.

A' Láthato Világ

négyféle nyelven.

az az:

Minden derekassab ez világon lévő dolgoknak és ez életben való cselekedeteknek

le-ábrázolása

és Deák, Német, Magyar és Tót, meg-nevezése, a' fellyűl való írásoknak és szóknak laystromával.

Swět Wyditedlný.

Odwalowaný/ a wčtweřakem gazyku předstawený.

t. g. Wssech negobzwlasstinegssich Swěta-wěcy/ a skutkůw žiwota odmalowanj/ a gazykem Latinskym/ Německym/ Uherskym y Slowenskym/ gmenowanj/ s přidanym Slowy Titulůw Registrem.

LEUTSCHOVIÆ, Typis SAMUELIS BREWER. ANNO 1685.

Lekce 14

1 *Otázky – odpovědi*

Kdo byl Jan Ámos Komenský?

Kdy a kde se narodil?

Kde studoval?

Kdy a proč opustil svou vlast?

Kde působil jako pedagog?

Co je „Didactica magna“?

Jak nazývají Češi Komenského?

2 *Vy a škola*

učit se	Učím se německy.
naučit se	Naučila jsem se řídit auto.
učitelka	Učitelka vyučuje fyziku na gymnaziu.
vyučování	Vyučování máme každý den od 8 do 13.45 hod.
učeň	Učeň se učí řemeslo.
vyučit se	Když se učeň vyučí, je řemeslník.

Do jaké školy jste chodil/chodila?

Chodil/chodila jste rád/ráda do školy?

Jaký je školní systém ve vaší zemi?

Čím jste se vyučil/vyučila?

V Anglii jdou děti do školy v 5 letech. Co si o tom myslíte?

Co si myslíte o celodenních školách? Pro – contra.

- **Budí maminka syna: „Vstávej, synáčku, musíš do školy.“ „A musí to být, maminko?“ „Musí, synáčku, vždyť jsi učitel.“**
- **„Vstávej, chlapče, nebo přijdeš pozdě do školy!“ „Žádný strachy, mami, škola je otevřená celej den!“**

Lekce 15

(Opakovací lekce)

15 Hádej – hádej!

1 *Dejte otázku a jiný odpoví*

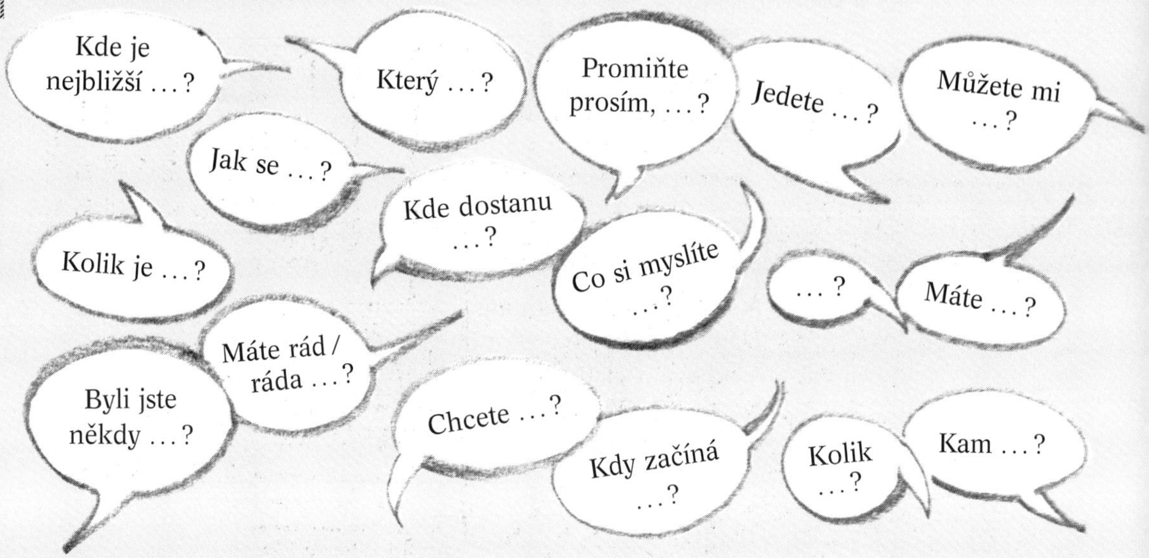

2 *Říkej rychle*

Kmotře Petře nepřepepřete toho vepře …

3 *To je rodina Kořínkova*

Rodina Kořínková je velká rodina: mají tři dcery a dva syny. Dcera Eva je prodavačka a Jan je učitel. Alžbětě je dvanáct let, nejmladší dcera chodí do první třídy. Pepíček je ještě malý, začal právě mluvit.

	ano	ne
a. První syn rodiny Kořínkové je učitel.		
b. Alžběta je jejich nejstarší dcera.		
c. Jindřiška chodí do první třídy.		
č. Jan začal právě mluvit.		
d. Pepíček je druhý syn rodiny Kořínkové.		
ď. Nejstarší dcera se jmenuje Eva.		

4 *Kde jsem? Dívejte se na mapu a poslouchejte.*

– Kde jsem?
– Jsi blízko ...?
– ...
...

– Kde jsem?
– Jsi v ...?
– ...
...

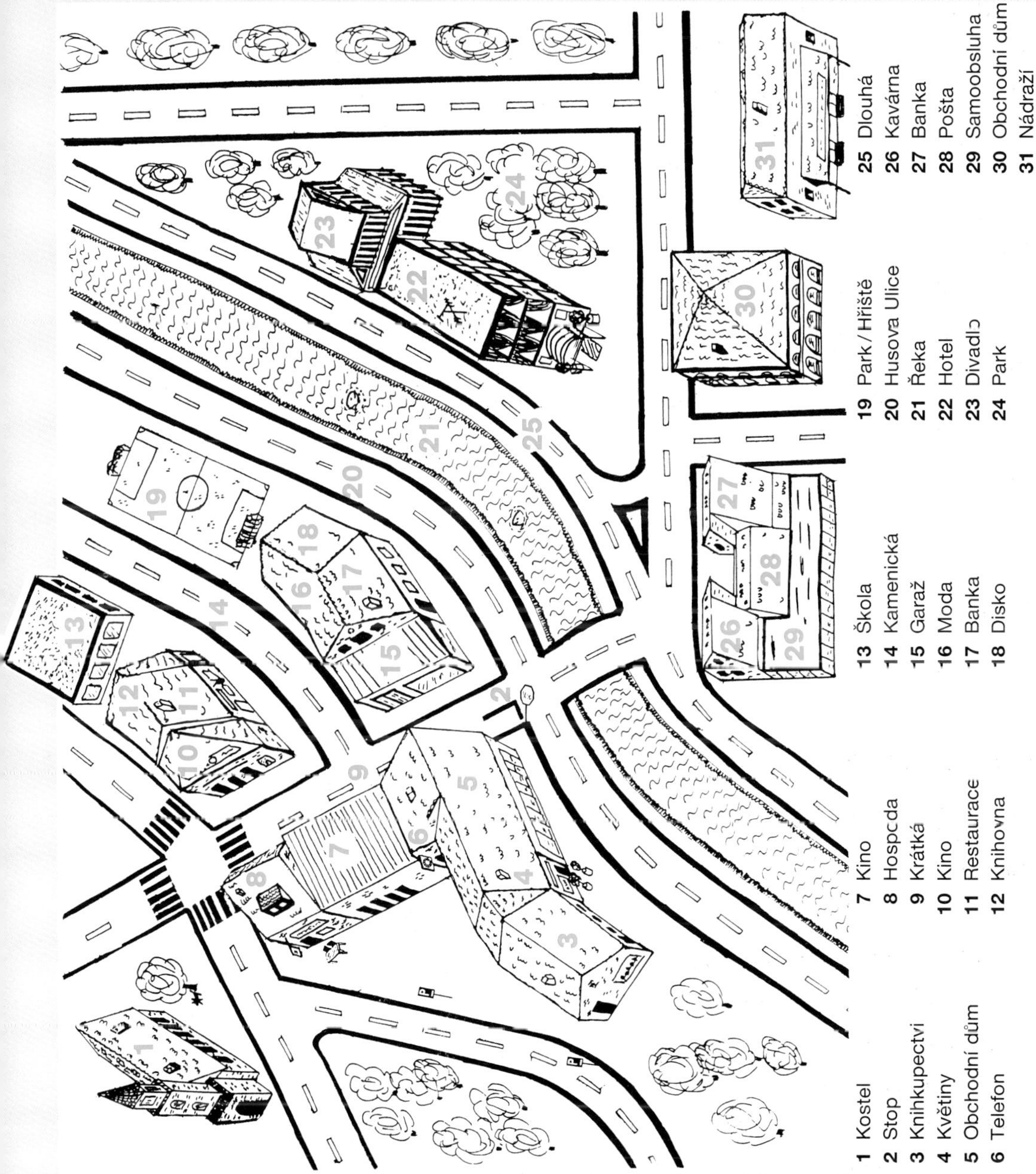

5 *Záhada v oddělení Ztrát a nálezů*

Po čtvrté hodině odpoledne přišly do oddělení Ztrát a nálezů čtyři ženy. Paní Bílá, paní Černá, paní Hnědá a paní Zelená. Jedna z nich měla na sobě bílý kabát, druhá černý, další hnědý a poslední zelený kabát. Ani jedna z nich neměla na sobě kabát té barvy jako bylo její jméno.

První žena řekla: „Ztratila jsem černou koženou peněženku.“ Druhá žena měla na sobě zelený kabát. Čtvrtá žena řekla: „Ztratila jsem zelený deštník.“ A žena v černém kabátě řekla: „Ztratila jsem hnědou koženou kabelku.“

Paní Zelená stála mezi paní Bílou a ženou, která ztratila bílou nákupní tašku. Paní Černá na sobě neměla bílý kabát. Tady jsou všechny informace, které potřebujete. Vyplňte formulář.

	první žena	druhá žena	třetí žena	čtvrtá žena
ztracené věci				
barva kabátu				
jméno ženy				

Paní Zelená měla na sobě černý kabát.

6 *Všechna slova, která hledáte, začínají na písmeno „h“.*

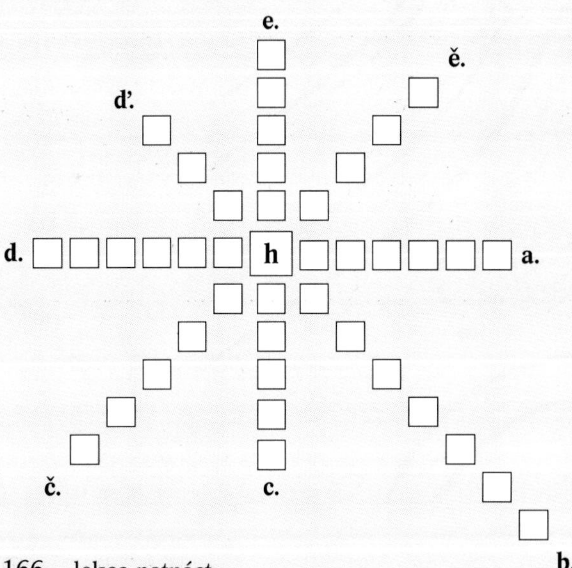

a. Když chceš vědět, jestli máš ještě čas, podívej se na ???
b. Mé sestře se nenarodil chlapeček ale ???
c. K snídani jím ráda ??? s máslem a medem.
č. Pepík hraje v orchestru na ???
d. Včera večer jsme šli po kině do ??? na pivo.
ď. Sněžka není udolí ale ???
e. Jedna koruna má sto ???
ě. Jeden z nejoblíbenějších zimních sportů v ČR je lední ???

(Opakovací lekce)

Lekce 15

7 *Pozvání*

ho | Má | nebo | tři | teplotu | dny | a | dva
zůstat | v | Musí | krku | doma | bolí

____________________________ . ____________________________ .

návštěvu | nám | na | k | večer | dnes | přijít | Nechcete

____ .

je | ale | Je | nemůžeme | protože | nemocný | líto | Jirka | přijít | mi

____ .

myslím | zdravý | bude | Ano | že | už

____ .

nám | neděli | Můžete | To | k | škoda
je | přijít | večer | příští

____________________________ . ____________________________ .

A teď napište dialog.

– Ahoj!
– …
…

Lekce 15

(Opakovací lekce)

8 *černý → bílý*

zdravý	→ ______	teplo	→ ______
den	→ ______	východ	→ ______
večer	→ ______	zítra	→ ______
západ	→ ______	nástup	→ ______
hora	→ ______	půlnoc	→ ______
odpoledne	→ ______	strýc	→ ______
odlet	→ ______	nic	→ ______
zavřeno	→ ______	každý	→ ______

9 *Anekdota*

Do Prahy přijel bohatý Američan. Celý den chodil po Praze a moc se mu tam líbilo. Sedl si do kavárny Slavie, objednal si whisky a zeptal se vrchního: „Co je to za tu budovu naproti?“ Ukazoval přitom na Národní divadlo.

„To je naše Národní divadlo,“ odpověděl vrchní.

„Jak dlouho se stavělo?“ chtěl Američan vědět.

„Asi deset let,“ odpověděl vrchní.

„Tak dlouho? V Americe postavíme takové divadlo za dva roky,“ smál se Američan.

„A co je tamto?“ zeptal se Američan a ukázal na Karlův most.

„To je Karlův most – jeden z nejstarších mostů v Evropě.“

„A jak dlouho jste potřebovali na stavbu mostu?“

„Pět let“, odpověděl vrchní.

„Pět let? Něco takového postavíme v Americe za půl roku.“

Potom se Američan podíval na Hradčany a ironicky řekl:

„A, prosím vás, jak dlouho jste stavěli Hradčany?“

„To? To vám nemohu říct. Když jsem tady včera byl, tak tam ještě nebyly.“

10 *Hádanka*

P	R	S	A
É	Ž	J	A
K	R	O	+

Jméno hudebního festivalu?

______

S	D	L
A	A	E
K	T	L

Bedřich Smetana byl český …

______

11 *Kostky a otázky*

Pravidla hry

1 Je to hra pro dva/dvě (hráče/hráčky) a dvě (kostky).

2 Na začátku hry oba/obě hráči/hráčky hodí kostky a hráč/hráčka s vyšším počtem bodů začíná.

3 Hráč/hráčka číslo I hodí obě kostky. Hráč/hráčka číslo 2 položí otázku číslo 7.

4 Hráč/hráčka číslo 1 zodpoví otázku a dostane (7 bodů).
Hráč/hráčka číslo 1 nezná odpověď na otázku, potom dostane hráč/hráčka číslo 2 body.

5 A teď hráč/hráčka číslo 2 hodí kostky a hráč/hráčka číslo 1 položí otázku.

6 Vyhrává ten/ta, kdo má na konci hry (všechny otázky jsou zodpovězeny) nejvíce bodů.

7 Každá otázka se smí položit jen jednou. Když hráč/hráčka hodí kostky s číslem, které už bylo, musí čekat na další kolo.

8 Teď vyměňte partnera/partnerku a hrajte hru s druhou sadou otázek.

A

- Někdo má narozeniny. Co mu řekněte?
- Někdo se ptá, co znamená slovo „deštník". Vysvětlete!
- Co si myslíte o vašem televizním programu? Který program máte nejraději?
- Vaší sestřenici se narodil chlapeček. Co napíšete na gratulaci?
- O víkendu chcete jet do hor. Jaké musí být počasí?
- Váš soused neví, kde je ve městě knihovna. Jak se tam dostane?
- Jaké ovoce znáte? (Nejméně šest.)
- Co víte o malíři A. Muchovi? (Pět vět.)
- Jak vypadá váš pokoj?
- Jaké barvy má česká vlajka?
- Jste v restauraci a máte hlad. Objednejte si polévku, hlavní jídlo, moučník a něco k pití.

B

- Vaši přátelé k vám přijedou na návštěvu na tři dny. Připravte pro ně program.
- Vaši přátelé se právě vzali. Co jim přejete?
- Jste na „party". Všichni pijí alkoholické nápoje. Vy alkohol nepijete. Řekněte proč a co chcete pít.
- Příští týden chcete letět do Bratislavy. Voláte na ČSA. Co řeknete?
- Jste nemocný/nemocná, máte chřipku. Co vás bolí, kde vás to bolí, jak se cítítc?
- Co víte o festivalu Pražské jaro?
- Jmenujte šest věcí, které koupíte v drogérii.
- Co víte o hospodě U Fleků a o pivě?
- Jaké máte koníčky?
- Příští týden jedete autem do Paříže. Co máte zkontrolovat a doplnit?
- Jak Češi nazývají Komenského?

Lekce 15

(Opakovací lekce)

12 *Obrázkový slovník*

Zvířata

Jaké zvíře máte? Které zvíře máte nejraději?

Příroda

Jsou ve vašem okolí hory? Jak se jmenují? Co máte na zahradě? Co je v parku?

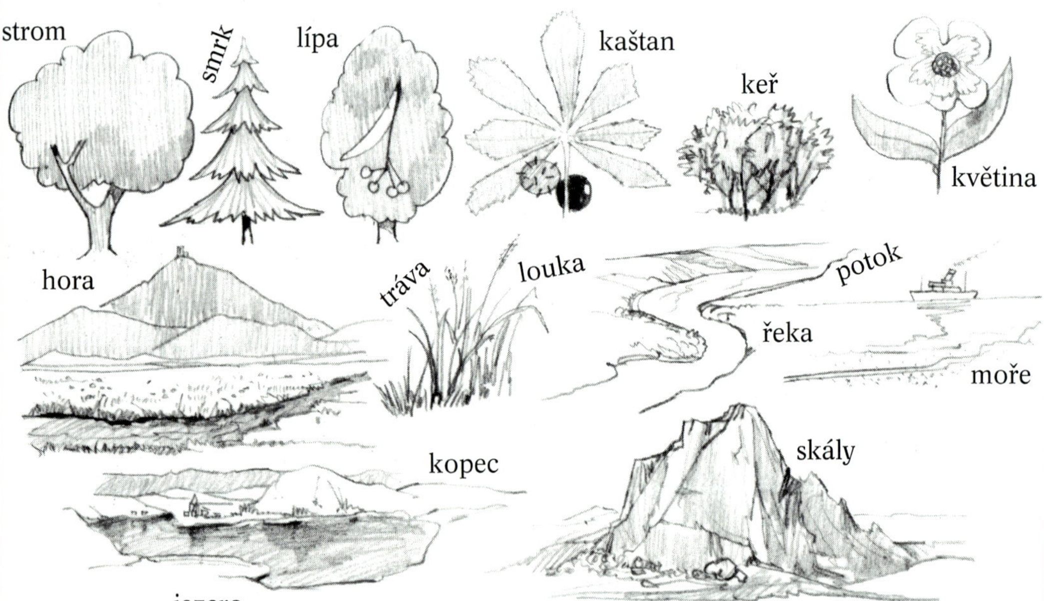

(Opakovací lekce)

Oblečení

Co máte dnes na sobě? Co má váš soused na sobě?

Kempink

Jedete na dovolenou – co si vezmete s sebou?

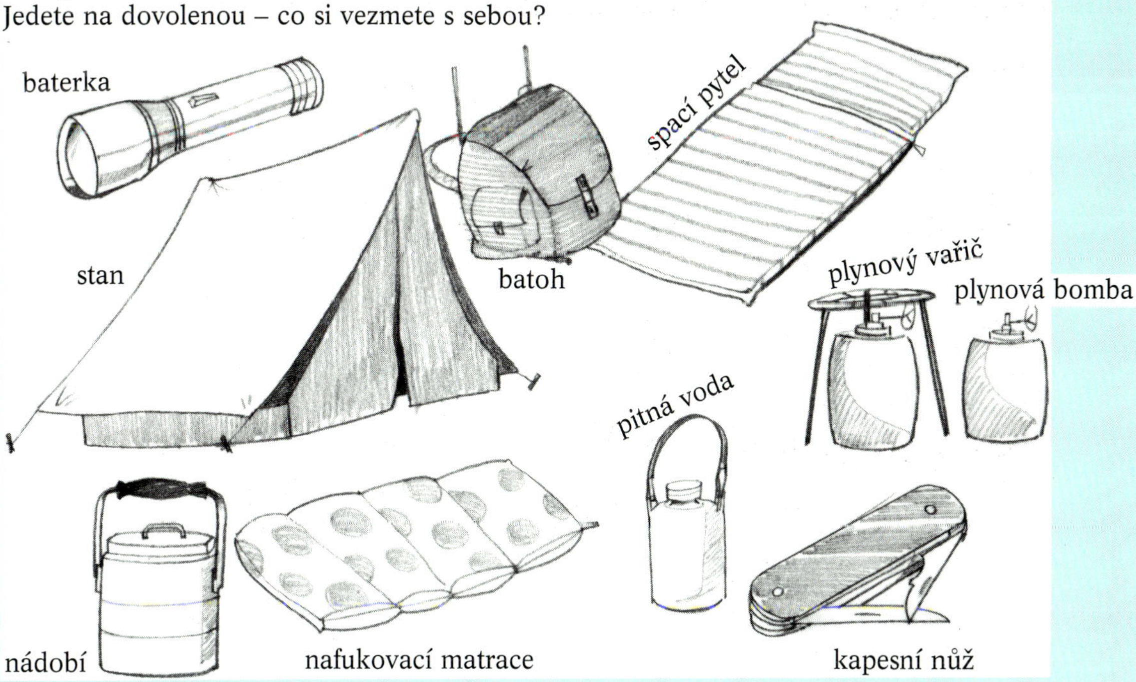

Lekce 15

(Opakovací lekce)

13 *Mluvící obrázky (čísla znamenají písmena)*

⑤
auto(b)us

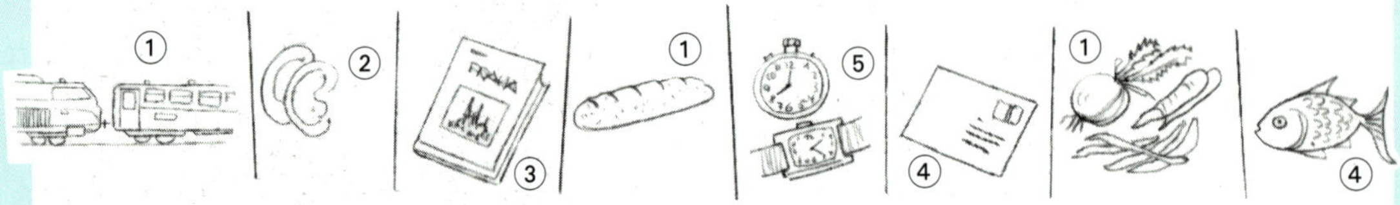

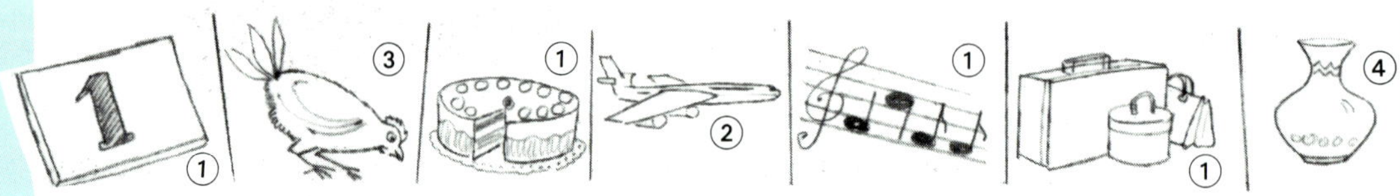

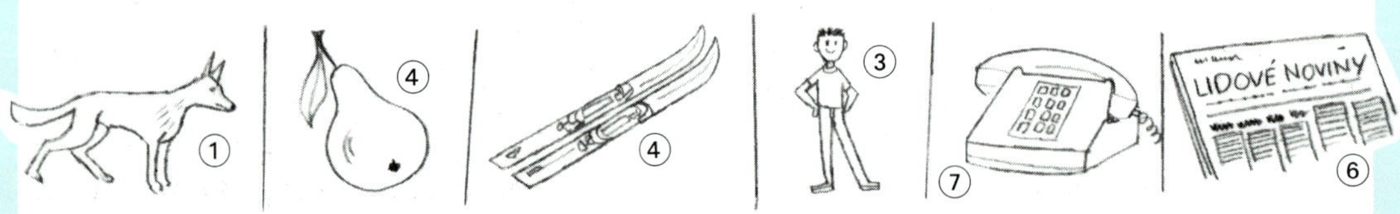

Lekce 15

(Opakovací lekce)

slovník

14 *Čtení pro zábavu*

Cestování autostopem

Jen jednou v životě jsem jel stopem. Vracel jsem se z východních Čech do Prahy a první vůz, který mne vzal, končil svou cestu v malé vesničce, kudy nevedla státní silnice. Nevypadalo to dobře. Usadil jsem se za posledním domkem do příkopu a vybalil zásoby, připraven na delší pobyt. V té chvíli, jak říkává Erben, kde se vzal, tu se vzal, stál přede mnou pes. Byl to jeden z největších psů, které jsem kdy viděl. Řekl bych, že to byl stěhovací pes. A nebyl-li, byla to škoda. Ten pes by mohl převážet klavíry. Byl tu a já si poprvé v životě připadal jako malá přesnídávka. Zůstal jsem sedět a jediným pohybem jsem mu odevzdal všechny své uzeniny. Nebylo jich moc a věděl jsem, že ho to nezabaví, natož aby ho to zasytilo. Pozřel to všechno jako jediné sousto a přistoupil ke mně způsobem, kterým my, lidé, přistupujeme k druhému chodu. Zavřel jsem oči. Olízl mi tvář, což byl, jak jsem později pochopil, projev vděčnosti. Po pátém nebo šestém projevu jeho díků mne napadla pyšná, ale ponurá myšlenka, že jsem prvním člověkem, který bude vylízán ze světa.

V té chvíli se objevilo auto. Vstal jsem, zamával a řidič zpomalil. Vypadalo to slibně. Věnoval jsem poslední pohled psu, ale v téže chvíli mu věnoval svůj první pohled řidič vozu a přidal plyn. Pochopil jsem. Ten člověk se domníval, že zvíře patří mně, a nebyl ochoten – což chápu – převážet někoho s medvědem. Rozloučil jsem se tedy se psem, to jest, vysvětlil jsem mu, že náš vztah zůstane i navzdory krátkosti vřelý a hluboký, že nadešla chvíle, kdy se oba musíme vrátit ke svým majitelům, přičemž jsem pomyslil na svou ženu, ale on – patrně z nedorozumění – usedl vedle mne. Mluvil jsem tedy dál. On, zřejmě zaujat, leč stejně zřejmě nechápající, seděl a poslouchal, maje v očích cosi, co mívají někteří diváci v divadle; jeho pohled jako by říkal: Uzeniny byly dobré, ale není nad moudrá slova.

Přijíždělo další auto. Nebylo to jen druhé auto za tu chvíli, ale – pokud si vzpomínám na to místo – druhé auto v posledních pěti letech. Opakovalo se totéž: řidič auta spatřil mne, přibrzdil, spatřil psa a ujel. Vykročil jsem směrem od vesnice a pes za mnou. Bylo to poprvé v životě, kdy jsem uvažoval, jak ublížit psu. Ale neublížil. Musím však přiznat, že mi v tom nezabránilo moje něžné srdce, ale jeho obrovské zuby.

Z knihy Miroslava Horníčka, *Dobře utajené housle* – upraveno. Státní pedagogické nakladatelství. Čeština pro mírně pokročilé. Univerzita Karlova, Fakulta filosofická. Praha 1973.

Lekce 15

(Opakovací lekce)

Příběh s revizorem

slovník

Jel jsem jednou s malou holčičkou a chlapečkem v tramvaji. Holčička patřila sousedce, chlapeček sestřenici a tramvaj Dopravnímu podniku. Holčička se jmenovala Jana a nebyly jí čtyři. Chlapečkovi bylo šest a jmenoval se Odon, což sestřenici vyčítá dodnes celé příbuzenstvo. Průvodčí nám prodal jízdenky. Jeden velký a jeden dětský. Jana dosud nedosáhla věku, kdy má člověk právo zakoupit si jízdenku. Mám ve zvyku dělat dětem radost. Dal jsem proto Odonovi velký lístek a sám jsem si ponechal dětský. Odon byl velice hrdý a velký lístek držel stále nápadně nenápadně.

Míra jeho trpělivosti byla v ten okamžik dovršena. „Kolik je vám let?“ zeptal se Odona. Odonovi s velkým lístkem stouplo sebevědomí a odpověděl, že třicet. Ani při tom nemrkl. Revizor byl uspokojen, ale jen na okamžik. Když vracel Odonovi lístek pojala ho nedůvěra. Vykřikl: „Kolik?“ Odon se rozplakal. Bylo jasné, že skutečný třicátník by reagoval na revizorův nájezd poněkud jinak. „Vám není třicet, vám je sedum!“ pravil revizor, „a dostanu dalších deset korun.“

Chtěl jsem věc přivést na pravou míru a tak jsem se pokusil vysvětlit revizorovi, že si s

Bubla — Pajmová

Když přišel revizor, byl jsem zabrán s dětmi do zajímavé debaty, odkud se vlastně bere vítr. Věděl jsem, že vítr je proudící vzduch, ale kdo s ním proudí, nebo dokonce proč proudí, jsem dost dobře nedovedl vysvětlit. Revizor mě vytrhl z rozpaků. Podal jsem mu lístek. Ten dětský, co jsem držel v ruce. Revizor se nedůvěřivě podíval na jízdenku, pak na mne, pak opět na jízdenku a otázal se: „Kolik je vám let?“ „Dvacet pět.“ Revizor se znovu nedůvěřivě podíval na mne a pak na jízdenku. Pochopil jsem. „Jedete na dětský lístek, pane,“ pravil revizor. „Oklamal jste průvodčího!“ Revizor po mně žádal deset korun. Vzal jsem proto Odonovi velký lístek, revizor mě však zadržel. „Nebrat dítěti jeho lístek!“ pravil a vzal mu jej sám.

Odonem lístky vyměníme a vše bude v pořádku. Revizor se mně ovšem vysmál a pravil, že tak daleko jsme to ještě nepřivedli, aby si pasažéři v přítomnosti revizora směli podstrkovat jízdenky mezi sebou. To že by se taky mohlo stát, že by celá tramvaj jela na jediný lístek.

Nebudu věc protahovat. Na stanici SNB mi vysvětlili, že ublížím-li revizorovi, který je ve službě, je to větší přečin, než kdyby se tak stalo mimo službu.

Z knihy Jiřího Suchého, *Sto povídek* – zkráceno. Státní pedagogické nakladatelství. Čeština pro mírně pokročilé. Univerzita Karlova, Fakulta filosofická. Praha 1973.

Pěšky do Haidmühle

Na německé straně celníci pas ani nechtějí. Nejbližší obec Haidmühle je blizoučko, jeden kilometr. Tady však pěší zóna končí. Široká silnice začíná zaplněným parkovištěm aut. Celníků, i návštěvníků, kteří k nám putují po svých či na kole.

„U vás je krásně." Mladá německá rodina má košík plný hub.

„A levně," dodává žena.

„My bydlíme o dvacet kilometrů dál, ale otec je přímo z Haidmühle. Jak mu to vyjde, vezme kolo a večer jede do Stožce na pivo. Zná se už dobře s místními lidmi."

Vcházíme do obce. Nikde nepořádek, naopak až pečlivá čistota a květiny. Na zahrádkách, za okny. Převislé pelargónie kvetou všude. Jen jediný dům má okna prázdná – policie.

Češi okukují ceny v restauracích. Oběd od 10 do 15 marek, čtvrt litru světlého piva 1,30 DM, dva decilitry coca-coly 1,60 DM. Na některých výlohách visí oznámení: Prodej za Kčs. V obchůdku s knihami a uměleckými předměty jsou vystaveny „originály aus ČSFR". Akvarely Šumavy za 45 marek.

Haidmühle leží v turistické a rekreační oblasti. Má necelých 2000 obyvatel, ale množství penziónů, hotýlků, krytý bazén a vlastně všechno k slušnému životu. Pro našince poněkud zvláštní srovnání s našimi obcemi přímo na hranici.

V parčíku zní němčina i čeština. Tam, kde chybějí slova, pomáhá gestikulace, mimika. Neporozumění nahrazuje úsměv.

Na zpáteční cestě nás na kole předjíždí několik lidí.

„Kampak?"

„Do Stožce na pivo." Pěší jdou k hranici ve skupinkách, sdělují si dojmy.

„Kdy půjdete domů vy?" ptám se na celnici.

„Až za tři dny."

„A kdopak vám tady vaří?"

Oba muži se pobaveně usmívají.

„Sami."

Eva Puklová, *Haló sobota,*
29. září 1990.

Grammatikkommentar

Aussprache und Betonung

Aussprache und Schreibweise weichen im Tschechischen nicht so stark voneinander ab, daß eine Lautschrift, wie Sie sie vielleicht aus dem Englischen kennen, als Aussprachehilfe nötig wäre. Es gibt einige Besonderheiten, die Sie beachten müssen. Wenn Sie dann noch häufig die Cassetten zu **Vítáme vás!** hören, wird Ihnen die Aussprache des Tschechischen bald keine Probleme mehr bereiten. Nun zu den Besonderheiten im einzelnen:

In der tschechischen Sprache gibt es *kurze* und *lange* Selbstlaute (Vokale). Die *langen* Selbstlaute erkennen Sie an dem Schrägstrich ´ *(čárka)* über dem jeweiligen Buchstaben **(á, é, í, ý, ó, ú)**. Bei **u** steht im Wortinneren statt des Schrägstrichs ´ ein Kringel °. Er zeigt ebenfalls an, daß Sie den Buchstaben **ů** lang aussprechen müssen.

Wie im Deutschen gibt es im Tschechischen *stimmlose* und *stimmhafte* Mitlaute (Konsonanten). Das Besondere im Tschechischen sind die Häkchen ˇ *(haček)*, die über **č, ř, š, ž** und **ň, ď, ť** stehen können. Bei **d** und **t** wird aus dem Häkchen in gedruckter Schrift **ď, ť**. Handschriftlich steht **dˇ** und **tˇ**.

Im Tschechischen gibt es nicht nur *stimmlose* und *stimmhafte* Mitlaute, sondern auch *harte* **(h, ch, k, r, d, t, n)** und *weiche* **(ď, ť, ň, ž, š, č, ř, j)** Konsonanten. Achten Sie, wenn Sie die Cassette hören, genau auf die Aussprache dieser Laute.

Als nächstes eine sehr angenehme Regelmäßigkeit: Die Betonung liegt in der tschechischen Sprache *immer* auf der *ersten* Silbe des Wortes. Sie können folglich ihre volle Aufmerksamkeit auf die Aussprache der Laute in ihren Längen und Kürzen richten.

Arbeiten Sie gerade zu Beginn des Kurses möglichst viel mit der Cassette. Sie ersparen sich dadurch einen theoretischen Einstieg in die tschechische Lautlehre und die tschechische Aussprache „sitzt" sehr schnell.

Lekce 1

A

Sie haben sich mit den „Helden" von **Vítáme vás!** bekannt gemacht. Dabei sind sicher viele Fragen aufgetaucht. Versuchen wir, sie zu beantworten.

Eigennamen

männlich	*weiblich*
pa**n** Pale**ček**	pan**í** Pale**čková**

Die weiblichen Eigennamen unterscheiden sich von den männlichen durch die Endung. Hier wird **-ová** angehängt. Achtung: Steht ein **-e-** vor dem letzten Mitlaut, fällt es in der weiblichen Form in der Regel weg (Pale**ček** – Pale**čková**). Man nennt diese Erscheinung das „flüchtige" **e.**

Endet ein männlicher Eigenname mit einem Selbstlaut (Vokal), steht in der weiblichen Form **-á** (pan Hol**ý** – pan**í** Hol**á**).

Geschlechtswort (Artikel)

Ein weiterer (angenehmer) Unterschied zum Deutschen: Es gibt in der tschechischen Sprache weder einen *bestimmten* noch einen *unbestimmten* Artikel.

männlich		*weiblich*	
učitel	**der** Lehrer/**ein** Lehrer	studentka	**die** Studentin/**eine** Studentin

Hauptwörter (Substantive)

Im Tschechischen gibt es aber dennoch *drei* Geschlechter bei den Hauptwörtern (und natürlich nicht nur da). Sie erkennen in den meisten Fällen am letzten Buchstaben eines Hauptwortes, zu welchem Geschlecht es gehört.

männlich	studen**t**/hra**d** (Burg)/Če**ch**
weiblich	studentk**a**/kavárn**a** (Café)/přítelkyn**ě**
sächlich	měst**o** (Stadt)/moř**e** (Meer)/nádraž**í** (Bahnhof)

Ausnahmen sind im Lektionswortschatz angegeben, z. B. letišt**ě**/Flughafen *(sächlich)*, mláde**ž**/Jugend *(weiblich)*.

Beugung der Hauptwörter (Deklination)

Es gibt im Tschechischen *sieben* Fälle (Kasus), jeweils in Einzahl/EZ (Singular) und Mehrzahl/MZ (Plural). Die einzelnen Fälle unterscheiden sich durch die Endungen, auf die Sie besonders achten müssen.

1. Fall	(Nominativ)	kdo?/co?	*wer?/was?*
2. Fall	(Genitiv)	koho?/čeho?	*wessen?*
3. Fall	(Dativ)	komu?/čemu?	*wem?*
4. Fall	(Akkusativ)	koho?/co?	*wen?/was?*
5. Fall	(Vokativ)	–	(Rufform bei direkter Anrede)
6. Fall	(Präpositiv)	o kom?/o čem?	*wo?/worüber?*
7. Fall	(Instrumental)	kým?/čím?	*wo?/womit?/mit wem?*

Bei der Vorstellung von Rolf, Ute und Familie Paleček begegnen Sie neben dem 1. Fall (Nominativ) auch gleich dem 6. Fall (Präpositiv), den es im Deutschen nicht gibt. Er antwortet auf die Fragen: *wo?/worüber?*

6. Fall (Präpositiv)

Wenn Sie gefragt werden, wo Sie wohnen, müssen Sie immer im 6. Fall mit dem Verhältniswort (Präposition) **v/ve** antworten: *Bydlím ve Stuttgartu. Bydlím v Praze.* Folgende Endungen brauchen Sie dazu:

männlich	Stuttgart**u**/Berlín**ě**
weiblich	Bratislav**ě**/Praz**e**/Olomouc**i**
sächlich	Brn**ě**

Eine Besonderheit ist Ihnen sicher aufgefallen: Aus **Praha** wird im 6. Fall **Praze**. Dieser sogenannte Mitlautwechsel (Konsonantenwechsel) wird Ihnen noch häufiger begegnen. Merken Sie sich zunächst, daß **h** zu **z/ž** wird, wenn ein **-ě (-e)** angehängt wird (Pra**ha** → Pra**ze**).

Verhältniswörter (Präpositionen)

Nach Verhältniswörtern stehen die folgenden Hauptwörter im Tschechischen in verschiedenen Fällen. Welches Verhältniswort welchen Fall (Kasus) nach sich zieht, muß man einfach lernen. Im Lektionswortschatz ist bei Verhältniswörtern (Präpositionen) immer angegeben, mit welchem Fall sie stehen (**v/ve** + 6. Fall, **s/se** + 7. Fall, **na** + 4./+ 6. Fall). Am besten lernen Sie das beim Vokabellernen gleich mit.

Im Abschnitt **A** der 1. Lektion haben Sie **v** (in/im) kennengelernt. **Achtung:** Aus **v** wird **ve** vor Mitlautgruppen und vor Buchstaben, die gleich oder ähnlich ausgesprochen werden (**ve St**uttgartu, **ve W**eidenu). Dieser sogenannte **e**-Einschub dient der leichteren Aussprache. Er tritt bei mehreren Verhältniswörtern auf **(v/ve, s/se, bez/beze).**

Persönliche Fürwörter (Personalpronomina)

Im Teil **A** sind Ihnen auch bereits die persönlichen Fürwörter begegnet. Achten Sie wieder besonders darauf, welcher Unterschied zum Deutschen besteht.

1. Pers. Einzahl	já	*1. Pers. Mehrzahl*	my
2. Pers. EZ	ty	*2. Pers. MZ*	vy
3. Pers. EZ	on, ona, ono	*3. Pers. MZ*	oni, ony, ona

Richtig, der Unterschied liegt in der 3. Pers. MZ. Im Tschechischen wird berücksichtigt, ob von *männlichen, weiblichen* oder *gemischten* Gruppen die Rede ist. Die am häufigsten verwendete Form ist **oni.** Sie steht bei männlichen Personen *und* bei gemischten Gruppen, wenn mindestens *eine* männliche Person dabei ist.

Handelt es sich ausschließlich um weibliche Personen, lautet die 3. Pers. MZ **ony**, bei ausschließlich sächlichen „Personen", d. h. Kindern, **ona** (sehr selten). **Achtung:** Die persönlichen Fürwörter sind im Tschechischen nicht obligatorisch wie im Deutschen. Sie stehen nur bei besonderer Hervorhebung der Person.

Besitzanzeigende Fürwörter (Possessivpronomina)

Neben den persönlichen Fürwörtern haben Sie auch schon das besitzanzeigende Fürwort der 1. Pers. EZ kennengelernt. Hier wird – wie im Deutschen – nach dem Geschlecht unterschieden:

	männlich	*weiblich*	*sächlich*
já	mů**j** (ote**c**)	moj**e** (matk**a**)	moj**e** (dít**ě**/Kind)

Das besitzanzeigende Fürwort richtet sich immer nach dem Geschlecht des folgenden Hauptworts.

Tätigkeitswörter (Verben)

Jetzt kommen wir zu einem weiteren wichtigen Kapitel: den Tätigkeitswörtern (Verben). Sie haben schon **jmenovat se, bydlet** und **být** kennengelernt. Im Lektionswortschatz stehen verschiedene Angaben dahinter. Warum?

Die *römischen* Ziffern verweisen auf die sogenannten Verbklassen. Die einzelnen Klassen unterscheiden sich durch die Endungen in der Beugung (Konjugation). Die meisten Tätigkeitswörter (Verben) lassen sich in vier Klassen

(I–IV) einteilen. Diejenigen, die zu keiner der vier Klassen gehören, sind *unregelmäßige* Verben. Ihre Formen sind im Lektionswortschatz in allen Personen angegeben.

Außerdem steht hinter den Verben *(vollendet/voll.)* oder *(unvollendet/unvoll.)*. Das ist nötig, weil es im Tschechischen – wie in allen slawischen Sprachen – für die meisten Handlungen *zwei* Tätigkeitswörter gibt (**psát/napsat** – schreiben). Man spricht hier von *Aspektpartnern*. Aber dazu später mehr. Zurück zu den drei Tätigkeitswörtern des Teils **A**:

	II. Verbklasse	*III. Verbklasse*	*unregelmäßig*
Grundform	**jmenovat se**	**bydlet**	**být**
já	jmen**uji** se	bydl**ím**	**jsem**
ty	jmen**uješ** se	bydl**íš**	**jsi**
on, ona, ono	jmen**uje** se	bydl**í**	**je**
my	jmen**ujeme** se	bydl**íme**	**jsme**
vy	jmen**ujete** se	bydl**íte**	**jste**
oni (ony, ona)	jmen**ují** se	bydl**í**	**jsou**

Sie kennen damit schon die Hälfte der Verbklassen. Merken Sie sich: Tätigkeitswörter auf **-ovat** gehören zur Klasse **II.** Tätigkeitswörter auf **-it/-ět/-et** gehören zur Klasse **III.** Nach diesen Mustern können Sie alle weiteren Tätigkeitswörter mit diesen Grundformendungen beugen (konjugieren).

Mit **jmenovat se** haben Sie außerdem ein rückbezügliches Tätigkeitswort (reflexives Verb) kennengelernt. Das Wörtchen **se** zeigt dies an. Eine angenehme Erscheinung: **se** bleibt in allen Personen unverändert.

Verneinung der Tätigkeitswörter (Verben)

Zur Erholung eine sehr einfache grammatische Erscheinung. Um Tätigkeitswörter zu verneinen, wird vor alle Formen **ne-** vorgeschaltet. Das ist schon alles.

jmenovat se	**ne**jmenovat se (**ne**jmenuji se, **ne**jmenuješ se, . . .)
bydlet	**ne**bydlet (**ne**bydlím, **ne**bydlíš, **ne**bydlí, . . .)
být	**ne**být (**ne**jsem, **ne**jsi, **není (!)**, **ne**jsme, . . .)

Achtung: Die 3. Pers. EZ von být **(je)** lautet in der Verneinung **není**!

B

Tätigkeitswörter (Verben)

Sie lernen ein neues Tätigkeitswort kennen, das sich nur in der Grundform (Infinitiv) von den Tätigkeitswörtern auf **-at** (**I.** Verbklasse), unterscheidet (siehe Seite 181). Die Beugung (Konjugation) erfolgt regelmäßig, d. h. wie bei den Tätigkeitswörtern, deren Grundform auf **-at** endet.

Grundform	**mít**		
já	m**ám**	my	m**áme**
ty	m**áš**	vy	m**áte**
on, ona, ono	m**á**	oni (ony, ona)	m**ají**

Den Ausdruck *Jak se máš/máte?* sollten Sie als feststehende Wendung lernen. Die rückbezügliche Form **mít se** kommt nur in dieser Bedeutung vor.

5. Fall (Vokativ)

Als nächstes begegnen Sie dem 5. Fall (Vokativ), den Sie aus dem Deutschen nicht kennen. Er wird immer dann verwendet, wenn Sie jemanden *direkt ansprechen* oder *rufen*. Man nennt ihn deshalb auch den „Ruffall“. Merken Sie sich die folgenden Endungen:

männlich	Rolf**e**/Jirk**o**/tatínk**u**
weiblich	Ev**o**
sächlich	–

C

Tätigkeitswörter (Verben)

Nun begegnet Ihnen ein regelmäßiges Tätigkeitswort der **I.** Verbklasse (Grundform auf **-at**).

Grundform	**vítat**		
já	vít**ám**	my	vít**áme**
ty	vít**áš**	vy	vít**áte**
on, ona, ono	vít**á**	oni (ony, ona)	vít**ají**

Jetzt birgt der Titel unseres Buches auch keine Geheimnisse mehr. Sie müssen nur noch wissen, daß **vás** der 4. Fall (Akkusativ) des persönlichen Fürwortes **vy** ist.

Besitzanzeigende Fürwörter (Possessivpronomina)

Neu ist im **C**-Teil das besitzanzeigende Fürwort der 2. Pers. EZ. Erinnern Sie sich an die Formen der 1. Pers. EZ (siehe Seite 179)? Sie werden feststellen, daß Sie die Formen der 2. Pers. leicht ableiten können.

	männlich	*weiblich*	*sächlich*
já	můj	moje	moje
ty	tvůj	tvoje	tvoje
my	náš	naše	naše
vy	váš	vaše	vaše

D

Der besseren Übersicht wegen wurden die Formen der 1. und 2. Pers. MZ gleich in die Tabelle oben mitaufgenommen. Das ist auch schon alles an neuer Grammatik im **D**-Teil der 1. Lektion. Der Einstieg ist geschafft! Weiter geht's mit der 2. Lektion.

Lekce 2

A

2. Fall (Genitiv)

In dieser Lektion lernen Sie gleich mehrere Fälle (Kasus) kennen. Beginnen wir mit dem 2. Fall (Genitiv). Sie brauchen die Endungen noch nicht *aktiv* zu lernen. Wichtig ist zunächst, daß Sie einordnen können, um welche grammatische Form es sich handelt.

männlich	autobus**u**/pan**a**
weiblich	Vlast**y**/tramvaj**e**
sächlich	měst**a**/neb**e** (Himmel)

Hinweisen möchten wir noch auf die Mehrzahlformen des 2. Falls, die bereits vorkamen. Erinnern Sie sich an Übung 4 im **C**-Teil der 1. Lektion? Sie lautet: *U Palečků*. Im Text „Hotel Flora" steht: *prodejna suvenýrů*. Die Endung **-ů** steht folglich bei männlichen Hauptwörtern im 2. Fall (Genitiv) MZ. Näheres zur Mehrzahl später.

7. Fall (Instrumental)

Nicht nur erkennen, sondern *aktiv* anwenden, sollen Sie den nächsten Fall. Es handelt sich um den 7. Fall (Instrumental), den Sie vom Deutschen nicht kennen.

Er steht auf die Frage **kde**? – *wo?* nach den räumlichen Verhältniswörtern (Präpositionen) **za, před, nad, pod** und **mezi.** Nach dem Verhältniswort **s/se** bedeutet der 7. Fall (Instrumental) *mit jmd./etw., in Begleitung von jmd./etw.* Ohne Verhältniswort (Präposition) steht der 7. Fall bei Transportmitteln.

Achtung: Die Erweiterung von **s** zu **se** erfolgt wie bei **v/ve** vor gleich- oder ähnlichlautenden Hauptwörtern, um die Aussprache zu erleichtern. Merken Sie sich die folgenden Endungen:

männlich	hotel**em**
weiblich	hudb**ou**/tramvaj**í**
sächlich	metr**em**

B

Tätigkeitswörter (Verben)

In diesem Lektions-Teil begegnet Ihnen ein Tätigkeitswort der **IV.** Verbklasse. Sie kennen nun alle vier Klassen. Wenn Sie die Endungen auf einen Blick haben möchten, sehen Sie bitte in der Grammatikübersicht (Seite 212) nach.

Grundform	**přát**		
já	př**eji/u**	my	př**ejeme**
ty	př**eješ**	vy	př**ejete**
on, ona, ono	př**eje**	oni (ony, ona)	př**ejí/ou**

Das Tätigkeitswort **přát** kommt im Text in rückbezüglicher Form vor. Sie kennen bereits **jmenovat se** als rückbezügliches Tätigkeitswort. Mit **přát si** haben Sie ein weiteres Beispiel kennengelernt. Auch **si** bleibt in allen Personen unverändert.

Achtung: Ob **si** (3. Fall) oder **se** (4. Fall) steht, ist davon abhängig, welchen Fall (Kasus) das Tätigkeitswort erfordert. Vergleichen Sie mit dem Deutschen: *ich nenne mich* (4. Fall), *ich wünsche mir* (3. Fall). Lernen Sie das rückbezügliche Fürwort am besten zusammen mit dem Tätigkeitswort (Verb).

4. Fall (Akkusativ)

Hinweisen möchten wir Sie noch auf eine Mehrzahlform: *vaše pasy.* Es handelt sich um den 4. Fall (Akkusativ), der bei *unbelebten* männlichen Hauptwörtern mit dem 1. Fall (Nominativ) übereinstimmt. **Achtung:** Die MZ-Form **vaše** ist mit der weiblichen und sächlichen Form EZ (siehe Seite 181) identisch.

Befehlsform (Imperativ)

Eine Anmerkung zu dem Tätigkeitswort **vyplnit**: Im Text handelt es sich um eine Befehlsform (Imperativ). Die Befehlsform gibt es in der 2. Pers. EZ und in der 1. und 2. Pers. MZ:

Grundform	2. Pers. EZ	1. Pers. MZ	2. Pers. MZ
vyplnit	vyplň!	vyplň**me**!	vyplň**te**!

Näheres zur Bildung der Befehlsformen später (siehe Seite 193).

Eigenschaftswörter (Adjektive)

Im **B**-Teil sind Ihnen die ersten Eigenschaftwörter (Adjektive) begegnet: **volný** pokoj, **výborný** nápad. Die Eigenschaftswörter werden – wie die Hauptwörter – nach dem Geschlecht unterschieden. Die Endung **-ý** steht bei männlichen Eigenschaftswörtern im 1. Fall (Nominativ). Es genügt im Moment, wenn Sie die Formen erkennen und einordnen können. Näheres zu den Eigenschaftswörtern im Teil **D.**

D

4. Fall (Akkusativ)

Den 4. Fall kennen Sie aus dem Deutschen. Im Tschechischen gibt es aber eine Besonderheit zu beachten. Bei den männlichen Hauptwörtern wird grundsätzlich in sogenannte *unbelebte* und *belebte* Hauptwörter unterschieden. Die Endungen im 4. Fall (Akkusativ) sind bei *unbelebten* Hauptwörtern gleich dem 1. Fall (Nominativ), bei *belebten* dagegen gleich dem 2. Fall (Genitiv).

	unbelebt	**belebt**
männlich	chlé**b**	Rolf**a**
weiblich	káv**u**	
sächlich	mlék**o**	

Eigenschaftswörter (Adjektive)

Im **D**-Teil der 2. Lektion tauchen einige neue Eigenschaftswörter (Adjektive) auf. Die Endungen im 1. Fall (Nominativ) sind davon abhängig, welches Geschlecht das Hauptwort hat, auf das sich das Eigenschaftswort bezieht. **Merke:** Die Endungen der Eigenschaftswörter (Adjektive) sind *immer* lang!

	männlich	*weiblich*	*sächlich*
1. Fall (Nominativ)	bíl**ý** chlé**b**	čern**á** káv**a**	čerstv**é** másl**o**

Da es um die Bestellung in einem Restaurant geht, finden Sie neben dem 1. Fall (Nominativ) auch Formen des 4. Falls (Akkusativ). Es treten nur *unbelebte* Hauptwörter auf, so daß die männlichen Endungen im 4. Fall gleich dem 1. Fall sind: bíl**ý** chlé**b**. Die sächlichen Endungen stimmen ohnehin im 1. und 4. Fall überein.

Beachten müssen Sie bei den weiblichen Haupt- und Eigenschaftswörtern die Endungen im 4. Fall (Akkusativ): dobr**ou** chuť (**B**-Teil, Übung 2), výborn**ou** pražsk**ou** šunk**u**, čern**ou** káv**u**. Es geht einstweilen nur darum, die Formen einordnen zu können. Die Beugung der Eigenschaftswörter wird später ausführlich erarbeitet.

Mám rád/ráda . . . – *ich mag/habe . . . gern:* Im Tschechischen wird berücksichtigt, ob ein Mann oder eine Frau diese Aussage macht. Später – bei den Formen der Vergangenheit – begegnet Ihnen diese Unterscheidung, die Sie aus dem Deutschen nicht kennen, wieder.

Keinen Bedeutungsunterschied enthalten die beiden Varianten der Verneinung: **nemám rád/ráda – já nerad/nerada**. Sie können sie beliebig verwenden.

Lekce 3

A

Den grammatischen Schwerpunkt des **A**-Teil können Sie als Wiederholungs- und Erholungskapitel betrachten. Die Endungen der Eigenschaftswörter im 1. Fall (Nominativ) sind längst nichts Neues mehr für Sie.

Grundzahlwörter (Numeralia)

Erläuterungen erfordern die Zahlwörter. Zunächst ist wichtig zu wissen, daß die Zahlen **1** und **2** in den verschiedenen Geschlechtern vorkommen.

	männlich	*weiblich*	*sächlich*
1. Fall (Nominativ)	je**den**	je**dna**	je**dno**
	dv**a**	dv**ě**	dv**ě**

Beachten Sie bei **jeden, jedna, jedno** das sogenannte flüchtige **e** in der weiblichen und sächlichen Form. Welches Zahlwort stehen muß, richtet sich nach dem Geschlecht des folgenden Hauptworts. **Achtung:** Beim Zählen **(1, 2, 3, 4, . . .)** verwendet man *immer* die weiblichen Formen von **1** *(jedna)* und **2** *(dvě).*

Im Zusammenhang mit den Grundzahlwörtern gibt es noch eine – vom Deutschen abweichende – Besonderheit. Der Fall, in dem das folgende Hauptwort (Substantiv) steht, verändert sich, je nachdem, welches Zahlwort vorausgeht.

jede**n**, **-na, -no**	+ 1. Fall (Nominativ) EZ	(jed**no** okn**o**)
dv**a**, **-ě, -ě** tři čtyři	+ 1. Fall (Nominativ) MZ	(dv**ě** postel**e**/tři hotel**y**)
ab pět	+ 2. Fall (Genitiv) MZ	(pět kilometr**ů**)

Das letzte Beispiel wurde der Vollständigkeit halber ergänzt. Es kommt im Text nicht vor. Da Sie aber die Endung des 2. Falls MZ bei männlichen Hauptwörtern bereits kennengelernt haben (siehe Seite 182), erleichtert es den Überblick. Näheres dazu später.

In Übung 3 finden Sie die Frage: *Na jednu noc/dvě noci?* Es handelt sich dabei um den 4. Fall (Akkusativ). **Achtung:** Die Zahlwörter werden im Tschechischen auch gebeugt (dekliniert).

B

Im Zusammenhang mit den Grundzahlwörtern von **1–100** ist noch zu erwähnen, daß es zwei verschiedene Lesarten bei Zehnerzahlen gibt: 25 = **dvacet pět** oder **pětadvacet.** Häufiger wird Ihnen die erste Form begegnen. Zu den Telefonnummern: Sie können sie in einzelnen Ziffern lesen oder die Zehner oder Hunderter „bündeln".

Fragefürwörter (Interrogativpronomina)

Bereits in der 2. Lektion kam die Frage: *Jaké číslo . . .?* vor. Das Fragewort **jaký, -á, -é** wird – wie die Eigenschaftswörter – nach den drei Geschlechtern unterschieden und entsprechend gebeugt (dekliniert). Im **B**-Teil finden Sie Beispiele im 1. Fall (Nominativ); in Übung 2 ein Beispiel im 4. Fall (Akkusativ): *A jakou má adresu, prosím?*

Eigenschaftswörter (Adjektive)

Bisher haben Sie Eigenschaftswörter mit den Endungen **-ý, -á, -é** kennengelernt. Im Tschechischen gibt es neben diesen Eigenschaftswörtern mit den sogenannten *harten* Endungen aber noch eine zweite Gruppe: die Eigenschaftswörter mit *weichen* Endungen, die in *allen* drei Geschlechtern im 1. Fall (Nominativ) EZ gleich sind.

	männlich	*weiblich*	*sächlich*
1. Fall (Nominativ)	telefonn**í** rozhovo**r**	telefonn**í** budk**a**	telefonn**í** čísl**o**

Achtung: Bei den Eigenschaftswörtern mit *weichen* Endungen steht auch im 1. Fall (Nominativ) MZ in allen drei Geschlechtern die Endung **-í** (siehe Übung 5: Telefonn**í** čísl**a**).

Persönliche Fürwörter (Personalpronomina)

Abschließend noch ein Hinweis zu den persönlichen Fürwörtern. Bisher kennen Sie den 1. Fall (Nominativ) und den 4. Fall (Akkusativ) von **vy** (= **vás**). In Übung 2 des **B**-Teils begegnet Ihnen **tě** *(prosím tě).* Es handelt sich um die *Kurzform* von **tebe**, dem 4. Fall des persönlichen Fürworts **ty**.

Kurz- und *Langformen* gibt es im Tschechischen sowohl bei den persönlichen als auch bei den besitzanzeigenden Fürwörtern. Bei den persönlichen Fürwörtern werden in der Regel die *Kurzformen* verwendet, es sei denn, das betreffende Fürwort soll besonders betont werden, oder es steht nach einem Verhältniswort (Präposition). Näheres hierzu später.

C

Uhrzeiten

Das wichtigste zum Thema Uhrzeiten wissen Sie bereits. Die Form von **hodina** (Stunde) und **minuta** (Minute) ist abhängig von der Zahl, die vorausgeht. Zur Erinnerung: **1** + 1. Fall EZ; **2, 3, 4** + 1. Fall MZ; **5, . . .** + 2. Fall MZ (siehe Seite 185). In der Umgangssprache werden **hodina** und **minuta** bei der Zeitangabe meist weggelassen.

Wichtig ist noch, daß Sie die Wörter **čtvrt, půl** und **tři čtvrtě** (Viertel, Halb und Dreiviertel) *passiv* kennen. *Aktiv* brauchen Sie diese Formen nicht zu beherrschen. Sie können sie jederzeit mit der Angabe der Minuten umschreiben.

Nach den Zeitangaben Viertel, Halb und Dreiviertel steht die folgende Stunde entweder im 4. Fall (Viertel und Dreiviertel) oder im 2. Fall (Halb).

12.15 Uhr	= **čtvrt** na jedn**u** (hodin**u**)	= 4. Fall (Akkusativ)
12.30 Uhr	= **půl** jedn**é** (hodin**y**)	= 2. Fall (Genitiv)
12.45 Uhr	= **tři čtvrtě** na jedn**u** (hodin**u**)	= 4. Fall (Akkusativ)

Jetzt müssen Sie sich nur noch merken, daß die Frage *Um wieviel Uhr?* im Tschechischen mit dem Verhältniswort **v** und dem 4. Fall (Akkusativ) wiedergegeben wird: *V kolik hodin? – V jednu hodinu.*

2. Fall (Genitiv)

Im **C**-Teil der 3. Lektion begegnet Ihnen neben den Zeitangaben wieder der 2. Fall (Genitiv) EZ bei Hauptwörtern (Substantiven). Erinnern Sie sich, daß Sie die Endungen dieses Falls schon kennengelernt haben (siehe Seite 182)? Jetzt müssen Sie sie *aktiv* anwenden.

Merken Sie sich vor allem die Verhältniswörter (Präpositionen), die den 2. Fall (Genitiv) nach sich ziehen: **do, z/ze**. In Übung 2, Seite 41, gibt es einen Ortsnamen in der Mehrzahlform (Rokycan**y**). Im 2. Fall (Genitiv) MZ steht bei weiblichen Hauptwörtern auf **-a** keine Endung (Rokyca**n**).

D

Persönliche Fürwörter (Personalpronomina)

Neu ist im **D**-Teil der 3. Fall (Dativ) der persönlichen Fürwörter in der 1. und 2. Pers. EZ und MZ. Die Formen der 3. Pers. (EZ und MZ) begegnen Ihnen später. Sie bleiben zunächst unberücksichtigt. Erinnern Sie sich, was zur Verwendung der *Kurz-* und *Langformen* gesagt wurde (siehe Seite 185)?

já	mně/mi	my	nám
ty	tobě/ti	vy	vám

Tätigkeitswörter der Fortbewegung (Bewegungsverben)

Bereits in der 1. Lektion wurde von einigen Merkmalen der tschechischen Tätigkeitswörter (Aspektpaare, Verbklassen) berichtet. Sie lernen heute eine weitere Besonderheit kennen: die sogenannten Tätigkeitswörter der Fortbewegung (Bewegungsverben). Es genügt, wenn Sie sich merken, daß Tätigkeiten wie *gehen, fahren, fliegen* usw. im Tschechischen durch zwei verschiedene Tätigkeitswörter (Verben) wiedergegeben werden. Näheres zu Gebrauch und Anwendung der Bewegungsverben später.

In der 3. Lektion lernen Sie die Tätigkeitswörter **jít** (gehen) und **jet** (fahren) kennen. Sie gehören zur **IV.** Verbklasse und werden regelmäßig gebeugt (konjugiert). Prägen Sie sich die Formen gut ein; diese Tätigkeitswörter (Verben) brauchen Sie sehr häufig.

Tätigkeitswörter der Art und Weise (Modalverben)

Auch das Tätigkeitswort **chtít** (mögen, wollen) zeichnet sich dadurch aus, daß es sehr häufig verwendet wird. Es bietet Ihnen die Möglichkeit, Ihren Gesprächspartnern Wünsche und Bedürfnisse in höflicher Form mitzuteilen.

Die Beugung von **chtít** ist unregelmäßig. Der Vorteil ist, daß Sie **chtít** mit der Grundform (Infinitiv) anderer Tätigkeitswörter verbinden können: *chci ukázat, chci pít* (trinken), *chci jíst* (essen). Sie erweitern Ihre Ausdrucksmöglichkeiten ganz entschieden, wenn Sie die Beugung von **chtít** gut beherrschen.

7. Fall (Instrumental)

Bereits auf Seite 182, als Sie die Endungen des 7. Falls kennengelernt haben, wurde erwähnt, daß der 7. Fall (Instrumental) stehen muß, wenn Sie ausdrücken wollen, daß Sie sich mit Hilfe eines Transportmittels fortbewegen: *já jedu metrem, oni jedou tramvají.* **Achtung:** Abweichend vom Deutschen steht im Tschechischen beim Ausdruck von *fahren mit etw.* **kein** Verhältniswort.

Diese Regel gilt allerdings nur für *geschlossene* Fahrzeuge (auto, metro, vlak). Wenn es sich bei dem Transportmittel um ein *offenes* Fahrzeug (kolo/Rad, loď/Schiff) handelt, steht doch ein Verhältniswort, und zwar **na** + 6. Fall (Präpositiv).

Lekce 4

A

Neben den neuen Tätigkeitswörtern (Verben), die – bis auf **moci** (siehe Seite 194) – alle regelmäßig gebeugt werden, begegnen Ihnen im **A**-Teil Hauptwörter (Substantive) in der Mehrzahl.

1. Fall (Nominativ) MZ

Beim 4. Fall (Akkusativ) EZ haben wir bereits auf eine Besonderheit bei den männlichen Hauptwörtern hingewiesen: die Kategorie *Belebtheit/Unbelebtheit.* In der Mehrzahl wird bei den männlichen Hauptwörtern nicht nur im 4. Fall (Akkusativ) nach *unbelebt/belebt* unterschieden, sondern auch im 1. Fall (Nominativ).

	unbelebt	**belebt**
männlich	časopis**y**/stroj**e** (Maschinen)	student**i**/muž**i**
weiblich	žen**y**/pohlednic**e**	
sächlich	měst**a**/moř**e**	

Bei den weiblichen und sächlichen Hauptwörtern spielt *Unbelebtheit* oder *Belebtheit* keine Rolle.

4. Fall (Akkusativ) MZ

Neben dem 1. Fall (Nominativ) MZ benötigen Sie beim Einkaufen vor allem den 4. Fall (Akkusativ) MZ. Wichtig für die Endung im 4. Fall ist der Auslaut des jeweiligen Hauptwortes. Handelt es sich um einen *weichen* Auslaut **(j, ž, š, ř, č)**, steht sowohl bei *unbelebten* als auch bei *belebten* Hauptwörtern die Endung **-e**. Bei *hartem* Auslaut im 1. Fall (Nominativ) lautet die Endung im 4. Fall (Akkusativ) immer **-y**.

	unbelebt	belebt
männlich	časopis**y**/stroj**e**	student**y**/muž**e**
weiblich	žen**y**/pohlednic**e** (= 1. Fall)	
sächlich	měst**a**/moř**e** (= 1. Fall)	

Eigenschaftswörter (Adjektive)

Neu ist bei den Eigenschaftswörtern (Adjektiven) im Teil **A** der 2. Fall (Genitiv) in der Einzahl. Merken Sie sich die Endungen:

	männlich	*weiblich*	*sächlich*
2. Fall (Genitiv)	bíl**ého** chléb**a**	bíl**é** káv**y**	bíl**ého** vín**a**

Möglichkeitsform (Konjunktiv)

Hinweisen möchten wir noch auf die Möglichkeitsform (Konjunktiv), die es Ihnen erlaubt, sich bei Einkäufen oder Bestellungen höflich an Ihre Gesprächspartner zu wenden. Lernen Sie den Ausdruck **chtěl/chtěla bych** – *ich möchte / hätte gerne* als feststehende Wendung. Näheres zur Bildung der Möglichkeitsform später.

B

Der **B**-Teil der Lektion 4 enthält keine neue Grammatik. Diese Gelegenheit sollten Sie nutzen, um die Endungen der einzelnen Fälle (Kasus) systematisch zu wiederholen. Am einfachsten ist es, wenn Sie Hauptwörter (Substantive) und Eigenschaftswörter (Adjektive) *gemeinsam* üben.

Bei dieser Wiederholungsphase beschränken wir uns auf die Endungen in der Einzahl. Der Vollständigkeit halber sind *alle* Fälle (Kasus) berücksichtigt, auch wenn der 3. Fall (Dativ) z. B. noch nicht vorgekommen ist. Er wird später noch erläutert und geübt.

männlich	**hart**	**unbelebt**	**weich**	**belebt**
1. Fall (Nominativ)	německ**ý**	deštní**k**	ciz**í** (fremd)	mu**ž**
2. Fall (Genitiv)	německ**ého**	deštník**u**	ciz**ího**	muž**e**
3. Fall (Dativ)	německ**ému**	deštník**u**	ciz**ímu**	muž**i**
4. Fall (Akkusativ)	německ**ý**	deštní**k**	ciz**ího**	muž**e**
5. Fall (Vokativ)	německ**ý**	deštník**u**!	ciz**í**	muž**i**!
6. Fall (Präpositiv)	německ**ém**	deštník**u**	ciz**ím**	muž**i**
7. Fall (Instrumental)	německ**ým**	deštník**em**	ciz**ím**	muž**em**

Natürlich können auch *belebte* Hauptwörter und Eigenschaftswörter mit *harten* Endungen **(český muž)** sowie *unbelebte* Hauptwörter und Eigenschaftswörter mit *weichen* Endungen **(moderní deštník)** kombiniert werden. Die Beispiele in der Tabelle dienen nur als Muster.

weiblich	**hart**		**weich**	
1. Fall (Nominativ)	červen**á**	barv**a**	ciz**í**	přítelkyn**ě**
2. Fall (Genitiv)	červen**é**	barv**y**	ciz**í**	přítelkyn**ě**
3. Fall (Dativ)	červen**é**	barv**ě**	ciz**í**	přítelkyn**i**
4. Fall (Akkusativ)	červen**ou**	barv**u**	ciz**í**	přítelkyn**i**
5. Fall (Vokativ)	červen**á**	barv**o**!	ciz**í**	přítelkyn**ě**!
6. Fall (Präpositiv)	červen**é**	barv**ě**	ciz**í**	přítelkyn**i**
7. Fall (Instrumental)	červen**ou**	barv**ou**	ciz**í**	přítelkyn**í**

sächlich	**hart**		**weich**	
1. Fall (Nominativ)	velk**é**	měst**o**	sever**ní** (Nord-)	moř**e**
2. Fall (Genitiv)	velk**ého**	měst**a**	sever**ního**	moř**e**
3. Fall (Dativ)	velk**ému**	měst**u**	sever**nímu**	moř**i**
4. Fall (Akkusativ)	velk**é**	měst**o**	sever**ní**	moř**e**
5. Fall (Vokativ)	velk**é**	měst**o**!	sever**ní**	moř**e**!
6. Fall (Präpositiv)	velk**ém**	měst**ě**	sever**ním**	moř**i**
7. Fall (Instrumental)	velk**ým**	měst**em**	sever**ním**	moř**em**

Wenn Sie die Beugungen der *sächlichen* und der *männlichen* Hauptwörter (Substantive) miteinander vergleichen, werden Sie feststellen, daß die Endungen der Eigenschaftswörter (Adjektive) im 2., 3., 6. und 7. Fall gleich sind.

Lassen Sie sich nicht entmutigen, wenn die Endungen nicht sofort alle „sitzen". Nutzen Sie jede Möglichkeit, um Tschechisch zu sprechen. Sie werden merken, daß sich in der praktischen Anwendung vieles einschleift, was zunächst verwirrend erscheint.

C

Verhältniswörter (Präpositionen)

Im Zentrum dieses Abschnittes steht die Wegbeschreibung. Die Frage **kam?** – *wohin?* wird im Tschechischen mit den Verhältniswörtern (Substantiven) **na** + 4. Fall (Akkusativ) oder **do** + 2. Fall (Genitiv) beantwortet. Das Verhältniswort **na** (auf, an/am) wird in der Regel bei Hauptwörtern (Substantiven) verwendet, die eine *offene* Fläche, einen *nicht abgeschlossenen* Raum, bezeichnen: ulice, univerzita, výstava, náměstí, ... Das Verhältniswort **do** (in/im) steht bei *abgeschlossenen* Räumen oder Gebäuden: divadlo, kino, galerie, ...

Das bezügliche Fürwort (Relativpronomen) **který, která, které** wird gebeugt wie ein Eigenschaftswort (Adjektiv). Keine neuen Endungen!

Nach unbestimmten Zahlwörtern wie **kolik** steht im Tschechischen immer der 2. Fall (Genitiv) MZ: *Kolik je to stanic?*

Ein Hinweis zur Wortbildung: Vor- und Nachsilben verändern bei gleichem Stamm in der Regel die Bedeutung: stupe**ň**, **ná**stup, **na**stup**ovat**. Sie können unbekannte Wörter häufig erschließen, wenn Sie versuchen, sie von bekannten Vokabeln abzuleiten: **vý**stup, **vy**stup**ovat**, **vy**stoup**it**, **vy**stoupe**ní**. Zur Entwicklung von Hörverstehen und Lesefertigkeit ist dies ein wichtiges Hilfsmittel.

Lekce 5

Vergangenheit (Präteritum)

Die 5. Lektion steht unter dem Thema Vergangenheit (Präteritum). Im Tschechischen gibt es nur *eine* Vergangenheitsstufe gegenüber drei Zeitstufen im Deutschen (Perfekt, Imperfekt und Plusquamperfekt). Eine große Erleichterung: Sie brauchen nur wenige neue Endungen zu lernen.

Die Vergangenheit ist im Tschechischen eine *zusammengesetzte* Form, ähnlich dem deutschen Perfekt. Sie besteht aus den Gegenwartsformen des Hilfsverbs **být** und den Vergangenheitsformen des entsprechenden Tätigkeitswortes (Verbs).

Zur Bildung der Vergangenheitsformen wird das **-t** der Grundform (Infinitiv) durch die Endungen **-l, -la, -lo** (EZ) und **-li, -ly, -la** (MZ) ersetzt und mit der Gegenwart von **být** verbunden: *byl jsi, měla jsem, šli jste.*

Einige Regeln, die Sie sich im Zusammenhang mit den Vergangenheitsformen merken sollten:

1. Bei der 3. Pers. EZ und MZ steht *kein* Hilfsverb:
   Kde **byl** Karel včera? Včera Jana pracovala. Otec a matka **byli** v kině.
2. Die Gegenwartsformen des Hilfsverbs **být** stehen im Satz immer an *zweiter* Stelle (**Achtung:** Bei Sätzen, die mit *Ano,* ... oder *Ne,* ... beginnen, gilt ano oder ne als selbständiger Satz!):
   Kde **jsi** byla včera večer? Měla **jsem** moc práce.
   Byli **jste** také ve Zlaté uličce? Ano, byli **jsme** tam.
3. Bei einer Verneinung verbindet sich die Vorsilbe **ne-** immer mit dem Tätigkeitswort (Verb) in der Vergangenheitsform, nie mit dem Hilfsverb:
   Neviděli **jsme** chrám svatého Víta.
4. Bei rückbezüglichen Tätigkeitswörtern steht das rückbezügliche Fürwort **se** oder **si** immer unmittelbar nach dem Hilfsverb:
   Narodila **jsem se** v Berlíně.
5. In der 2. Pers. EZ wird die Form **jsi** oft zu **-s** verkürzt und direkt an das vorangehende Fragewort angehängt:
   A kde **jsi** byla ty? = A kde**s** byla ty?
6. Bei rückbezüglichen Tätigkeitswörtern verbindet sich das verkürzte **-s** der 2. Pers. EZ immer mit dem rückbezüglichen Fürwort **se** oder **si**:
   Kde **jsi se** narodil? = Kde **ses** narodil?
7. Es gibt verschiedene Tätigkeitswörter (Verben), die unregelmäßige Vergangenheitsformen haben: **mít, jíst, jít** (siehe Seite 59).

Wenn Sie in späteren Texten auf Vergangenheitsformen stoßen, die Sie sich nicht sofort erklären können, schauen Sie in diesem Regelkatalog nach. Ansonsten werden Sie bald merken, daß sich die Vergangenheitsformen beim Sprechen schneller einprägen als Sie erwarten.

A

2. Fall (Genitiv)

Im Dialog des **A**-Teils begegnet Ihnen eine Zeitangabe im 2. Fall (Genitiv). Die Beugung der Zahlwörter haben Sie bislang noch nicht kennengelernt. Die Zeitangabe **od** (von) – **do** (bis) steht im Tschechischen mit dem 2. Fall (Genitiv).

1. Fall (Nominativ)	jed**na**	dv**ě**	tř**i**	čtyř**i**	pě**t** – dvace**t**
2. Fall (Genitiv)	jedn**é**	dv**ou**	tř**í**	čtyř	pět**i** – dvacet**i**

B

Neu in diesem Teil sind die Mehrzahlformen bei Eigenschaftswörtern (Adjektiven) und Hauptwörtern (Substantiven). Wir haben im **B**-Teil der 4. Lektion Übersichten mit den Endungen in der Einzahl geliefert. An dieser Stelle ergänzen wir die Übersichten für die Mehrzahl.

Sie brauchen die Endungen zum jetzigen Zeitpunkt nicht alle *aktiv* zu lernen. Wichtig ist, daß Sie sie in Texten erkennen und einordnen können. In dem Tagebuchauszug auf Seite 57 sind Beispiele für den 2. Fall (Genitiv) und den 7. Fall (Instrumental) Mehrzahl enthalten.

männlich	**hart**	**unbelebt**	**weich**	**belebt**
1. Fall (Nominativ)	německ**é**	deštník**y**	cizí	muž**i, -ové**
2. Fall (Genitiv)	německ**ých**	deštník**ů**	cizí**ch**	muž**ů**
3. Fall (Dativ)	německ**ým**	deštník**ům**	cizí**m**	muž**ům**
4. Fall (Akkusativ)	německ**é**	deštník**y**	cizí	muž**e**
5. Fall (Vokativ)	německ**é**	deštník**y**	cizí	muž**i, -ové**
6. Fall (Präpositiv)	německ**ých**	deštníc**ích**	cizí**ch**	muž**ích**
7. Fall (Instrumental)	německ**ými**	deštník**y**	cizí**mi**	muž**i**

Achtung: Im 6. Fall (Präpositiv) kommt es bei deštní**ky** durch die Endung **-ích** zu einem Mitlautwechsel (Konsonantenwechsel). Aus dem Mitlaut **-k** wird in unserem Beispiel **-c**.

weiblich	**hart**		**weich**	
1. Fall (Nominativ)	červen**é**	barv**y**	cizí	přítelkyn**ě**
2. Fall (Genitiv)	červen**ých**	barev	cizí**ch**	přítelky**ň**
3. Fall (Dativ)	červen**ým**	barv**ám**	cizí**m**	přítelkyn**ím**
4. Fall (Akkusativ)	červen**é**	barv**y**	cizí	přítelkyn**ě**
5. Fall (Vokativ)	červen**é**	barv**y**	cizí	přítelkyn**ě**
6. Fall (Präpositiv)	červen**ých**	barv**ách**	cizí**ch**	přítelkyn**ích**
7. Fall (Instrumental)	červen**ými**	barv**ami**	cizí**mi**	přítelkyn**ěmi**

Achtung: Im 2. Fall (Genitiv) steht *keine* Endung. Bedingt durch die zwei Mitlaute im Auslaut bei ba**rv**y erfolgt zur Erleichterung der Aussprache ein sogenannter **e**-Einschub.

sächlich	**hart**		**weich**	
1. Fall (Nominativ)	velk**á**	měst**a**	severní	moř**e**
2. Fall (Genitiv)	velk**ých**	měst	severní**ch**	moř**í**
3. Fall (Dativ)	velk**ým**	měst**ům**	severní**m**	moř**ím**
4. Fall (Akkusativ)	velk**á**	měst**a**	severní	moř**e**
5. Fall (Vokativ)	velk**á**	měst**a**	severní	moř**e**
6. Fall (Präpositiv)	velk**ých**	měst**ech**	severní**ch**	moř**ích**
7. Fall (Instrumental)	velk**ými**	měst**y**	severní**mi**	moř**i**

Auch hier gilt wieder: Nicht abschrecken lassen! Sie sollen die Endungen im Moment ja nicht alle *aktiv* lernen. Beschränken Sie sich auf die Beispiele im **B**-Teil und benutzen Sie die Übersichten ansonsten zum Nachschlagen.

Verkleinerungsformen (Diminutiva)

Im Tschechischen sind Verkleinerungsformen häufiger als im Deutschen. Sie sind in der Regel *emotional* gefärbt und werden vor allem im *familiären* Bereich verwendet. Anders als im Deutschen bleibt das Geschlecht bei den Verkleinerungsformen unverändert.

Es werden in der Regel an die jeweiligen Hauptwörter die Nachsilben **-ek/-ík/-eček/-íček** *(männlich)*, **-ka/-ečka/-ička** *(weiblich)* oder **-ko/-éčko/-íčko** *(sächlich)* angehängt. Die Bildung der Verkleinerungsformen brauchen Sie nur *passiv* zu beherrschen. Es genügt, wenn Sie die Formen in Texten erkennen und einordnen können.

	männlich	*weiblich*	*sächlich*
1. Fall (Nominativ)	líst**ek**	uli**čka**	měste**čko**

Ordnungszahlen (Ordinalzahlen)

Vollständig lernen Sie die Ordnungszahlen erst in Lektion 9 kennen, wenn es um das Datum geht. Die Zahlen **1.–5.** (první, druhý, třetí, čtvrtý, pátý) kennen Sie aber schon. Schauen Sie im Lehrbuch unten neben den Seitenzahlen nach. Karel IV. heißt: *Karel čtvrtý.*

Lekce 6

Die 6. Lektion ist eine reine Wiederholungslektion *(opakovací lekce)*. Sie enthält keine neuen grammatischen Erscheinungen. Genießen Sie sie.

Lekce 7

A

Hinweisende Fürwörter (Demonstrativpronomina)

Die einfachen Formen **ten, ta, to** der hinweisenden Fürwörter sind Ihnen schon begegnet. Neu ist die Verstärkung der Fürwörter durch die Partikel **-to**: **tento, tato, toto.** Die hinweisenden Fürwörter werden natürlich auch gebeugt, und zwar genauso wie die Adjektive.

Neu ist für Sie im **A**-Teil noch die Form **nejbližší.** Es handelt sich dabei um die 2. Steigerungsstufe. Die Ausgangsform ist das Eigenschaftswort (Adjektiv) **blízký.** Näheres zur Bildung der Steigerungsstufen später.

Zukunft (Futur)

In Übung 4 (Seite 72) finden Sie die Frage: *Kde dostanu známky?* Die Grundform lautet **dostat**. Es ist ein *vollendetes* Tätigkeitswort (Verb). Auf Seite 180 wurde bereits erwähnt, daß es im Tschechischen für die meisten Handlungen zwei verschiedene Tätigkeitswörter *(unvollendeten/ vollendeten Aspektpartner)* gibt. Hinweise zur Verwendung der einzelnen Aspektpartner erhalten Sie in Lektion 10.

Merken Sie sich aber schon jetzt: Die Gegenwartsformen der *vollendeten* Tätigkeitswörter (in der Vokabelliste steht, welche Wörter *vollendet* und welche *unvollendet* sind) weisen *immer* auf die Zukunft hin: **dostanu** – *ich werde erhalten.* Sie können keine Handlungen in der Gegenwart ausdrücken. Dazu brauchen Sie den *unvollendeten* Aspektpartner.

B

Befehlsform (Imperativ)

Bereits auf Seite 183 haben wir Sie auf eine Befehlsform aufmerksam gemacht. Sie wissen schon, daß die Befehlsform im Tschechischen in der 2. Pers. EZ (Verbklasse **I + II**: *keine* Endung; Verbklasse **III**: *keine* Endung oder **-i**; Verbklasse **IV**: **-i**) und in der 1. **(-me)** und 2. Pers. MZ **(-te)** stehen kann. Gebildet werden die Befehlsformen von der 3. Pers. MZ der Gegenwart (Präsens).

	Grundform	**3. Pers. MZ Gegenwart**	**2. Pers. EZ**	**1. Pers. MZ**	**2. Pers. MZ**
I. Verbklasse	**volat**	vol**ají**	vol**ej**!	volej**me**!	volej**te**!
II. Verbklasse	**kupovat**	kup**ují**	kupu**j**!	kupuj**me**!	kupuj**te**!
III. Verbklasse	**mluvit**	mluví	mluv!	mluv**me**!	mluv**te**!
IV. Verbklasse	**číst**	č**tou**	čt**i**!	čt**ěme**!	čt**ěte**!

Bei den Tätigkeitswörtern der **I.** Klasse (Grundform auf **-at**) verwandelt sich **-aj-** in der Befehlsform in **-ej-**. Wenn vor der Endung in der 3. Pers. MZ *zwei* oder *mehrere* Mitlaute (Konsonanten) stehen (Verbklasse **III**: **bydlí**, Verbklasse **IV**: **čtou**), lauten die Endungen in der Befehlsform **-i, -eme/-ěme, -ete/-ěte.**

Im **B**-Teil kommt die Befehlsform von plat**it** (**III.** Verbklasse) vor. Das **-t-** vor der Endung **-it** ist weich; durch das folgende **-i-** wird in der Grundform **-t-** statt **-ť-** geschrieben. Da in der Befehlsform *keine* Endung steht, muß der weiche Buchstabe **-ť** erscheinen.

Natürlich gibt es auch unregelmäßige Befehlsformen, z. B. zu den Tätigkeitswörtern (Verben) **být, mít, jíst.**

Grundform	**3. Pers. MZ Gegenwart**	**2. Pers. EZ**	**1. Pers. MZ**	**2. Pers. MZ**
být	bud**ou**	buď!	buď**me**!	buď**te**!
mít	m**ají**	měj!	měj**me**!	měj**te**!
jíst	jedí	jez!	jez**me**!	jez**te**!

Die unregelmäßigen Formen sind in der Vokabelliste angegeben.

Persönliche Fürwörter (Personalpronomina)

Jetzt ist es an der Zeit, die persönlichen Fürwörter der 1. und 2. Pers. EZ und MZ in einer Übersicht zusammenzustellen. Das Telefongespräch im **B**-Teil der 7. Lektion enthält viele Beispiele für die Verwendung der persönlichen Fürwörter. Neu sind die Formen des 7. Falls (Instrumentals).

	1. Pers. EZ	2. Pers. EZ	1. Pers. MZ	2. Pers. MZ
1. Fall (Nominativ)	já	ty	my	vy
2. Fall (Genitiv)	mne/mě	tebe/tě	nás	vás
3. Fall (Dativ)	mně/mi	tobě/ti	nám	vám
4. Fall (Akkusativ)	mne/mě	tebe/tě	nás	vás
5. Fall (Vokativ)	–	–	–	–
6. Fall (Präpositiv)	mně	tobě	nás	vás
7. Fall (Instrumental)	mnou	tebou	námi	vámi

Die Formen der 3. Pers. EZ und MZ lernen Sie später kennen. Erinnern Sie sich, daß die *Langformen* nur bei besonderer Hervorhebung oder nach Verhältniswörtern (Präpositionen) verwendet werden?

Unbestimmte Fürwörter (Indefinitpronomina)

Die unbestimmten Fürwörter setzen sich aus Fragewörtern und der Partikel **ně-** zusammen **(někdo, někdy, ...).** Sie werden regelmäßig gebeugt und stehen für die deutsche Bedeutung *irgend ...* **Achtung:** Die unbestimmten Fürwörter (Indefinitpronomina) nicht mit den Fürwörtern der Verneinung (Negativpronomina) verwechseln, die mit der Partikel **ni-** gebildet werden (siehe Seite 195).

Tätigkeitswörter der Art und Weise (Modalverben)

Sie kennen bereits **chtít** (wollen, mögen), **moci** (können, vermögen) und **musit** (müssen). Ihnen werden außerdem die beiden Tätigkeitswörter (Verben) **smět** (dürfen) und **umět** (können, wissen) häufig begegnen. Die Besonderheit dieser Tätigkeitswörter liegt darin, daß sie mit der Grundform (Infinitiv) anderer Tätigkeitswörter verbunden werden und dadurch sehr häufig vorkommen: *chci ukázat, můžeš jít, musí přinést, smíme parkovat, umíte číst.*

Das gilt übrigens auch für das Tätigkeitswort **mít** (haben). In der Verbindung mit der Grundform anderer Tätigkeitswörter (Verben) verändert **mít** seine ursprüngliche Bedeutung: máš číst – *du sollst lesen.* **Merke: mít** + Grundform (Infinitiv) = *sollen.*

Wiederholen Sie die Beugung (Konjugation) der Modalverben. Sie sollten die Formen gut beherrschen. **Achtung:** Einige der Tätigkeitswörter sind *unregelmäßig.*

chtít	**moci**	**musit**	**smět**	**umět**
chc**i**	moh**u**/můž**u**	mus**ím**	sm**ím**	um**ím**
chc**eš**	můž**eš**	mus**íš**	sm**íš**	um**íš**
chc**e**	můž**e**	mus**í**	sm**í**	um**í**
chc**eme**	můž**eme**	mus**íme**	sm**íme**	um**íme**
chc**ete**	můž**ete**	mus**íte**	sm**íte**	um**íte**
cht**ějí**	moh**ou**/můž**ou**	mus**í**	sm**ějí**	um**ějí**

Die Formen **můžu/můžou** werden alternativ zu **mohu/mohou** in der Umgangssprache verwendet. Sie sind in den letzten Jahren immer häufiger zu hören.

2. Fall (Genitiv)

Achten Sie darauf, daß die Zahlen nach den Verhältniswörtern **od – do** immer im 2. Fall (Genitiv) stehen müssen. Sie haben die Endungen für den 2. Fall bereits im Teil **A** der Lektion 5 (siehe Seite 190/191) kennengelernt. Erinnern Sie sich?

Grundzahlwörter (Numeralia)

Noch eine Anmerkung zu den Zahlen: Im Dialog auf Seite 74 gibt die Bankangestellte Ute die gewechselten Kronen und sagt: *Tady je 1750 korun.* Hier steht – anders als im Deutschen – die 3. Pers. EZ des Hilfsverbs **být.** Merken Sie sich: Nach **1** und ab **5** steht **je** (3. Pers. EZ), nach **2, 3, 4** steht **jsou** (3. Pers. MZ).

Lekce 8

A

Umstandswörter (Adverbien)

Die Umstandswörter werden von Eigenschaftswörtern (Adjektiven) gebildet. Die Endung **-ý** in der männlichen Form wird durch **-ě** oder **-e** (špatn**ý** – špatn**ě**, vesel**ý** – vesel**e**) ersetzt.

Bei räumlichen Eigenschaftswörtern erhalten die Umstandswörter die Endung **-o** (dalek**ý** – dalek**o**, blízk**ý** – blízk**o**).

Bei Eigenschaftswörtern (Adjektiven) auf **-ký,** **-ský** und **-zký** steht anstelle des **-ý** einfach nur **-y** (německ**ý** – německ**y**, česk**ý** – česk**y**).

Generell ist die Endung bei Umstandswörtern (Adverbien) immer *kurz.*

Fürwörter der Verneinung (Negativpronomina)

Die Fürwörter der Verneinung werden durch Vorschalten der Partikel **ni-** gebildet (**nikdo**/keiner, **nikdy**/nie,...). Bei der Verneinung durch ein Fürwort mit **ni-** muß das Tätigkeitswort (Verb) immer zusätzlich durch die Vorsilbe **ne-** verneint werden: *Nikoho zde neznám.* **Achtung:** Das Negativpronomen **ni + co** (nichts) wurde im Sprachgebrauch zu **nic** verkürzt!

Hauptwörter (Substantive)

Achtung: Die Hauptwörter (Substantive) **vrchní** und – im **B**-Teil – **vepřová** werden gebeugt wie Eigenschaftswörter (Adjektive)!

B

Unregelmäßige Tätigkeitswörter (Verben)

Beachten Sie auf Seite 80 die unregelmäßigen Formen – in Gegenwart und Vergangenheit – des Tätigkeitswortes **jíst**. Wie bei den anderen unregelmäßigen Tätigkeitswörtern, die Sie bislang kennengelernt haben **(být, mít, chtít)**, empfiehlt es sich, die Formen einfach auswendig zu lernen.

Wiederholungszahlwörter

Die Wiederholungszahlwörter antworten auf die Frage **kolikrát?** – *wievielmal?* und werden aus den Grundzahlwörtern und der Nachsilbe **-krát**(-mal) gebildet: *jedenkrát/jednou, dvakrát, třikrát,*... Die Form **jednou** wird häufiger verwendet als **jedenkrát.** Ansonsten gibt es keine Ausnahmen.

Durch Anhängen von **-krát** können Sie übrigens auch *malnehmen* (multiplizieren): *čtyřikrát pět je dvacet.*

Beachten Sie auch die Maßeinheit für Getränke, die Sie aus dem Deutschen nicht kennen: *dva* ***krát*** *dvě* ***deci*** *bílého vína.* **Deci** zieht immer den 2. Fall (Genitiv) nach sich.

C

2. Fall (Genitiv)

Das gilt nicht nur für Maßeinheiten, sondern allgemein für Mengenangaben (siehe Kochrezept, Seite 84). Die Hauptwörter (Substantive) stehen nach Mengenangaben *immer* im 2. Fall (Genitiv).

Lekce 9

A

Besitzanzeigende Fürwörter (Possessivpronomina)

Sie haben bereits in Lektion 1 die besitzanzeigenden Fürwörter der 1. und 2. Pers. EZ und MZ in den drei Geschlechtern kennengelernt. Diese Fürwörter werden natürlich auch gebeugt (dekliniert). Sie müssen aber nur wenige neue Endungen lernen, da die Beugung (Deklination) der besitzanzeigenden Fürwörter mit der Beugung der Eigenschaftswörter (Adjektive) weitgehend übereinstimmt.

	männlich	*weiblich*	*sächlich*
1. Fall (Nominativ)	můj	moje/má	moje/mé
2. Fall (Genitiv)	mého	mojí/mé	mého
3. Fall (Dativ)	mému	mojí/mé	mému
4. Fall (Akkusativ)	můj/mého	moji/mou	moje/mé
5. Fall (Vokativ)	můj	moje/má	moje/mé
6. Fall (Präpositiv)	mém	mojí/mé	mém
7. Fall (Instrumental)	mým	mojí/mou	mým

Das besitzanzeigende Fürwort **tvůj, tvoje, tvoje** und das rückbezügliche Fürwort (Reflexivpronomen) **svůj, svoje, svoje** – das Ihnen in Lektion 9 zum ersten Mal begegnet, und das Sie aus dem Deutschen nicht kennen – werden genauso gebeugt. Auf die Besonderheiten des rückbezüglichen Fürwortes kommen wir gleich nach der nächsten Tabelle zu sprechen. Zunächst aber die Beugung (Deklination) des besitzanzeigenden Fürwortes der 1. Pers. MZ.

	männlich	*weiblich*	*sächlich*
1. Fall (Nominativ)	náš	naše	naše
2. Fall (Genitiv)	našeho	naší	našeho
3. Fall (Dativ)	našemu	naší	našemu
4. Fall (Akkusativ)	náš/našeho	naši	naše
5. Fall (Vokativ)	náš	naše	naše
6. Fall (Präpositiv)	našem	naší	našem
7. Fall (Instrumental)	naším	naší	naším

Das besitzanzeigende Fürwort der 2. Pers. MZ **váš, vaše, vaše** wird ebenso gebeugt.

Jetzt fehlen Ihnen nur noch die besitzanzeigenden Fürwörter der 3. Pers. EZ und MZ. Sie sind für alle drei Geschlechter gleich. Und noch eine angenehme Nachricht: **jeho** (sein) und **jejich** (ihr/MZ) werden nicht gebeugt! Das Fürwort **její** (ihr/EZ) wird genauso gebeugt wie die weichen Eigenschaftswörter (siehe Seite 188/189).

Rückbezügliches besitzanzeigendes Fürwort (reflexives Possessivpronomen)

Zurück zu dem bereits erwähnten Fürwort **svůj**. Es wird für alle Personen (*grammatisch:* Handlungsträger) immer dann verwendet, wenn man *mein(e), dein(e), sein(e)/ihr(e), unser(e), euer(e), ihr(e)* durch **eigen** ergänzen kann. Grammatisch ausgedrückt: wenn sich das Fürwort auf den Satzgegenstand (Subjekt) *desselben* Satzes zurückbezieht (= rückbezüglich), d. h. Subjekt und von der Handlung betroffenes Objekt identisch sind:

Petr koupil **své** ženě květiny. – Peter kaufte *seiner (eigenen)* Frau Blumen.

Petr pojede ke **svému** příteli Karlu a koupí **jeho** ženě po cestě květiny. – Peter fährt zu *seinem (eigenen)* Freund Karel und kauft *dessen* Frau unterwegs Blumen.

Heißt dagegen *mein(e), dein(e), sein(e)/ihr(e), ...* soviel wie **dessen/deren**, dann müssen die Fürwörter **jeho, její, jejich** stehen. Da diese grammatische Erscheinung für deutsche Muttersprachler erfahrungsgemäß einige Schwierigkeiten bereitet, sollten Sie die Anwendung des rückbezüglichen Fürwortes unbedingt üben (Arbeitsbuch!).

Zukunft (Futur)

Die Verwendung der Zukunft – wie auch die der Vergangenheit – steht in engem Zusammenhang mit den bereits erwähnten Aspektpaaren. Bereits in Lektion 7 (Seite 192/193) haben wir darauf hingewiesen, daß die Gegenwartsformen *vollendeter* Tätigkeitswörter auf eine zukünftige Handlung hinweisen, d. h. sie haben *immer* futurische Bedeutung. Dies ist eine der Möglichkeiten zum Ausdruck zukünftiger Handlungen. Was Sie dabei noch berücksichtigen müssen, erfahren Sie in Lektion 10, wenn es um die Aspekte geht.

Die zweite Möglichkeit zum Ausdruck zukünftiger Handlungen bietet die sogenannte *unvollendete* Zukunft, eine zusammengesetzte Form. Sie wird mit den Zukunftsformen des Hilfsverbs **být (budu, budeš, ...)** und der Grundform *unvollendeter* Tätigkeitswörter gebildet: *budu pracovat, budeš dělat.* Achtung: Dies gilt wirklich nur für *unvollendete* Tätigkeitswörter!

Bei Verneinung verbindet sich die Partikel **ne-** immer mit dem Hilfsverb: *nebudu psát.* Bei rückbezüglichen Tätigkeitswörtern steht das Fürwort **se** oder **si** immer an zweiter Stelle im Satz: *budu se ženit.*

3. Fall (Dativ)

Bei Altersangaben steht die Person, über die gesprochen wird, immer im 3. Fall (Dativ): *Mé sestře jsou 2 roky. Pavlovi je 16 let. Je mi 31 let. Je mu 23 let.* Denken Sie daran, daß die Zahlen unterschiedliche Fälle (Kasus) des Wortes **rok** (Jahr) nach sich ziehen.

Das Hauptwort (Substantiv) **rok** hat übrigens zwei verschiedene Formen in der MZ: **roky** (*regelmäßig* – nach 2, 3, 4 verwendet) und **léta** (*unregelmäßig* – nach 5, ..., 0 im 2. Fall (Genitiv) MZ **(let)** verwendet). Beachten Sie bitte, daß auch bei der Altersangabe das Hilfsverb **být** bei 2, 3, 4 in der 3. Pers. MZ **(jsou)**, ansonsten in der 3. Pers. EZ **(je)** steht (siehe Seite 195).

Die Endungen der Hauptwörter (Substantive) im 3. Fall (Dativ) kennen Sie bereits. Sie sind in den Übersichten auf Seite 188/189 berücksichtigt worden. Jetzt gilt es, die Anwendung des 3. Falls zu üben. **Achtung:** Die Endung **-ovi** wird nur bei *belebten* männlichen Hauptwörtern (vor allem bei Vor- u. Familiennamen) benutzt! Seite 195).

Persönliche Fürwörter (Personalpronomina)

Im Zusammenhang mit der Altersangabe brauchen Sie natürlich auch den 3. Fall (Dativ) der persönlichen Fürwörter. Die Formen der 1. und 2. Pers. EZ und MZ kennen Sie bereits (siehe Seite 194). Neu sind für Sie die persönlichen Fürwörter der 3. Pers. EZ und MZ.

Für die verschiedenen Fürwörter der 3. Pers. MZ **(oni, ony, ona)** gibt es nur ein Beugungsmuster. Zur Erinnerung: Das Fürwort **oni** wird in den überwiegenden Fällen verwendet, da es bei gemischten Gruppen steht, wenn mindestens eine männliche Person dabei ist.

	3. Pers. EZ			**3. Pers. MZ**
1. Fall (Nominativ)	on	ona	ono	oni
2. Fall (Genitiv)	jeho/ho/jej	jí	jeho/ho	jich
3. Fall (Dativ)	jemu/mu	jí	jemu/mu	jim
4. Fall (Akkusativ)	jeho/ho/jej	ji	je/ho/jej	je
5. Fall (Vokativ)	–	–	–	–
6. Fall (Präpositiv)	(o) něm	(o) ní	(o) něm	(o) nich
7. Fall (Instrumental)	jím	jí	jím	jimi

Die Form **jej** im 2. und 4. Fall ist nur noch wenig gebräuchlich. Man findet sie vor allem noch in der Literatur.

Sie erinnern sich, daß die Langformen **(jeho, jemu)** nur bei besonderer Betonung des betreffenden Fürworts (Pronomens) verwendet werden und natürlich in Verbindung mit Verhältniswörtern (Präpositionen): **k němu, bez něho, o něm.** Dabei – siehe auch den 6. Fall (Präpositiv), der *immer* mit einem Verhältniswort steht – erhalten die persönlichen Fürwörter einen sogenannten **n**-Vorschlag. Aus **j-** im Anlaut wird in diesem Fall **n-.** Das gilt für alle Fälle (Kasus).

Merken Sie sich also: Nach einem Verhältniswort (Präposition) erhalten die persönlichen Fürwörter (Personalpronomina) der 3. Pers. EZ und MZ immer einen **n**-Vorschlag zur leichteren Aussprache.

B

Ordnungszahlen (Ordinalzahlen)

Die Ordnungszahlen werden gebeugt (dekliniert) wie *hart* auslautende Eigenschaftswörter. **Ausnahme:** Die Zahlen **první, třetí** und **tisící** (der tausendste). Die Endung **-í** weist auf eine *weiche* Beugung hin (siehe Seite 188/189).

Im Teil **B** geht es im Zusammenhang mit den Ordnungszahlen um die Angabe des Datums. Beachten Sie, daß sowohl Ordnungszahl als auch Monatsname immer im 2. Fall (Genitiv) stehen: *Dnes je třináctého března.*

Achtung – ein wichtiger Unterschied zum Deutschen: Auf die Frage **kdy? –** *wann?* antworten Sie im Deutschen *am fünften März,* also mit dem 3. Fall (Dativ). Im Tschechischen steht die Zeitangabe dagegen immer im 2. Fall (Genitiv) ohne Verhältniswort (Präposition): *On se narodil 5. 10. 1936 (pát**ého** říjn**a** tisíc devět set třicet šest).*

C

Etwas Erholung ist angesagt. Im **C**-Teil gibt es kaum neue grammatische Erscheinungen. Interessant sind aber einige Wendungen:

1. Co je nov**ého**? – Was gibt es Neues?

   Beachten Sie den 2. Fall (Genitiv) in der Bedeutung *ein Teil von einem Ganzen* (partitiver Genitiv).

2. V kolik hodin **máme** přijít? – Um wieviel Uhr *sollen* wir kommen?

   Erinnern Sie sich an das Kapitel Tätigkeitswörter der Art und Weise (Modalverben)? Dort wurde die besondere Bedeutung von **mít** (**mít** + Grundform eines Tätigkeitswortes = *sollen*) bereits erwähnt (siehe Seite 194).

3. **Mezi** osmou a devátou. – *Zwischen* acht und neun (Uhr).

Das Verhältniswort **mezi** erfordert den 7. Fall (Instrumental). Die Zählwörter werden in der weiblichen Form verwendet: *osmá – osmou (hodinou).*

4. Já **sama** nevím, ... – Ich weiß es *selbst* nicht, ...

Das hinweisende Fürwort **sám, sama, samo, sami** *(selbst, allein)* wird – außer im 4. Fall (Akkusativ) – gebeugt wie die Eigenschaftswörter (Adjektive).

5. Koupím dva lístky a **půjdu** s ním na kopanou. – Ich *werde* zwei Karten kaufen und mit ihm zum Fußball *gehen.*

Die Form **půjdu** ist die Zukunftsform zu **jít** (gehen). Das besondere an **půjdu** ist, daß es keine entsprechende Grundform (Infinitiv) gibt. Das gleiche gilt für die Form **pojedu** (ich werden fahren), die Zukunftsform des Tätigkeitswortes **jet.**

6. Všechno **nejlepší k** ... – Alles Gute (*wörtlich:* Beste) zum ...

Das Verhältniswort **k** erfordert den 3. Fall (Dativ). Bei **nejlepší** handelt es sich um die 2. Steigerungsstufe (Superlativ) des Eigenschaftswortes (Adjektivs) **dobrý.** Die Steigerung ist unregelmäßig: *dobrý – lepší – nejlepší.* Näheres dazu später.

Lekce 10

A

Unpersönliche Sätze („man")

Das deutsche „man" wird im Tschechischen entweder durch die 3. Pers. MZ *(Dnes hrají dobrý film.)* oder durch die 3. Pers. EZ/MZ mit dem rückbezüglichen Fürwort (Reflexivpronomen) **se** ausgedrückt: *Dnes se hraje dobrý film. Dnes se hrají dobré filmy.*

Unpersönliche Sätze, d. h. Sätze ohne Satzgegenstand (Subjekt), in rückbezüglicher Form können im Deutschen auch als Passivsätze wiedergegeben werden.

Persönliche Fürwörter (Personalpronomina)

Im **A**- und **C**-Teil dieser Lektion wird der 4. Fall (Akkusativ) der persönlichen Fürwörter besonders geübt. Sie kennen die Formen bereits alle (siehe Übersichten Seite 194 und 198). Betrachten Sie es als Wiederholungs- und Entspannungsphase.

Wiederholt werden auch der 2. und der 4. Fall der Hauptwörter (Substantive). Erinnern Sie sich daran, daß im Tschechischen auf die Frage **kam?** – *wohin?* entweder das Verhältniswort (Präposition) **na** + 4. Fall (Akkusativ) oder **do** + 2. Fall (Genitiv) steht? Wann welches Verhältniswort verwendet wird, steht auf Seite 189.

Möglichkeitsform (Konjunktiv)

Es gibt im Tschechischen die Möglichkeitsform der Gegenwart und der Vergangenheit, wobei letztere in der Umgangssprache fast nicht mehr vorkommt. Wir beschränken uns deshalb auf die Möglichkeitsform der Gegenwart. Im Dialog des **A**-Teils begegnet Ihnen die Wendung: *To by bylo výborné.* Die Möglichkeitsform steht bei Handlungen, die in der Gegenwart oder Zukunft realisiert werden können.

Die Möglichkeitsform ist eine *zusammengesetzte* Form. Sie wird mit den Vergangenheitsformen der Tätigkeitswörter (Verben) und den Konjunktivformen des Hilfsverbs **být** gebildet.

	EZ	MZ
1. Pers.	pracoval(-a) bych	pracovali (-y, -a) bychom
2. Pers.	pracoval(-a) bys	pracovali (-y, -a) byste
3. Pers.	pracoval(-a) by	pracovali (-y, -a) by

Bereits in Lektion 4 haben Sie eine Möglichkeitsform kennengelernt. Erinnern Sie sich? Sie lautete **chtěl/chtěla bych** – *ich möchte/hätte gerne.* Jetzt können Sie diese Formen selbst bilden.

C

Unvollendete/vollendete Tätigkeitswörter (Aspektpaare)

Jetzt ist es an der Zeit, näher auf die schon mehrfach erwähnten *unvollendeten* und *vollendeten* Tätigkeitswörter (Aspektpaare) einzugehen. Die Aspekte sind typisch für die slawischen Sprachen. Aus dem Deutschen kennen Sie diese grammatische Kategorie nicht.

Vereinfacht kann man sagen: Fast allen deutschen Tätigkeitswörtern entspricht im Tschechischen ein Paar. Das eine Wort *(unvollendeter Aspekt)* nennt eine entweder (noch) andauernde oder eine immer wiederkehrende Tätigkeit (z. B. **psát**), das andere Wort *(vollendeter Aspekt)* gibt die einmalige, schon vollzogene Tätigkeit an (z. B. **napsat**).

Unvollendete Tätigkeitswörter (imperfektiver Aspekt)

Sie brauchen die *unvollendeten* Tätigkeitswörter, wenn Sie sagen wollen,

1. was Sie gerade machen:

   Nemám teď čas, protože právě **píšu** dopis. – Ich habe jetzt keine Zeit, weil ich *gerade* einen Brief *schreibe.*

2. was Sie oft, mehr oder weniger regelmäßig, tun:

   V poslední době **píšu** zřídka, protože mám málo času. – In der letzten Zeit *schreibe* ich *selten*, weil ich wenig Zeit habe.

Mit *unvollendeten* Tätigkeitswörtern können Sie auch über vergangene und zukünftige Handlungen sprechen. Die Formen für die jeweiligen Zeiten kennen Sie bereits: *psala jsem, píšu, budu psát.*

Vollendete Tätigkeitswörter (perfektiver Aspekt)

Mit den *vollendeten* Tätigkeitswörtern berichten Sie, was Sie getan haben oder was Sie tun werden / müssen / sollen / können / dürfen. Gemeint ist dabei immer eine einmalige, abgeschlossene Handlung.

Achtung: Mit *vollendeten* Tätigkeitswörtern kann nicht von der Gegenwart gesprochen werden. Die Gegenwartsformen *vollendeter* Tätigkeitswörter haben *immer* Zukunftsbedeutung, d. h. der *vollendete* Aspekt bezieht sich immer auf die Ergebnisse von vergangenen oder zukünftigen Handlungen.

Napíšu ten dopis zítra, protože dnes nemám čas. – Ich *werde* den Brief *morgen schreiben*, weil ich heute keine Zeit habe.

Musím ten dopis ještě dnes **napsat**. – Ich muß den Brief *heute* noch *schreiben.*

Merke: Von *vollendeten* Tätigkeitswörtern kann *keine* zusammengesetzte Zukunftsform mit Hilfe des Hilfsverbs **být** (**budu, budeš**, ...) gebildet werden.

	unvollendeter Aspekt	**vollendeter Aspekt**
Grundform	psát	napsat
Gegenwart	píšu	–
Zukunft	budu psát	napíšu
Vergangenheit	psal(-a) jsem	napsal(-a) jsem

Woran erkennen Sie nun, ob ein Tätigkeitswort *unvollendet* oder *vollendet* ist? Schauen Sie dazu die Liste auf Seite 107 an. Einige Hinweise, die Ihnen ein paar Anhaltspunkte geben:

1. Bei Wortpaaren wie **psát/napsat, dělat/udělat, pít/vypít,...** bezeichnet das Tätigkeitswort mit der Vorsilbe (Präfix) die *vollendete* Tätigkeit.
2. Bei Aspektpaaren wie **dát/dávat, vypsat/vypisovat, ...** sind die Tätigkeitswörter mit der eingefügten Silbe (Infix) *unvollendet.* Außerdem sind Tätigkeitswörter auf **-ovat (kupovat, jmenovat se, ...)** immer *unvollendet.*
3. Es gibt sogenannte Signalwörter, die immer einen *unvollendeten* Aspekt nach sich ziehen: **zase** (wieder), **často** (oft), **pravidelně** (regelmäßig), **stále** (immer).
4. Demgegenüber weisen Wörter wie: **náhle** (plötzlich), **potom** (anschließend) immer auf einen *vollendeten* Aspekt hin.
5. Wörter wie **být, mít, moci, smět, vidět,...** geben von Natur aus einen andauernden Zustand wieder. Sie haben deshalb keinen Partner und sind immer *unvollendet.*

Wenn Sie unsicher sind, um welchen Aspektpartner es sich handelt, schauen Sie einfach in der Vokabelliste nach. Bei einzeln angeführten Tätigkeitswörtern ist der Aspekt angegeben. Bei Aspektpaaren steht immer zuerst der *unvollendete* Aspektpartner.

Jetzt müssen Sie nur noch möglichst jede Gelegenheit nutzen, um Tschechisch zu sprechen. Sie werden sehen, daß selbst schwierige grammatische Erscheinungen, wie die Aspekte, sich durch häufige Sprachanwendung automatisieren. Nur Mut!

Tätigkeitswörter der Fortbewegung (Bewegungsverben)

Eng mit den Aspekten hängt eine weitere Besonderheit des tschechischen Verbsystem zusammen: die Tätigkeitswörter der Fortbewegung. Sie kennen bereits **jít/chodit** und **jet/jezdit.** In Lektion 14 kommt noch **letět/létat** (fliegen) dazu.

Es gibt noch weitere Bewegungsverben: **běžet/běhat** (laufen), **nést/nosit** (tragen) u. a. Bei den Bewegungsverben unterscheidet man zwischen der *bestimmten* (determinierten) und der *unbestimmten* (indeterminierten) Bewegung.

1. Das *bestimmte* Tätigkeitswort steht für eine Bewegung in einer bestimmten linearen Richtung oder für eine einmalige Bewegung.

   Věra **jde** do školy. – Vera *geht* in die Schule (*ist auf dem Weg* in die Schule).

2. Das *unbestimmte* Tätigkeitswort verwendet man für eine Bewegung ohne Zielangabe, eine Hin- und Rückbewegung oder eine gewohnheitsmäßige Bewegung.

   Věra už **chodí** do školy. – Vera *geht schon* in die Schule (*besucht schon* die Schule, ist Schülerin).

Achtung: Nicht mit der Kategorie *unvollendet/vollendet* verwechseln! Beide Partner der Bewegungsverben sind *unvollendet*! Erst das Ergänzen von Vorsilben macht aus Bewegungsverben Aspektpaare: **jít/chodit** = *unvoll.*; **vyjít** = *voll.*/**vycházet** = *unvoll.*, wobei sich – das ist unbedingt zu beachten – die Bedeutung durch die Vorsilbe verändert.

Merke: Das *bestimmte* Tätigkeitswort wird durch die Vorsilbe zum *vollendeten*, das *unbestimmte* Tätigkeitswort zum *unvollendeten* Aspekt. Näheres zu den Bewegungsverben mit Vorsilben in Lektion 13.

Lekce 11

A

Beachten Sie die „zusammengesetzten“ Himmelsrichtungen: **jih-o-západ, sever-o-východ.** Die Bildung dieser Wörter erfolgt mit Hilfe des Bindesvokals **-o-**. Als weiteres Beispiel dieser Art kennen Sie bereits: **čern-o-bílý.** Die Endung **-ý** des ersten Eigenschaftswortes geht verloren.

6. Fall (Präpositiv)

Der Text des **A**-Teils bietet Ihnen die Möglichkeit, den 6. Fall (Präpositiv) zu wiederholen. Erinnern Sie sich? Sie haben die Endungen bereits in der 1. Lektion kennengelernt. Neu sind nur einige Verhältniswörter (Präpositionen), die den 6. Fall nach sich ziehen.

Merke: Der 6. Fall (Präpositiv) steht immer mit einem Verhältniswort und antwortet auf die Fragen **kde?** – *wo?*/**o čem?** – *worüber?* Auf die Frage **kam?** – *wohin?* folgt – abhängig von dem Verhältniswort (Präposition) – entweder der 2. Fall (**do** + Genitiv) oder der 4. Fall (**na** + Akkusativ).

B

Steigerung (Komparation) der Eigenschaftswörter (Adjektive)

Es gibt im Tschechischen – wie auch im Deutschen – zwei Steigerungsstufen bei Eigenschaftswörtern (Adjektiven). **Merke:** Die Eigenschaftswörter der 1. und 2. Steigerungsstufe sind *immer* weich.

1. Steigerungsstufe (Komparativ)

Die Steigerung wird in der Regel durch Anhängen der Endungen – **ejší/-ější** oder **-ší/-í** an den Stamm der Eigenschaftswörter (Adjektive) gebildet.

Einige – häufig verwendete – Eigenschaftswörter haben *unregelmäßige* Steigerungsformen: **dobrý – lepší, zlý – horší** usw. Die wichtigsten Beispiele finden Sie auf Seite 117.

2. Steigerungsstufe (Superlativ)

Die 2. Steigerungsstufe wird mit der Vorsilbe **nej-** und dem Eigenschaftswort in der 1. Steigerungsstufe gebildet: **starý – starší – nejstarší, dobrý – lepší – nejlepší.** Dies gilt auch für die *unregelmäßig* gebildeten 1. Steigerungsstufen.

Steigerung (Komparation) der Umstandswörter (Adverbien)

Neben den Eigenschaftswörtern können im Tschechischen auch Umstandswörter gesteigert werden. Die 1. Steigerung erfolgt durch Anhängen der Endungen **-eji/-ěji.** Die 2. Steigerung wird – wie bei den Eigenschaftswörtern – mit der Vorsilbe **nej-** und der gesteigerten Form gebildet: **pomalu – pomaleji – nejpomaleji, často – častěji – nejčastěji**.

Ebenso wie bei den Eigenschaftswörtern gibt es bei den Umstandswörtern *unregelmäßige* Steigerungsformen, z. B.:

dlouho	déle	**nej**déle	brzy	dříve	**nej**dříve
zle	hůře	**nej**hůře	málo	méně	**nej**méně
dobře	lépe	**nej**lépe	mnoho	více	**nej**více

C

Der **C**-Teil enthält keine neue Grammatik. Nutzen Sie die Gelegenheit und wiederholen Sie die Befehlsformen (Imperative), die in den beiden Dialogen verstärkt vorkommen (siehe Seite 193).

Lekce 12

A

Mittelwort des Passivs (Partizip Passiv)

Bei der Lektüre von Zeitungstexten begegnen Ihnen häufig Passivpartizipien. Da sie in der gesprochenen Sprache nur selten verwendet werden, genügt es, wenn Sie die Formen erkennen und einordnen können.

Das Mittelwort des Passivs (Partizip Passiv) wird von der Grundform (Infinitiv) der Tätigkeitswörter mit Hilfe der Nachsilben (Suffixe) **-en** oder **-t** gebildet. Es besitzt dieselben Endungen wie die Vergangenheitsformen.

Bei Tätigkeitswörtern, deren Stamm auf einen Mitlaut (Konsonant) endet, werden die Mitlaute vor der Endung **-en** erweicht: prosit – prošen, tisknout – tištěn. Die Formen auf **-t** kommen besonders häufig bei Tätigkeitswörtern mit der eingeschobenen Silbe **-nu-** vor, z. B. zapome**nu**t, promi**nu**t.

	EZ		**MZ**	
männlich	vykrad**en**	vypi**t**	vykrad**eni**/**-eny**	vypi**ty**/**-ti**
weiblich	vykrad**ena**	vypi**ta**	vykrad**eny**	vypi**ty**
sächlich	vykrad**eno**	vypi**to**	vykrad**ena**	vypi**ta**

Merke: Das Partizip Passiv stimmt in Geschlecht und Zahl *immer* mit dem Satzgegenstand (Subjekt) überein: *Kongres byl zahájen. Park bude upraven. Auto bylo vykradeno a zavazadla ukradena.*

Vergleichen Sie mit dem letzten Beispiel den Satz: *Vykradli auto a ukradli zavazadla.* Es handelt sich um die aktive unpersönliche Variante des vorangegangenen Beispielsatzes.

Fragefürwörter (Interrogativpronomina)

Die Fragefürwörter **kdo?** und **co?** kamen in früheren Lektionen bereits in verschiedenen Fällen (Kasus) vor. Im **A**-Teil der Lektion 12 finden Sie die Frage **o čem?** – *worüber?* Hier die vollständige Übersicht über die Beugung (Deklination):

1. Fall (Nominativ)	kdo?	co?
2. Fall (Genitiv)	koho?	čeho?
3. Fall (Dativ)	komu?	čemu?
4. Fall (Akkusativ)	koho?	co?
5. Fall (Vokativ)	–	–
6. Fall (Präpositiv)	o kom?	o čem?
7. Fall (Instrumental)	kým?	čím?

C

Zweizahl (Dual)

Im Tschechischen gibt es neben den üblichen Mehrzahlformen noch die sogenannte Zweizahl (Dual). Sie wird für paarweise vorkommende Körperteile **(ruka, noha, ucho, oko,...)** und für die Beugung der Wörter **dva** und **oba** (beide) verwendet.

Die Beugung (Deklination) weicht im 2., 6. und 7. Fall von der MZ-Beugung ab: **ruce** (1. Fall MZ), **rukou, rukach, rukama; uši** (1. Fall MZ), **uši, uších, ušima.** Die vollständige Zweizahlbeugung (Dualdeklination) finden Sie in der Grammatikübersicht (siehe Seite 208).

Achtung: Bei übertragener Bedeutung (noha – *Tischbein*, ucho/ucha – *Henkel/Griff*, oko/oka – *Fettauge/Laufmasche*) wird in der MZ die regelmäßige Beugung (also kein Dual!) verwendet.

Lekce 13

A

Tätigkeitswörter der Fortbewegung (Bewegungsverben)

Bereits in Lektion 10 (siehe Seite 201) haben wir angesprochen, daß aus den beiden *unvollendeten* Bewegungsverben **jet/jezdit** durch Vorsilben Aspektpaare werden. Beachten Sie, daß diese Vorsilben die Bedeutung des Tätigkeitswortes (Verbs) verändern, z. B.: **v**jíždět/**v**jet – *hinein*fahren, **vy**jíždět/**vy**jet – *heraus*fahren.

Achtung: Das *bestimmte* Tätigkeitswort **(jet)** wird durch die Vorsilbe immer zum *vollendeten* Aspekt, das *unbestimmte* Tätigkeitswort **(jezdit)** zum *unvollendeten* Aspekt.

B

Unbestimmte Zahlwörter

Unbestimmte Zahlwörter wie **mnoho, málo, dost, kolik** usw. erfordern immer den 2. Fall MZ des folgenden Hauptwortes (Substantivs). Wiederholen Sie die Endungen anhand der Übersichten auf Seite 191.

Achtung: Die unbestimmten Zahlwörter **málo, méně, dost, hodně** und **více** werden nicht gebeugt. Die Wörter **mnoho, (ně)kolik** und **tolik** erhalten im 2., 3., 6. und 7. Fall die Endung **-a.**

Besitzanzeigende Eigenschaftswörter (Possessivadjektive)

Sie kennen besitzanzeigende Eigenschaftswörter bereits aus früheren Lektionen: *Karl**ův** most, Karl**ovy** Vary.* Im **B**-Teil der 13. Lektion finden Sie weitere Beispiele: *Beethoven**ova** „Devátá“, Smetan**ova** síň.*

Besitzanzeigende Eigenschaftswörter werden verwendet, wenn Personen etwas Konkretes oder Abstraktes zugeordnet wird. Die Endungen sind bei *männlichen* oder *weiblichen* Personen verschieden.

Männliche Hauptwörter	**EZ**	**MZ**
männlich	Karl**ův**	Karl**ovi/-ovy**
weiblich	Karl**ova**	Karl**ovy**
sächlich	Karl**ovo**	Karl**ova**

Weibliche Hauptwörter	**EZ**	**MZ**
männlich	Vlast**in**	Vlast**ini/-iny**
weiblich	Vlast**ina**	Vlast**iny**
sächlich	Vlast**ino**	Vlast**ina**

Achtung: Das **-i-** der Endungen bei weiblichen Hauptwörtern bewirkt eine Erweichung des letzten Mitlauts (Konsonanten): Ol**g**a – Ol**ž**in, Vě**r**a – Vě**ř**in, mat**k**a – mat**č**in. Beachten Sie den dabei auftretenden Mitlautwechsel (Konsonantenwechsel): g → ž, r → ř, k → č.

Merke: Das besitzanzeigende Eigenschaftswort richtet sich in Geschlecht, Zahl und Fall immer nach dem Hauptwort (Substantiv), auf das es sich bezieht: Karl**ův** mos**t**, Karl**ova** univerzit**a**, Karl**ovy** Var**y**.

C

Neue grammatische Erscheinungen enthält der **C**-Teil nicht. Hinweisen möchten wir Sie auf die Sätze: *Nemáte-li objednaný stůl, ... Chcete-li poznat pravou pražskou hospodu, ...* Die Partikel **-li** bedeutet *wenn, falls* und steht in Fragesätzen, wenn ein Nebensatz, der eine Bedingung enthält, mit dem Hauptsatz verbunden wird.

Lekce 14

A

Die 14. Lektion bringt nur wenig Neues. Wiederholen Sie die Tätigkeitswörter der Fortbewegung (*neu:* **letět/létat**). Wenn Sie nicht mehr sicher sind, wann das *bestimmte*, wann das *unbestimmte* Bewegungsverb stehen muß, schlagen Sie auf Seite 201 nach.

Sie finden im **A**-Teil außerdem Passivkonstruktionen, z. B.: *Let byl zrušen.* Passivsätze werden im Tschechischen in der Regel mit dem Partizip Passiv und dem Hilfsverb **být** (in Gegenwart, Vergangenheit oder Zukunft) gebildet.

Im 2. Dialog auf Seite 151 begegnet Ihnen die für deutsche Muttersprachler ungewöhnliche Wendung **dojít pro** + 4. Fall (Akkusativ): ..., *musím si pro ně dojít.* Diese Konstruktion bedeutet im Deutschen *etw. (zu Fuß) holen.*

Achtung: Es wird im Tschechischen genau unterschieden, ob Sie etwas *zu Fuß* (jít/chodit pro + 4. Fall) oder *fahrend* (jet/jezdit pro + 4. Fall) tun: *Jdu pro noviny. Jezdím pro maminku do Brna.*

Durch Hinzufügen einer Vorsilbe, hier **do-**, entstehen Aspektpaare: **docházet/dojít, dojíždět/ dojet.** Erinnern Sie sich? Natürlich ändert sich die Bedeutung dabei.

D

Bei den Tätigkeitswörtern **učit (se)** unterscheidet sich die Bedeutung, je nachdem, mit welchem Fall (Kasus) das Tätigkeitswort steht. Der deutschen Bedeutung *etwas lernen/erlernen* entspricht im Tschechischen **učit se/naučit se** + 4. Fall (Akkusativ): *Učím se vařit./Naučil jsem se vařit.*

Wenn Sie aber ausdrücken möchten, daß jemand *einen Beruf lernt/erlernt,* müssen Sie **učit se/vyučit se** + 7. Fall (Instrumental ohne Verhältniswort) verwenden: *Učím se prodavačkou./Vyučila jsem se prodavačkou.*

Ohne das rückbezügliche Fürwort **se** bedeutet **učit/vyučovat** im Deutschen *lehren/unterrichten: Učím ve škole matematiku./Vyučovala jsem ve škole matematiku, dnes vyučuji na univerzitě.*

Grammatikübersicht

Alphabet

Hinweise zur Aussprache

a	– kalt	**i**	– Fisch	**s**	– essen
á	– aber	**í**	– Liebe	**š**	– Schule
b	– baden	**j**	– jemand	**t**	– Tat
c	– Zucker	**k**	– kochen	**ť**	– *
č	– Tscheche	**l**	– lachen	**u**	– umziehen
d	– doch	**m**	– malen	**ú**	– Uhr
ď	– *	**n**	– niemand	**ů**	– suchen
e	– lächeln	**ň**	– *	**v**	– wissen
é	– Bär	**o**	– Hopfen	**w**	– warten
ě	– jedoch	**ó**	– Hose	**x**	– Text
f	– faul	**p**	– Park	**y**	– Indianer
g	– getragen	**q**	– Quadrat	**ý**	– Igel
h	– haben	**r**	– raten	**z**	– segeln
ch	– ich, doch	**ř**	– *	**ž**	– Journal

* Ein Häkchen [ˇ] bzw. Strich ['] über **ď, ň, ř, ť** wird als sehr flüchtiges /i/ nach dem jeweiligen Buchstaben gesprochen. Das /i/ erweicht im Tschechischen immer den vorausgehenden Mitlaut (Konsonant). Die Laute **k, p, t** werden ohne Behauchung ausgesprochen.

Mitlautwechsel (Konsonantenwechsel)

k → č/c	t → ť/c	r → ř	z → ž
h (g) → ž/z	d → ď/z	c → č	sk → šť/sč
ch → š	n → ň	s → š	

Hauptwort (Substantiv)

Männliche Hauptwörter enden im Tschechischen meist auf einen Mitlaut *(pán, učitel)*. Weibliche Hauptwörter enden in der Regel auf **-a** oder **-e** *(Praha, růže)* und sächliche Hauptwörter auf **-o** oder **-e** *(okno, moře)*.

Beugung harter Hauptwörter (Substantive)

Einzahl (Singular)

	männlich		*weiblich*	*sächlich*
	belebt	**unbelebt**		
1. Fall (Nominativ)	pán	hrad	žen**a**	měst**o**
2. Fall (Genitiv)	pán**a**	hrad**u**	žen**y**	měst**a**
3. Fall (Dativ)	pán**u**/**-ovi**	hrad**u**	žen**ě**	měst**u**
4. Fall (Akkusativ)	pán**a**	hrad	žen**u**	měst**o**
5. Fall (Vokativ)	pan**e**!	–	žen**o**!	–
6. Fall (Präpositiv)	pán**u**/**-ovi**	hrad**ě**	žen**ě**	měst**ě**
7. Fall (Instrumental)	pán**em**	hrad**em**	žen**ou**	měst**em**

Mehrzahl (Plural)

	männlich		*weiblich*	*sächlich*
	belebt	**unbelebt**		
1. Fall (Nominativ)	pán**i**	hrad**y**	žen**y**	měst**a**
2. Fall (Genitiv)	pán**ů**	hrad**ů**	žen	měst
3. Fall (Dativ)	pán**ům**	hrad**ům**	žen**ám**	měst**ům**
4. Fall (Akkusativ)	pán**y**	hrad**y**	žen**y**	měst**a**
5. Fall (Vokativ)	(= 1. Fall)	(= 1. Fall)	(= 1. Fall)	(= 1. Fall)
6. Fall (Präpositiv)	pán**ech**	hrad**ech**	žen**ách**	měst**ech**
7. Fall (Instrumental)	pán**y**	hrad**y**	žen**ami**	měst**y**

Beugung weicher Hauptwörter (Substantive)

Einzahl (Singular)

	männlich		*weiblich*		*sächlich*
	belebt	**unbelebt**			
1. Fall (Nominativ)	muž	stroj	růž**e**	píseň	moř**e**
2. Fall (Genitiv)	muž**e**	stroj**e**	růž**e**	písn**ě**	moř**e**
3. Fall (Dativ)	muž**i**/**-ovi**	stroj**i**	růž**i**	písn**i**	moř**i**
4. Fall (Akkusativ)	muž**e**	stroj	růž**i**	píseň	moř**e**
5. Fall (Vokativ)	muž**i**!	stroj**i**!	růž**e**!	písn**i**!	moř**e**!
6. Fall (Präpositiv)	muž**i**/**-ovi**	stroj**i**	růž**i**	písn**i**	moř**i**
7. Fall (Instrumental)	muž**em**	stroj**em**	růž**í**	písn**í**	moř**em**

Mehrzahl (Plural)

	männlich		*weiblich*		*sächlich*
	belebt	**unbelebt**			
1. Fall (Nominativ)	muž**i**/**-ové**	stroj**e**	růž**e**	písn**ě**	moř**e**
2. Fall (Genitiv)	muž**ů**	stroj**ů**	růž**í**	písn**í**	moř**í**
3. Fall (Dativ)	muž**ům**	stroj**ům**	růž**ím**	písn**ím**	moř**ím**
4. Fall (Akkusativ)	muž**e**	stroj**e**	růž**e**	písn**ě**	moř**e**
5. Fall (Vokativ)	(= 1. Fall)	(= 1. Fall)	(= 1. Fall)	(= 1. Fall)	(= 1. Fall)
6. Fall (Präpositiv)	muž**ích**	stroj**ích**	růž**ích**	písn**ích**	moř**ích**
7. Fall (Instrumental)	muž**i**	stroj**i**	růž**emi**	písn**ěmi**	moř**i**

Bei den hier genannten Wörtern handelt es sich um besonders häufig vorkommende Typen von Hauptwörtern. Andere Hauptwörter weichen stellenweise von diesem Schema ab.

Zweizahl (Dual)

Neben den Mehrzahlformen gibt es für einige paarweise vorkommende Körperteile noch die Formen der Zweizahl.

1. Fall (Nominativ)	ruc**e**	noh**y**	uš**i**	oč**i**
2. Fall (Genitiv)	ruk**ou**	noh**ou**/noh	uš**i**	oč**i**
3. Fall (Dativ)	ruk**ám**	noh**ám**	uš**ím**	oč**ím**
4. Fall (Akkusativ)	(= 1. Fall)	(= 1. Fall)	(= 1. Fall)	(= 1. Fall)
5. Fall (Vokativ)	(= 1. Fall)	(= 1. Fall)	(= 1. Fall)	(= 1. Fall)
6. Fall (Präpositiv)	ruk**ou**/**-ách**	noh**ou**/**-ách**	uš**ích**	oč**ích**
7. Fall (Instrumental)	ruk**ama**	noh**ama**	uš**ima**	oč**ima**

Grundzahlwort (Kardinalzahl)

Die Zahl *jeden, jedna, jedno* wird wie das hinweisende Fürwort *ten, ta, to* gebeugt. Die Zahlen 5–99 haben im 2., 3., 6. und 7. Fall die Endung **-i**: *šesti, osmdesáti pěti.*

1. Fall (Nominativ)	dv**a**, dv**ě**, dv**ě**	tř**i**	čtyř**i**
2. Fall (Genitiv)	dv**ou**	tř**í**	čtyř
3. Fall (Dativ)	dv**ěma**	tř**em**	čtyř**em**
4. Fall (Akkusativ)	(= 1. Fall)	(= 1. Fall)	(= 1. Fall)
5. Fall (Vokativ)	(= 1. Fall)	(= 1. Fall)	(= 1. Fall)
6. Fall (Präpositiv)	(o) dv**ou**	(o) tř**ech**	(o) čtyř**ech**
7. Fall (Instrumental)	dv**ěma**	tř**emi**	čtyř**mi**

Eigenschaftswort (Adjektiv)

Harte männliche Eigenschaftswörter enden auf **-ý**, weibliche auf **-á** und sächliche auf **-é**. Weiche Eigenschaftswörter enden in allen drei Geschlechtern auf **-í**.

Einzahl (Singular)

	männlich		*weiblich*		*sächlich*	
	hart	**weich**	**hart**	**weich**	**hart**	**weich**
1. Fall (Nominativ)	star**ý**	ciz**í**	star**á**	ciz**í**	star**é**	ciz**í**
2. Fall (Genitiv)	star**ého**	ciz**ího**	star**é**	ciz**í**	star**ého**	ciz**ího**
3. Fall (Dativ)	star**ému**	ciz**ímu**	star**é**	ciz**í**	star**ému**	ciz**ímu**
4. Fall (Akkusativ)	star**ý**/**-ého**	ciz**í**/**-ího**	star**ou**	ciz**í**	star**é**	ciz**í**
5. Fall (Vokativ)	(= 1. Fall)	(= 1. Fall)	(= 1. Fall)	(= 1. Fall)	(= 1. Fall)	(= 1. Fall)
6. Fall (Präpositiv)	star**ém**	ciz**ím**	star**é**	ciz**í**	star**ém**	ciz**ím**
7. Fall (Instrumental)	star**ým**	ciz**ím**	star**ou**	ciz**í**	star**ým**	ciz**ím**

Mehrzahl (Plural)

	männlich	*weiblich*	*sächlich*	*m/w/s*
	hart	**hart**	**hart**	**weich**
1. Fall (Nominativ)	star**é**/sta**ří**	star**é**	star**á**	ciz**í**
2. Fall (Genitiv)	star**ých**	star**ých**	star**ých**	ciz**ích**
3. Fall (Dativ)	star**ým**	star**ým**	star**ým**	ciz**ím**
4. Fall (Akkusativ)	star**é**	star**é**	star**á**	ciz**í**
5. Fall (Vokativ)	(= 1. Fall)	(= 1. Fall)	(= 1. Fall)	(= 1. Fall)
6. Fall (Präpositiv)	star**ých**	star**ých**	star**ých**	ciz**ích**
7. Fall (Instrumental)	star**ými**	star**ými**	star**ými**	ciz**ími**

Genauso gebeugt werden: *který, která, které* und *jaký, jaká, jaké.*

Besitzanzeigendes Eigenschaftswort (Possessivadjektiv)

Männliche Hauptwörter (Substantive) bilden die besitzanzeigenden Eigenschaftswörter mit Hilfe der Nachsilben (Suffixe) *-ův, -ova, -ovo; -ovy/-ovi.* Weibliche Hauptwörter erhalten die Nachsilben *-in, -ina, -ino; -iny/-ini.*

Männliches Hauptwort (Substantiv)

Einzahl (Singular)

	männlich		*sächlich*	*weiblich*
	belebt	**unbelebt**		
1. Fall (Nominativ)	bratr**ův**	bratr**ův**	bratr**ovo**	bratr**ova**
2. Fall (Genitiv)		bratr**ova**		bratr**ovy**
3. Fall (Dativ)		bratr**ovu**		bratr**ově**
4. Fall (Akkusativ)	(= 2. Fall)	(= 1. Fall)	(= 1. Fall)	bratr**ovu**
5. Fall (Vokativ)	(= 1. Fall)	(= 1. Fall)	(= 1. Fall)	(= 1. Fall)
6. Fall (Präpositiv)		bratr**ově/-ovu**		bratr**ově**
7. Fall (Instrumental)		bratr**ovým**		bratr**ovou**

Mehrzahl (Plural)

	männlich		*sächlich*	*weiblich*
	belebt	**unbelebt**		
1. Fall (Nominativ)	bratr**ovi**	bratr**ovy**	bratr**ova**	bratr**ovy**
2. Fall (Genitiv)		bratr**ových**		
3. Fall (Dativ)		bratr**ovým**		
4. Fall (Akkusativ)	bratr**ovy**	(= 1. Fall)	(= 1. Fall)	(= 1. Fall)
5. Fall (Vokativ)	(= 1. Fall)	(= 1. Fall)	(= 1. Fall)	(= 1. Fall)
6. Fall (Präpositiv)		bratr**ových**		
7. Fall (Instrumental)		bratr**ovými**		

Weibliches Hauptwort (Substantiv)

Einzahl (Singular)

	männlich		*sächlich*	*weiblich*
	belebt	**unbelebt**		
1. Fall (Nominativ)	matč**in**	matč**in**	matč**ino**	matč**ina**
2. Fall (Genitiv)		matč**ina**		matč**iny**
3. Fall (Dativ)		matč**inu**		matč**ině**
4. Fall (Akkusativ)	(= 2. Fall)	(= 1. Fall)	(= 1. Fall)	matč**inu**
5. Fall (Vokativ)	(= 1. Fall)	(= 1. Fall)	(= 1. Fall)	(= 1. Fall)
6. Fall (Präpositiv)		matč**ině/-inu**		matč**ině**
7. Fall (Instrumental)		matč**iným**		matč**inou**

Mehrzahl (Plural)

	männlich		*sächlich*	*weiblich*
	belebt	**unbelebt**		
1. Fall (Nominativ)	matč**ini**	matč**iny**	matč**ina**	matč**iny**
2. Fall (Genitiv)		matč**iných**		
3. Fall (Dativ)		matč**iným**		
4. Fall (Akkusativ)	matč**iny**	(= 1. Fall)	(= 1. Fall)	(= 1. Fall)
5. Fall (Vokativ)	(= 1. Fall)	(= 1. Fall)	(= 1. Fall)	(= 1. Fall)
6. Fall (Präpositiv)		matč**iných**		
7. Fall (Instrumental)		matč**inými**		

Persönliches Fürwort (Personalpronomen)

Einzahl (Singular)

1. Fall (Nominativ)	**já**	**ty**	**on**	**ona**	**ono**
2. Fall (Genitiv)	mne/mě	tebe/tě	jeho/ho	jí	jeho/ho
3. Fall (Dativ)	mně/mi	tobě/ti	jemu/mu	jí	jemu/mu
4. Fall (Akkusativ)	mne/mě	tebe/tě	jeho/ho/jej	ji	je
5. Fall (Vokativ)	–	–	–	–	–
6. Fall (Präpositiv)	mně	tobě	(o) něm	(o) ní	(o) něm
7. Fall (Instrumental)	mnou	tebou	jím	jí	jím

Mehrzahl (Plural)

1. Fall (Nominativ)	**my**	**vy**	**oni (ony, ona)**
2. Fall (Genitiv)	nás	vás	jich
3. Fall (Dativ)	nám	vám	jim
4. Fall (Akkusativ)	nás	vás	je
5. Fall (Vokativ)	–	–	–
6. Fall (Präpositiv)	nás	vás	(o) nich
7. Fall (Instrumental)	námi	vámi	jimi

Nach einem Verhältniswort (Präposition) erhalten die persönliche Fürwörter der 3. Pers. EZ und MZ einen **n**-Vorschlag *(s nimi, o ní)*. Die Kurzformen (mě, ti, ho usw.) stehen nie am Satzanfang und nie nach Verhältniswörtern.

Besitzanzeigendes Fürwort (Possessivpronomen)

	Einzahl (Singular)			Mehrzahl (Plural)
	männlich	*weiblich*	*sächlich*	*m/w/s*
1. Fall (Nominativ)	**můj**	**moje/má**	**moje/mé**	**moje/mé/moji/mí**
2. Fall (Genitiv)	mého	mé	mého	mých
3. Fall (Dativ)	mému	mé	mému	mým
4. Fall (Akkusativ)	můj/mého	mou/moji	moje/mé	moj**e/mé**
5. Fall (Vokativ)	–	–	–	–
6. Fall (Präpositiv)	mém	mé	mém	mých
7. Fall (Instrumental)	mým	mojí/mou	mým	mými

Parallel dazu: *tvůj* und *svůj*. Bei *náš* und *váš* stehen statt der **-ý**-Endungen **-í**-Endungen *(našim, našimi)*. Der lange Vokal wird gekürzt *(mého – našeho)*.

Die besitzanzeigenden Fürwörter der 3. Pers. EZ *jeho* (sein – für alle drei Geschlechter) und der 3. Pers. MZ *jejich* (ihr) werden nicht gebeugt. Das Fürwort *její* (ihr – EZ, für alle drei Geschlechter) wird in EZ und MZ entsprechend den weichen Eigenschaftswörtern *(cizí)* gebeugt.

Verhältniswort (Präposition)

2. Fall (Genitiv)	u, z/ze, vedle, s/se (von ... herunter), od/ode, do, bez/beze, místo, uprostřed, za (während), kolem, okolo, podle
3. Fall (Dativ)	(na)proti, k/ke, kvůli
4. Fall (Akkusativ)	na, za, nad/nade, pod/pode, před/přede, přes/přese, mezi, o (um), pro
6. Fall (Präpositiv)	v/ve, na, po, o (über)
7. Fall (Instrumental)	za, nad/nade, pod/pode, před/přede, mezi, s/se (mit)

Die Verhältniswörter *v/ve, na, za, před/přede, nad/nade, pod/pode, mezi* werden häufig bei Ortsangaben verwendet. Auf die Frage *wo?* stehen sie (mit Ausnahme von *v/ve* und *na*) mit dem 7. Fall, auf die Frage *wohin?* ziehen sie immer den 4. Fall nach sich.

Tätigkeitswort (Verb)

Gegenwart (Präsens)

	I. Klasse	**II. Klasse**	**III. Klasse**	**IV. Klasse**
Grundform	dělat	kupovat	prosit	číst
já	dělá**m**	kupu**ji**	pros**ím**	č**tu**
ty	dělá**š**	kupu**ješ**	pros**íš**	č**teš**
on, ona, ono	dělá	kupu**je**	pros**í**	č**te**
my	dělá**me**	kupu**jeme**	pros**íme**	č**teme**
vy	dělá**te**	kupu**jete**	pros**íte**	č**tete**
oni (ony, ona)	děl**ají**	kupu**jí**	pros**í (-ejí, -ějí)**	č**tou**

Vergangenheit (Präteritum)

já	dělal/děla**la**	jsem	my	děla**li** (**-y**/**-a**)	jsme
ty	dělal/děla**la**	jsi	vy	děla**li** (**-y**/**-a**)	jste
on, ona, ono	dělal/děla**la**/děla**lo**	–	oni (ony, ona)	děla**li** (**-y**/**-a**)	–

Zukunft (Futur)

Unvollendete Tätigkeitswörter (imperfektive Verben)

já	bud**u**	dělat	my	bud**eme**	dělat
ty	bud**eš**	dělat	vy	bud**ete**	dělat
on, ona, ono	bud**e**	dělat	oni (ony, ona)	bud**ou**	dělat

Vollendete Tätigkeitswörter (perfektive Verben) haben in der Zukunft die gleichen Endungen wie die unvollendeten Tätigkeitswörter in der Gegenwart, z. B. *pojedu, pojedeš, pojede, pojedeme, pojedete, pojedou; koupím, koupíš, koupí, koupíme, koupíte, koupí.*

Möglichkeitsform (Konjunktiv)

já	dělal/dělala	**bych**	my	dělali (-y/-a)	**bychom**
ty	dělal/dělala	**bys**	vy	dělali (-y/-a)	**byste**
on, ona, ono	dělal/dělala/dělalo	**by**	oni (ony, ona)	dělali (-y/-a)	**by**

Befehlsform (Imperativ)

In der 2. Pers. EZ steht bei den Verbklassen I–III *keine* Endung, bei der Verbklasse IV die Endung **-i**. Die Mehrzahlendungen lauten für alle Verbklassen **-me** (1. Pers. MZ) und **-te** (2. Pers. MZ).

I. Verbklasse	dělat	dělají	dělej!	dělej**me**!	dělej**te**!
II. Verbklasse	pracovat	pracují	pracuj!	pracuj**me**!	pracuj**te**!
III. Verbklasse	mluvit	mluví	mluv!	mluv**me**!	mluv**te**!
IV. Verbklasse	číst	čt**ou**	čt**i**!	čt**ěme**!	čt**ěte**!

Lektionswortschatz

Am Ende der einzelnen Lektionsabschnitte sind – sofern vorhanden – die neuen Vokabeln des Arbeitsbuchs angegeben. Die Ziffern am Rand verweisen auf die Nummer der Übung im Textteil. Ein * bedeutet, daß ein Wort zum passiven Wortschatz gehört und nicht aktiv gelernt werden muß.

Die römischen Ziffern nach den Tätigkeitswörtern bezeichnen die Verbklasse. Bei Tätigkeitswörtern ohne Aspektpartner ist angegeben, ob es sich um den *unvollendeten* (unvoll.) oder den *vollendeten* (voll.) Aspekt handelt. Bei Aspektpaaren steht immer zuerst der unvollendete Aspekt.

1. lekce

A

	Ahoj!	Servus!
	jak	wie
	Jak se jmenujete?	Wie heißen Sie?
	jmenovat se II (unvoll.)	heißen
	být (unvoll.) (jsem, jsi, je, jsme, jste, jsou)	sein
	Němec	Deutscher
	bydlet III (unvoll.)	wohnen
	v/ve (+ 6. Fall)	in, im
	učitel/učitelka	Lehrer/in
	můj, moje, moje	mein, meine
	přítelkyně	Freundin
	Němka	Deutsche
	a	und
	student/studentka	Student/in
	přítel	Freund
	já	ich
	Čech	Tscheche
	sestra	Schwester
	Češka	Tschechin
	laborant/laborantka	Laborant/in
	bratr	Bruder
	inženýr/inženýrka	Ingenieur/in
	syn	Sohn
	architekt/architektka	Architekt/in
	dcera	Tochter
1	kdo?	wer
	není	er/sie/es ist nicht
	kde?	wo
	čím? (7. Fall von co)	womit, *hier:* was
	Čím jste?	Was sind Sie (von Beruf)?
	prodavač/prodavačka	Verkäufer/in
	dělník/dělnice	Arbeiter/in
	úředník/úřednice	Angestellter/Angestellte
2	vy	ihr, Sie
3	ano	ja
	ne	nein
4	Říkej rychle!	Sag es schnell!
5	to	dies (ist), das (ist)
6	Česká Republika (ČR)	Tschechische Republik (ČR)
	on	er
	ona	sie *(3. Pers. Einzahl)*
	Německo	Deutschland
	Spolková republika Německa (SRN)	Bundesrepublik Deutschland (BRD)
	Švýcarsko	die Schweiz
	Švýcar/Švýcarka	Schweizer/in
	Rakousko	Österreich
	Rakušan/Rakušanka	Österreicher/in
7	my	wir
	ty	du

B

	Jak se máš/máte?	Wie geht es dir/Ihnen?
	děkuji	danke
	dobře	gut
	také	auch
	Dobrý den!	Guten Tag!
	den	Tag
	paní	Frau *(Anrede)*
	pan	Herr *(Anrede)*
	mít (unvoll.) (mám, máš, má, máme, máte, mají)	haben
	Na shledanou!	Auf Wiedersehen!
	špatně	schlecht
	Nestojí to za moc.	Nichts Besonderes.

	Ujde to.	Es geht so. So lala.
	Jde to.	Es geht.
	výborně	ausgezeichnet
2	restaurace	Restaurant
4	u (+ 2. Fall)	bei

C

	ráno	Morgen
	na (+ 4./+ 6. Fall)	an, am; auf
	nádraží (sächlich)	Bahnhof
	konečně	endlich
	tady	hier
	Vítám vás.	Ich heiße euch/Sie willkommen.
	vítat I (unvoll.)	willkommen heißen
	vás (4. Fall von vy)	euch, Sie
	zavazadlo	Gepäck
	kufr	Koffer
	taška	Tasche
	tvůj, tvoje, tvoje	dein, deine
	hotel	Hotel
	Haló!	Hallo!
	taxi	Taxi
	prosím	bitte
3	letiště	Flughafen

D

	rodina	Familie
	dědeček	Großvater
	babička	Großmutter
	strýc	Onkel
	tatínek	Vater
	maminka	Mutter
	teta	Tante
	sestřenice	Cousine
	bratranec	Cousin
1	váš, vaše, vaše	euer, euere/Ihr, Ihre
3	fotoalbum (sächlich)	Fotoalbum
	náš, naše, naše	unser, unsere
4	český, -á, -é	tschechisch
	lidová píseň (weiblich)	Volkslied
*	žádnej neví	keiner/niemand weiß
	co?	was
*	kroužek	Ring
*	železo	Eisen
*	má (Kurzform von moje)	meine
*	milá	liebe

AB	důchodce	Rentner
	sedlák	Bauer, Landwirt
	sekretářka	Sekretärin
	lékař	Arzt
	zedník	Maurer
	žena v domácnosti	Hausfrau
	mechanik	Mechaniker

2. lekce

A

	střed	Mitte
	město	Stadt
	stanice	Haltestelle
	metro	U-Bahn
	tramvaj (weiblich)	Straßenbahn
	před (+ 7. Fall)	vor
	náměstí (sächlich)	Platz
	deset	zehn
	minuta	Minute
	pěšky	zu Fuß
	pivnice	Bierstube
	vinárna	Weinstube
	s/se (+ 7. Fall)	mit
	hudba	Musik
	prodejna	Verkaufsstelle
	suvenýr	Andenken, Souvenir
	parkoviště	Parkplatz
	za (+ 7. Fall)	hinter
	víno	Wein
	pivo	Bier
	káva	Kaffee
	kavárna	Café, Kaffeehaus
2	počet pokojů	Anzahl der Zimmer
	pokoj	Zimmer
	snack-bar	Imbiß, Snackbar
	bar	Bar
	sauna	Sauna
	mezi (+ 7. Fall)	zwischen
	nad (+ 7. Fall)	über
	pod (+ 7. Fall)	unter
6	ta	diese
	autobus	Bus

B

	recepce	Empfang, Rezeption
	recepční	Empfangsperson

přát (si) IV (unvoll.) (přeji/u, přeješ, přeje, přejeme, přejete, přejí/ou)	(sich) wünschen
si (3. Fall)	sich
zde	hier
objednat (si) I (unvoll.)	(sich) bestellen, reservieren
objednaný	bestellt (haben)
moment	Moment, Augenblick
pas	Reisepaß, Ausweis
vyplnit III (voll.)	ausfüllen
přihláška	Anmeldung
nechat I (unvoll./voll.)	lassen, zurücklassen
jaký, jaká, jaké	was für ein, was für eine
číslo	Nummer, Zahl
ale	aber
ještě	noch
volný, -á, -é	frei
až	bis
hodina	Stunde
teď	jetzt
jistě	bestimmt, sicher
hlad	Hunger
právě	gerade, eben
podávat I (unvoll.)	reichen, servieren
snídaně (weiblich)	Frühstück
výborný, -á, -é	ausgezeichnet
nápad	Idee
žízeň (weiblich)	Durst
jako	wie
vlk	Wolf
1 auto	Auto
2 jitro	Morgen
večer	Abend
Není zač.	Keine Ursache.
Dobrou chuť!	Guten Appetit!
chuť	Appetit

C

hala	Halle
žena	Frau
muž	Mann
vzadu	hinten
vpravo	rechts
uprostřed	in der Mitte
vlevo	links
vpředu	vorn
1 telefon	Telefon
kiosek	Kiosk

D

jídelní lístek	Speisekarte
čaj	Tee
citrón	Zitrone
máslo	Butter
med	Honig
pečivo	Gebäck
párek	Würstchen
křen	Meerrettich
hořčice	Senf
juice	Saft
sýr	Käse
mléko	Milch
džem	Konfitüre
šunka	Schinken
okurka	Gurke
jogurt	Joghurt
bílý, -á, -é	weiß
pečený, -á, -é	gebraten
vejce (sächlich)	Ei
vrchní	Ober, Kellner
houska	Brötchen, Semmel
džus	Saft
černý, -á, -é	schwarz
chléb	Brot
všechno	alles
pražský, -á, -é	Prager-
salám	Salami, Wurst
rohlík	Hörnchen
marmeláda	Marmelade
cukr	Zucker
2 jídelna	Speisesaal
promiňte	entschuldigt/entschuldigen Sie
hotelový, -á, -é	Hotel-
čokoláda	Schokolade
vařený, -á, -é	gekocht
šlehačka	Schlagsahne
3 snídat I (unvoll.)	frühstücken
rád, ráda	gern
kefír	Kefir
nerad, nerada	ungern
čerstvý, -á, -é	frisch
trvanlivý, -á, -é	haltbar
zlatý, -á, -é	gold
pozvání	Einladung

AB chlebíček	belegtes Brot
ryba	Fisch
rajské jablíčko	Tomate

3. lekce

A

	koupelna	Badezimmer
	hezký, -á, -é	schön
	velký, -á, -é	groß
	jeden, jedna, jedno	ein, eine
	okno	Fenster
	pohled	Aussicht
	do (+ 2. Fall)	nach, in
	park	Park
	dva, dvě, dvě	zwei
	postel (weiblich)	Bett
	skříň (weiblich)	Schrank
	malý, -á, -é	klein
	stůl	Tisch
	tři	drei
	židle (weiblich)	Stuhl
	roh	Ecke
	v rohu	in der Ecke
	televizor	Fernseher
	nový, -á, -é	neu
	starý, -á, -é	alt
	vana	Badewanne
	sprcha	Dusche
	umyvadlo	Waschbecken
	toaleta	Toilette
	jít IV (unvoll.) (jdu, jdeš, jde, jdeme, jdete, jdou)	gehen
	odpoledne	Nachmittag
	procházka	Spaziergang
1	dlouhý, -á, -é	lang
	krátký, -á, -é	kurz
	ošklivý, -á, -é	häßlich
	špatný, -á, -é	schlecht
3	jednolůžkový, -á, -é	Einbett-
	nebo	oder
	dvoulůžkový, -á, -é	Zweibett-
	noc (weiblich)	Nacht
	balkón	Balkon
	každý, -á, -é	jeder
	polopenze	Halbpension
	plná penze	Vollpension
	garáž (weiblich)	Garage

B

	nula	Null
1	jet IV (unvoll.) (jedu, jedeš, jede, jedeme, jedete, jedou)	fahren
2	telefonní rozhovor	Telefongespräch
	tě (4. Fall von ty)	dich
	doma	zu Hause
	telefonní seznam	Telefonbuch
	adresa	Adresse
3	telefonní číslo	Telefonnummer
	jméno	Name
	práce (weiblich)	Arbeit
6	sport	Sport
	basketbal	Basketball

C

	Kolik je hodin?	Wie spät ist es?
	kolik	wieviel
	divadlo	Theater
	sejít (se) III (voll.)	(sich) treffen
	půl	halb
	čtvrt	viertel
	budík	Wecker
	hodinky	Armbanduhr
	hodiny (Mehrzahl)	Uhr
1	bohužel	leider
	tam	dort
	vám (3. Fall von vy)	euch/Ihnen
	poledne	Mittag
	půlnoc	Mitternacht
	přesně	genau
	čas	Zeit
3	nádražní pokladna	Fahrkartenschalter
	pokladna	Schalter, Kasse
	kdy?	wann
	vlak	Zug, Eisenbahn
	z (+ 2. Fall)	von ... her, aus
	kilometr	Kilometer
4	televize	Fernsehen
	dávat I (unvoll.)	geben, *hier:* senden
	deník	Tagebuch
	Branky, body, sekundy.	Tore, Punkte, Sekunden.
	aerobic	Aerobic
	dnes	heute
	film	Film

D

daleko	weit
tak	so
kam?	wohin
vlastně	eigentlich
chtít II (unvoll.) (chci, chceš, chce, chceme, chcete, chtějí)	wollen, mögen
ukázat IV (voll.) (ukážu, ukážeš, ukáže, ukážeme, ukážete, ukážou)	zeigen
mně/mi	mir
tobě/ti	dir
nám	uns
jen	nur
potom	dann
pěkný, -á, -é	schön, hübsch
teplý, -á, -é	warm
velmi	sehr
široký, -á, -é	breit
budova	Gebäude
obchod	Geschäft
banka	Bank
úřad	Amt
nahoře	oben
Národní muzeum	Nationalmuseum
národní, -í, -í	National-, Volks-
muzeum (sächlich)	Museum
socha	Statue
svatý, -á, -é	heilig
dole	unten
můstek	kleine Brücke
kousek	Stückchen
radnice	Rathaus
orloj	Turmuhr, *hier:* Astronomische Uhr
chrám	Dom
pomník	Denkmal
krásný, -á, -é	schön
dům	Haus
domy (Mehrzahl)	Häuser
doba	Zeit, Epoche
gotika	Gotik
renesance	Renaissance
baroko	Barock
vše (chno)	alles
studený, -á, -é	kalt
úzký, -á, -é	eng, schmal

1 otázka	Frage
odpověď	Antwort
3 galerie	Galerie
most	Brücke
Prašná brána	Pulverturm

AB moderní, -í, -í	modern
tenis	Tennis
lední hokej	Eishockey
pomerančova šťáva	Orangensaft
suma	Summe
kino	Kino
vteřina	Sekunde

4. lekce

A

nákup	Einkauf
koupit III (voll.)	kaufen
tabák	Tabakwaren
cigareta	Zigarette
zápalka	Streichholz
pohlednice	Ansichtskarte, Postkarte
známka	Briefmarke
noviny (Mehrzahl)	Zeitung
časopis	Zeitschrift
jízdenka	Fahrkarte
nakupovat II (unvoll.)	einkaufen
potřebovat II (unvoll.)	brauchen
šampón	Shampoon
zubní pasta	Zahncreme
německý, -á, -é	deutsch
barevný, -á, -é	farbig, bunt
oba, obě	beide
lístek	Karte
návštěva	Besuch
květina	Blume
láhev	Flasche
červený, -á, -é	rot
papírnictví	Schreibwarenhandlung
tužka	Bleistift
pero	Füllfederhalter
dopisní papír	Briefpapier
sešit	Heft
blok	Block
obálka	Briefumschlag

drogerie	Drogerie
mýdlo	Seife
zubní kartáček	Zahnbürste
prášek na praní	Waschpulver
vata	Watte
žiletka	Rasierklinge
potraviny (Mehrzahl)	Lebensmittel
limonáda	Limonade
1 dostat I (voll.) (dostanu, dostaneš, dostane, dostaneme, dostanete, dostanou)	bekommen, erhalten
hned	gleich, sofort
chtěl/chtěla bych	ich hätte gerne, ich möchte
prodávat I (unvoll.)	verkaufen
květinářství	Blumenladen
hodinářství	Uhrengeschäft
železo	Eisen
železářství	Eisenhandel
2 něco	etwas
moravský, -á, -é	mährisch
4 moci IV (unvoll.) (mohu, můžeš, může, můžeme, můžete, mohou)	können

B

skládací, -í, -í	zusammenklappbar, Klapp-
deštník	Regenschirm
japonský, -á, -é	japanisch
kožená galanterie	Lederwaren
ten	dieser
barva	Farbe
modrý, -á, -é	blau
hnědý, -á, -é	braun
zelený, -á, -é	grün
škoda	schade
žlutý, -á, -é	gelb
Kolik stojí ...?	Wieviel kostet ...?
stát III (unvoll.)	kosten; stehen
koruna (Kč)	Krone (tschechische Währung)
drahý, -á, -é	teuer
dát I.(voll.)	geben, reichen
dejte!	gebt!/geben Sie!
levný, -á, -é	billig
oranžový, -á, -é	orange
fialový, -á, -é	lila
1 vlajka	Flagge
2 klobouk	Hut
kabát	Mantel
rukavice	Handschuhe
3 ruský, -á, -é	russisch
který, která, kter	welcher, was für ein
4 slovník	Wörterbuch
gramofonová deska	Schallplatte
plán	Plan
kniha	Buch
fotoaparát	Fotoapparat
broušený, -á, -é	geschliffen
sklo	Glas
kožený, -á, -é	Leder-
diapozitivy (diáky)	Dias
granát	Granat(schmuck)

C

síť	Netz
směr	Richtung
nástup	Einsteigen, Einstieg
nastoupit III (voll.)	einsteigen
výstup	Aussteigen, Ausstieg
vystoupit III (voll.)	aussteigen
přestup	Umsteigen
přestoupit III (voll.)	umsteigen
musit III (unvoll.) (musím, musíš, musí, musíme, musíte, musí)	müssen
příští, -í, -í	nächst, folgend
trasa	Trasse, Route
ukončit III (voll.)	beenden
dveře (Mehrzahl)	Tür
zavírat I (unvoll.)	schließen
dostat se I (voll.)	gelangen, erreichen
automat	Automat
asi	etwa, ungefähr
hlásit III (unvoll.)	melden, ankündigen
1 strana	Seite
třída	(breite) Straße, Allee
autobusový, -á, -é	Bus-
hrad	Burg

AB naproti (+ 3. Fall)	gegenüber
léta	Jahre
přesedat I (unvoll.)	umsteigen
interval	Intervall, Zeitabstand

5. lekce

A

	ulice	Straße
	včera	gestern
	pracovat II (unvoll.)	arbeiten
	moc	viel, sehr
	pak	dann
	domů	nach Hause
	disko	Diskothek, Tanzlokal
	bufet	Büfett
	kino	Kino
2	celý, -á, -é	ganz
	dělat I (unvoll.)	tun, machen
	přátelé (Mehrzahl)	Freunde

B

	nejdříve	zuerst, zunächst
	sál	Saal
	ulička	kleine Straße, Gasse
	Zlatá ulička	Goldene Gasse
	domek	kleines Haus, Häuschen
	dříve	früher
	zlatník/zlatnice	Goldschmied/in
	alchymista	Alchimist
	umělec/umělkyně	Künstler/in
	štěstí	Glück
	přes (+ 4. Fall)	über
1	knížka	kleines Buch, Büchlein
	vlast	Heimat, Vaterland
	o (+ 6. Fall)	über, von
	rodiče	Eltern
	narodit se III (voll.)	geboren werden
	že?	nicht wahr?
	zajímavý, -á, -é	interessant
	fotografie	Fotografie
	rok	Jahr
	dárek	Geschenk
	pro (+ 4. Fall)	für
	podívat se I (voll.)	sich anschauen
	minulý, -á, -é	vergangen, vorig
	týden	Woche
	středa	Mittwoch
2	Mnichov	München
3	navštívit III (voll.)	besuchen
	zavřeno	geschlossen
	prohlédnout (si) IV (voll.) (+ 4. Fall)	(sich) ansehen
	koncert	Konzert
	pít II (unvoll.)	trinken
	jíst III (unvoll.)	essen

C

výlet	Ausflug
známý, -á, -é	bekannt
lázně (Mehrzahl)	Bad, Kurort
léčivý, -á, -é	heilkräftig, Heil-
pramen	Quelle
objevit III (voll.)	entdecken
podle (+ 2. Fall)	laut, gemäß
legenda	Legende
čtrnáctý, -á, -é	vierzehnter
století	Jahrhundert
král	König
čtvrtý, -á, -é	vierter
osobnost	Persönlichkeit
jiný, -á, -é	anderer
teplota	Temperatur; Wärme
stupeň Celsia (°C)	Grad Celsius (°C)
konat se I (unvoll.)	stattfinden
hudební, -í, -í	Musik-
filmový, -á, -é	Film-
festival	Festival, Festspiel
porcelán	Porzellan
vyvážet III (voll.)	ausführen, exportieren
svět	Welt
vrátit se III (voll.)	zurückkehren
pondělí	Montag
odjet IV (voll.)	wegfahren, abreisen
cesta	Weg
trvat I (unvoll.)	dauern
moderní, -í, -í	modern
po (+ 6. Fall)	nach
oběd	Mittagessen
projít se IV (voll.)	spazierengehen, einen Spaziergang machen
promenáda	Promenade, (breite) Straße
specielní, -í, -í	speziell
karlovarský, -á, -é	Karlsbader
pohárek	kleiner Becher, Becherchen
ochutnat I (voll.)	kosten, probieren
několik	einige
chutnat I (unvoll.)	schmecken

tancovat II (unvoll.)	tanzen
plzeňský, -á, -é	Pilsener
úterý	Dienstag
dopoledne	Vormittag
program	Programm
udělat I (voll.)	tun, machen
prohlídka	Besichtigung
kopec	Hügel
zvaný, -á, -é	genannt
Jelenní skok	Hirschsprung
skok	Sprung
specialita	Spezialität
svíčková pečeně (svíčková)	Lungenbraten, *österr.:* Lendenbraten
pečeně	Braten
knedlík	Knödel
otevřený, -á, -é	offen
kasino	Spielkasino
vyhrát II (voll.)	gewinnen
prohrát II (voll.)	verlieren
prodejní, -í, -í	Verkaufs-
výstava	Ausstellung
váza	Vase
popelník	Aschenbecher
odjezd	Abfahrt
oplatka	Oblate
bylinkový, -á, -é	Kräuter-
likér	Likör
Becherovka	Kräuterlikör
třináctý, -á, -é	dreizehnter
všem (3. Fall von všichni)	allen
čtvrtek	Donnerstag
zpátky	zurück
2 pátek	Freitag
sobota	Samstag
neděle	Sonntag
listopad	November
opera	Oper
3 kurs češtiny	Tschechischkurs
gymnastika	Gymnastik
judo	Judo
4 telefonovat II (unvoll.)	anrufen, telefonieren
5 přijet IV (voll.)	(fahrend) ankommen
setkat (se) I (voll.)	(sich) treffen
6 * panenky (Mehrzahl)	Mädchen, Puppen
* silnice	Landstraße
* potkat I (voll.)	begegnen
* myslivec	Jäger
* budete (2. Pers. Mehrzahl)	werden
* maličká	Kleine
* očka	Äuglein
* krk	Hals
mezi nima	zwischen ihnen
* dukáty (Mehrzahl)	Dukaten

AB opět	wieder
ministerstvo	Ministerium
architektura	Architektur
vepřová (pečeně)	Schweinebraten
zelí	Kraut, Kohl
milý, -á, -é	lieb

6. lekce

hádat I (unvoll.)	raten
Hádej!	Rate!
opakovat II (unvoll.)	wiederholen
1 dovolená	Urlaub
Čechy	Böhmen
2 odpovídat I (unvoll.)	antworten
4 dialog	Dialog
7 hádanka	Rätsel

7. lekce

A

pošta	Post
dopis	Brief
informace	Information
poste restante	postlagernd
uložené zásilky	zurückgelegte Sendungen
výplaty důchodů	Rentenauszahlung
důchod	Rente, Pension
balík	Paket
cenná psaní	Wertbriefe
listovní zásilky	Briefsendungen
zásilka	(Post-) Sendung
prodej cenin	Wertzeichenverkauf
kolek	Gebühren-, Stempelmarke
ten (to), ta (to), to (to)	dieser, diese, dieses

doporučeně	eingeschrieben
dohromady	zusammen
poštovní schránka	Briefkasten
vchod	Eingang
pošt'ák/pošt'ačka	Postbote/Postbotin
listonoš/listonoška	Briefträger/in
poštovní, -í, -í	Post-
telefonní budka	Telefonzelle
balíček	Päckchen
letecky	Luft(post)
expres	Expreß, Eil-
1 ostatní, -í, -í	übrig, sonstig
země	Land
Evropa	Europa
Belgie	Belgien
Itálie	Italien
Francie	Frankreich
Polsko	Polen
Holandsko	Holland
formulář	Formular, Vordruck
telegram	Telegramm
dojít IV (voll.)	gelangen, erreichen
slovo	Wort
zapomenout IV (voll.)	vergessen
odesilatel/odesilatelka	Absender/in
pravda	recht (haben), wahr (sein)
čekat I (unvoll.)	warten
čekej!	warte!
2 haléř (100 hal. = 1 Kč)	Heller (tschechische Währung)
za (+ 4. Fall)	für
nedaleko	nah, unweit
nefungovat II (unvoll.)	nicht funktionieren, kaputt sein
ležet III (unvoll.)	liegen
volat I (unvoll.)	rufen, anrufen
přímo	direkt
předčíslí	Vorwahl
drobné	Kleingeld
rozměnit III (voll.)	wechseln
pětikoruna	Fünfkronenstück
obsazený, -á, -é	besetzt
Je mi líto.	Es tut mir leid.
chvilka	Augenblick, Moment
počkat I (voll.)	warten
předvolací číslo	Vorwahl

B

překvapení	Überraschung
mluvit III (unvoll.)	sprechen
pomalu	langsam
hlasitě	laut
rozumět III (unvoll.) (+ 3. Fall)	verstehen
už	schon
dlouho	lange
zítra	morgen
samozřejmě	klar, selbstverständlich
tebou (7. Fall von ty)	(mit) dir
vyzvednout IV (voll.)	abholen
platit III (unvoll.)	zahlen
mnou	(mit) mir
námi	(mit) uns
vámi	(mit) euch/Ihnen
někdo	irgendjemand

C

směnárna	Wechselstube
někde	irgendwo
vyměnit III (voll.)	tauschen
nějaký, -á, -é	irgendein
peníze (Mehrzahl)	Geld
žádný, -á, -é	kein
od (+ 2. Fall)	von
marka	(Deutsche) Mark
stát III (stojím, stojíš, stojí, stojíme, stojíte, stojí)	stehen; kosten
měnit III (unvoll.)	wechseln
šilink	Schilling (österreichische Währung)
řada	Reihe
slečna	Fräulein
přepážka	Schalter
proplatit III (voll.)	einlösen
šek	Scheck
neakzeptovat II (unvoll.)	ablehnen
někam	irgendwohin
někdy	manchmal

AB přinést IV (voll.)	bringen, mitbringen
smět III (unvoll.)	dürfen
umět III (unvoll.)	können, wissen

8. lekce

A

rezervovat II (unvoll.)	reservieren
osoba	Person
obsazeno	besetzt
rezervováno	reserviert
telefonicky	telefonisch
tudy	hierdurch, da
místo	Platz, Ort
2 přinést IV (voll.)	bringen, mitbringen
vinný lístek	Weinkarte
nápojový lístek	Getränkekarte
nápoj	Getränk
okamžik	Augenblick
vidlička	Gabel
nůž	Messer
lžíce	Löffel
sklenice	Glas
ubrousek	Serviette
talíř	Teller
nic	nichts

B

předkrm	Vorspeise
kaviár	Kaviar
ruské vejce	russisches Ei
uherský salám	ungarische Salami
polévka	Suppe
bramborový, -á, -é	Kartoffel-
hovězí, -í, -í	Rinder-
vývar	Brühe
slepičí, -í, -í	Hühner-
zeleninový, -á, -é	Gemüse-
hlavní jídlo	Hauptgericht
vepřový, -á, -é	Schweine-
zelí	Kraut, Kohl
guláš	Gulasch
zelenina	Gemüse
opékané brambory	Bratkartoffeln
opékaný, -á, -é	gebraten
brambora	Kartoffel
vídeňský řízek	Wienerschnitzel
řízek	Schnitzel
bramborové hranolky	Pommes frites
salát	Salat
smažený, -á, -é	gebraten
játra	Leber
rýže	Reis
okurkový, -á, -é	Gurken-
brusinky	Preiselbeeren
drůbež	Geflügel
ryba	Fisch
kuře	Hähnchen
kaše	Brei, Pürree
husa	Gans
rybí filé	Fischfilet
moučníky	Mehlspeise
koláč	Kuchen
palačinka	Pfannkuchen, Palatschinken
zmrzlina	Eis
ovoce	Obst
jablečný, -á, -é	Apfel-
závin	Strudel
čokoladový, -á, -é	Schokoladen-
jahodový, -á, -é	Erdbeer-
pohár	Becher
vybrat IV (voll.) (vyberu, vybereš, vybere, vybereme, vyberete, vyberou)	auswählen, aussuchen
houbový, -á, -é	Pilz-
litovat II (unvoll.)	bedauern
dieta	Diät
Něco k pití, prosím?	Etwas zu trinken, bitte?
dvakrát	zweimal
deci	Deziliter
kola	Cola
2 vzít (si) IV (voll.) (vezmu, vezmeš, vezme, vezmeme, vezmete, vezmou)	(sich) nehmen

C

zákusek	Nachtisch
koňak	Kognac
vanilkový, -á, -é	Vanille-
kalorie	Kalorie
dort	Torte
bez (+ 2. Fall)	ohne
měkký, -á, -é	weich
tvrdý, -á, -é	hart
tuhý, -á, -é	zäh
mastný, -á, -é	fett
účet	Rechnung
2 večeře	Abendessen

Na zdraví!	Zum Wohl! Prost!
zdraví	Gesundheit
3 recept	Rezept
těsto	Teig
sůl (weiblich)	Salz
mouka	Mehl
tvaroh	Quark
jahoda	Erdbeere
vajec (2. Fall Mehrzahl von vejce)	Eier
* vypracovat II (voll.)	durchkneten
* rozválet III (voll.)	aufrollen
* zabalit III (voll.)	einwickeln
* oprat I (voll.)	waschen
* vařit III (unvoll.)	kochen
* osolený, -á, -é	gesalzen
* voda	Wasser
* posypat I (voll.)	bestreuen
* polít III (voll.)	begießen

AB večeřet III (unvoll.)	zu Abend essen
roštěná	Rostbraten

9. lekce

A

kalendář	Kalender
svůj, svoje, svoje	sein (eigen)
studovat II (unvoll.)	studieren
univerzita	Universität
Pojď dál!	Komm rein
Sedni si!	Setz dich!
povídat I (unvoll.)	sagen, erzählen
vyprávět III (voll.)	erzählen
léta	Jahre
chodit III (unvoll.)	gehen
gymnazium	Gymnasium
pojišťovna	Versicherung
nemocnice	Krankenhaus
penze	Rente, Pension
pár	Paar
teprve	erst
škola	Schule
učit III (unvoll.)	lehren, unterrichten
základní škola	Grundschule
odborná škola	Fachschule
matematika	Mathematik
dějepis	Geschichte
sbírat I (unvoll.)	sammeln
pořád	immerfort, stets
ženit/oženit se III	heiraten *(Mann)*
končit/dokončit III	beenden
stejně	gleich, ebenso
vydělat I (voll.)	(Geld) verdienen
málo	wenig
mladý, -á, -é	jung
těšit se III (unvoll.)	sich freuen
fantastický, -á, -é	großartig, fantastisch
gratulovat II (unvoll.)	gratulieren
znát I (unvoll.)	kennen
proč	warum
nevzít s sebou IV (voll.)	jmd. nicht mitnehmen
problém	Problem
unavený, -á, -é	müde
zapít II (voll.)	(ein Ereignis) begießen
holčička	Mädchen
narozeniny (Mehrzahl)	Geburtstag
pozvat IV (voll.)	einladen
svobodný, -á, -é	ledig, frei
vdávat I/vdát se IV	heiraten *(Frau)*
ženatý	verheiratet *(Mann)*
vdaná/provdaná	verheiratet *(Frau)*
vzít si IV (voll.)	sich nehmen, *hier:* heiraten *(Mann und Frau)*
ženich	Bräutigam
nevěsta	Braut
svatba	Hochzeit
dítě	Kind
2 interview	Interview
hodně	viel
3 prohlížet III (unvoll.)	besichtigen, anschauen

B

životopis	Lebenslauf
* soukromý podnikatel	privater Unternehmer
* komunista	Kommunist
turistická průvodkyně	Reiseleiterin
začátek	Anfang, Beginn
na začátku	am Anfang
taxikář	Taxifahrer
vyučit (se) III (voll.)	erlernen

* chemický laborant	Chemielaborant
* dramaturgie	Dramaturgie
* bývalý, -á, -é	ehemalig
* majitel	Eigentümer, Besitzer
nesmět III (unvoll.)	nicht dürfen
začít III (voll.)	beginnen, anfangen
později	später
* osvětlovač	Beleuchter
* dramaturg	Dramaturg
* zábradlí	Geländer, Reling
* uvést III (voll.)	einführen
první, -í, -í	erster
divadelní hra	Theaterspiel
Zahradní slavnost	Gartenfest
* invaze	Invasion
* sovětská vojska	sowjetische Armee
publikovat II (unvoll.)	veröffentlichen, publizieren
několikrát	mehrmals
vězení	Gefängnis
politický, -á, -é	politisch
* činnost	Tätigkeit
* však	aber, jedoch
říjen	Oktober
zahraničí	Ausland
* Cena míru	Friedenspreis
1 napište!	schreibt!/schreiben Sie!
leden	Januar
únor	Februar
březen	März
duben	April
květen	Mai
červen	Juni
červenec	Juli
srpen	August
září	September
tenistka	Tennisspielerin
herec	Schauspieler
operní zpěvačka	Opernsängerin
zpěvák	Sänger
gymnastka	Turnerin
měsíc	Monat; Mond
jaro	Frühling
léto	Sommer
podzim	Herbst
zima	Winter; (es ist) kalt
* housátka	Gänschen
* travička	Gras
* sejít III (voll.)	heruntergekommen
* rosička	Tau
* jarní, -í, -í	Frühlings-
* slunko	Sonne
* nit	Faden
* vyšívaný, -á, -é	gestickt
* louka (luka)	Wiese
* kvítí (květiny)	Blumen
kolikátý, -á, -é	wievielter
Kolikátého je dnes?	Der wievielte ist heute?

C

slavit III (unvoll.)	feiern
přijít IV (voll.)	(zu Fuß) ankommen
svátek	Namenstag, Feiertag
poradit III (voll.)	raten, beraten
sám, -a, -o	selbst, allein
snad	vielleicht
pozdravovat II (unvoll.)	grüßen
myslet III (unvoll.)	denken
vědět III (unvoll.) (vím, víš, ví, víme, víte, vědí)	wissen
hrát I (unvoll.)	spielen
proti (+ 3. Fall)	gegen
půjdu (Zukunft)	ich werde gehen
kopaná	Fußball
1 všechno nejlepší	alles Gute (Beste)
veselý, -á, -é	fröhlich, froh
vánoce	Weihnachten
šťastný, -á, -é	glücklich
Nový rok	Neues Jahr
velikonoce	Ostern
bohatý, -á, -é	reich
pomlázka	Osterrute, Ostergeschenk
spokojenost	Zufriedenheit
blahopřát I (unvoll.)	beglückwünschen
synáček	Söhnchen
dceruška	Töchterchen
srdečný, -á, -é	herzlich
blahopřání	Glückwunsch
sňatek	Hochzeit, Heirat
společný, -á, -é	gemeinsam
život	Leben
2 velikonoční, -í, -í	Oster-
svatební cesta	Hochzeitsreise
3 silvestr	Silvester

AB francouzský, -á, -é	französisch
* princezna	Prinzessin
* korunovace	Krönung

* římský, -á, -é	römisch
císař	Kaiser
* Řím	Rom
smrt	Tod
po smrti	nach dem Tode
automatický, -á, -é	automatisch
založit III (voll.)	gründen
budovat II (unvoll.)	bauen, erbauen
* manželka	Ehefrau, Gemahlin
* zemřít III (voll.)	sterben
žít II (unvoll.)	leben
* určitý, -á, -é	bestimmt
sníh	Schnee
vzít IV (voll.)	nehmen
svetr	Strickjacke
brýle (Mehrzahl)	Brille
zase	wiederum
hledat I (unvoll.)	suchen
normálně	normalerweise
náhoda	Zufall
příprava	Vorbereitung
konference	Konferenz
zpět	zurück
party	Party, Fest
zeptat se I (voll.)	sich erkundigen, nach etwas fragen
uvidět III (voll.)	sehen, erblicken
kvůli (+ 3. Fall)	wegen
vypravovat II (voll.)	erzählen
odložit III (voll.)	ablegen, weglegen
kviz	Quiz, Wettbewerb
ruka	Hand, Arm

10. lekce

A

začínat I (unvoll.)	anfangen, beginnen
legrace	Spaß
slušný, -á, -é	anständig
vůbec	überhaupt
zda	ob
předem	voraus, vorher
vyprodáno	ausverkauft
pantomima	Pantomime
Němci (Mehrzahl)	Deutsche
Číňan	Chinese
balet	Ballett
jazz	Jazz
vstupenka	Eintrittskarte
večerní, -í, -í	Abend-
odpolední, -í, -í	Nachmittags-
představení	Vorstellung
bylo by (Möglichkeitsform)	es wäre
zavolat I (voll.)	anrufen
zavolejte!	rufen Sie an!
možná	(es ist) möglich, vielleicht
vracet/vrátit (něco) III	(etwas) zurückgeben
schovat I (voll.)	verstecken, hier: zurücklegen lassen
slíbit III (voll.)	versprechen
hra	Spiel
herečka	Schauspielerin
prodávat I/prodat IV	verkaufen
vyprodávat I/vyprodat IV	ausverkaufen
dívat se/podívat se I	sich anschauen
divák/divačka	Zuschauer/in
pohromadě	zusammen
přízemí	Parkett
To nevadí.	Das macht nichts.
2 zůstávat I/zůstat IV	bleiben
4 tulipán	Tulpe
reprodukce	Reproduktion
bitva	Schlacht
pověsit III (voll.)	aufhängen
postavit III (voll.)	hinstellen
umění	Kunst
kytka	Blume
obraz	Bild
radši	lieber
země	Boden, Erde
* výstřel	Schuß
* padnout IV (voll.)	fallen
* voják	Soldat
* kácet se III (unvoll.)	umfallen
* vadnout IV (voll.)	welken
* ztrácet III (unvoll.)	verschwinden
hrozný, -á, -é	schrecklich
proto	deshalb
lid	Volk
* nesvědčit III (voll.)	*hier:* schaden
tvrdit III (unvoll.)	behaupten
kvůli (+ 2. Fall)	wegen
* prát se IV (unvoll.)	kämpfen
* prospívat I (unvoll.)	(gut) bekommen
* nezlobte se (Befehlsform)	seien Sie nicht böse

B

	koníček	Hobby
	sportovec	Sportler
	fotbal	Fußball
	hokej	Hockey
	chodit na ryby	angeln (gehen)
	zahrádka	Gärtchen
	rajské jablíčko	Tomate
	angrešt	Stachelbeere
	rybíz	Johannisbeere
	ovocný strom	Obstbaum
	strom	Baum
	jabloň	Apfelbaum
	hruška	Birne
	švestka	Zwetschge
	meruňka	Aprikose
	dovést IV (voll.)	können, wissen
	zahrada	Garten
	trávit/strávit III	verbringen
	plést/uplést IV	stricken
	milovat II (unvoll.)	lieben
	největší	am größten
	anglický, -á, -é	englisch
	literatura	Literatur
	zájem	Interesse
	hora	Berg
	lyžovat II (unvoll.)	skifahren
	tenis	Tennis
	plavat IV (unvoll.)	schwimmen
	poslouchat I/ poslechnout IV	hören
	malovat II (unvoll.)	malen
	nejraději	am liebsten
	lenošit III (unvoll.)	faulenzen
	pravidelně	regelmäßig
	jazz-gymnastika	Jazzgymnastik
	joga	Joga
	stanovat II (unvoll.)	zelten
	všude	überall
	fotografovat II (unvoll.)	fotografieren
	několik stovek (2. Pers. Mehrzahl)	einige hundert
	učastnit se/zúčastnit se III	teilnehmen
	soutěž	Wettbewerb
	získat I (voll.)	erreichen
	Vysoké Tatry	Hohe Tatra *(Gebirge)*
	zajímat se I (unvoll.)	sich interessieren
	trumpeta	Trompete
	orchestr	Orchester
	kolo	Rad, Fahrrad
	lehká atletika	Leichtathletik
	běhat I (unvoll.)	laufen, rennen
	člen/členka	Mitglied
	sportovní klub	Sportklub
	občas	ab und zu
	číst/přečíst IV	lesen
	detektivka	Krimi
	opravdu	wirklich
	jazyk	Sprache, Zunge
	francouzský, -á, -é	französisch
	patřit III (unvoll.)	gehören
	móda	Mode
3	obrázek	kleines Bild, Bildchen
4	plán	Plan
	víkend	Wochenende
5	kempink	Camping
	jezdit na kole	Fahrrad fahren, radeln
	jezdit na koni	reiten
	jezdit na lod'ce	Boot fahren
	vodní lyže	Wasserski
	caravan	Wohnwagen, Caravan

C

	blízko	nah
	navštěvovat II (unvoll.)	besuchen
	okolí	Umgebung
	věc	Sache
	samoobsluha	Selbstbedienung
	úplně	ganz, völlig
	spolu	zusammen
2	vypít II (voll.)	austrinken
	často	oft, öfter
	kostel	Kirche
3	plánovat II (unvoll.)	planen
	Slovensko	Slowakei
	Nízké Tatry	Niedere Tatra *(Gebirge)*
	radio	Radio
	protože	weil
	slovenština	slowakisch

	pozdrav	Gruß
4	láska	Liebe
	téci IV (unvoll.)	fließen
*	dokola	ringsherum
*	točit III (unvoll.) (+ 7. Fall)	drehen
	oči	Augen
	žít II (unvoll.)	leben
*	zradit III (voll.)	verraten
	nevěřit III (unvoll.)	nicht glauben
	slza	Träne
	vyplakat I (voll.)	ausweinen
	mládí	Jugend
*	utéci IV (voll.)	flüchten, entfliehen
*	sen	Traum
*	pohádka	Märchen
*	otrava	Vergiftung, *hier:* Langeweile

AB	heavy metalový, -á, -é	Heavy Metal *(Musikrichtung)*
	audiovizualní, -í, -í	audio-visuell
	podívaná	Schau, Vorstellung
	premiéra	Erstaufführung, Premiere
	varhany	Orgel

11. lekce

A

	na cestách	auf Reisen, unterwegs
	sever	Nord
	severozápad	Nordwesten
	severovýchod	Nordosten
	západ	West
	východ	Ost
	jihozápad	Südwesten
	jihovýchod	Südosten
	jih	Süden
	střední, -í, -í	Mittel-
	kolem (+ 2. Fall)	um, etwa; herum
	milión	Million
	obyvatel	Einwohner
	hlavní město	Hauptstadt
	státní, -í, -í	staatlich, Staats-
	státní znak	Staatswappen, -symbol
	Morava	Mähren *(Land)*
	řeka	Fluß
	Češi	Tschechen
	Moravané	Mähren *(Menschen)*
	česky	tschechisch
	hraničit III (unvoll.)	grenzen
	stát	Staat
	tvořit III (unvoll.)	bilden, gestalten
	prírodní, -í, -í	Natur-
	prírodní hranice	Naturgrenze
	Šumava	Böhmerwald
	les	Wald
	pramenit (se) III (unvoll.)	entspringen, quellen
	nejvyšší, -í, -í	höchster
	polsky	polnisch
	Polák/Polka	Pole/Polin
	Slovenská Republika	Slowakische Republik
	slovensky	slowakisch
	Slovák/Slovenka	Slowake/Slowakin
	německy	deutsch
	rakousky	österreichisch
1	státní hymna	Nationalhymne
	domov	Heimat
	zpěvohra	Oper
	Fidlovačka	Prager Schusterfest
	premiéra	Erstaufführung, Premiere
*	hučet	rauschen
*	lučina	Wiese
*	bor	Kieferwald
*	skalina	Felsen
*	sad	Garten
*	stkvít se III (unvoll.)	glänzen
*	květ	Blüte
*	zemský, -á, -é	irdisch
*	ráj	Paradies
2	řeč	Sprache
5	vidět III (voll.)	sehen
	postavit III (voll.)	bauen, aufbauen
*	sloužit III (unvoll.)	dienen
	nejznámější, -í, -í	bekanntester
*	monarchie	Monarchie
	bolet III (unvoll.)	schmerzen
	noha	Fuß, Bein
	říkat III (unvoll.)	sagen
*	drak	Drache
	vesnice	Dorf
	sedlák	Bauer, Landwirt
*	vdovec	Witwer

aby	daß, damit, um
matka	Mutter
* macecha	Stiefmutter
* propast	Schlucht
* hluboký -á, -é	tief
* dno	Boden
* jezírko	kleiner See
říct IV (voll.) (řeknu, řekneš, řekne, řekneme, řeknete, řeknou)	sagen
chlapec	Junge, Bub
uvidět III (voll.)	sehen
bežet III (unvoll.)	laufen
* strčit III (voll.)	schieben
padat / spadat I	fallen, abfallen
viset III (unvoll.)	hängen
* větev	Ast
pomoc	Hilfe
odcjít IV (voll.)	weggehen
okolo (2. Fall)	um . . . herum
* volání	Rufen, Ruf
* vytahat I (voll.)	jmd. herausziehen
stát se I (voll.)	geschehen, sich ereignen
když	wenn
hledat I (unvoll.)	suchen
* uvědomit si III (voll.)	sich über etwas klarwerden, sich etwas vergegenwärtigen
* skočit III (voll.)	springen
nejkrásnější, -í, -í	schönster
zachranit III (voll.)	retten, bergen

B

známý, -á, -é	Bekannter
příbuzný, -á, -é	Verwandter
půjčit III (voll.)	borgen, leihen
většina	Mehrheit
jižní, -í, -í	südlich
rozhodnout (se) IV (voll.)	(sich) entscheiden
tedy	also
zámek	Schloß
přehrada	Staudamm
poslední, -í, -í	letzter
majitel	Eigentümer, Besitzer
arcivévoda	Erzherzog
zastřelit III (voll.)	erschießen
sbírka	Sammlung
lovecká trofej	Jagdtrophäe
lovecká zbraň	Jagdgewehr
lovecký, -á, -é	Jagd-
obklopený, -á, -é	umgeben
nádherný, -á, -é	herrlich
spojený, -á, -é	verbunden
husitská tradice	hussitische Tradition
vystavět III (voll.)	erbauen
gotický, -á, -é	gotisch
styl	Stil
gobelín	Gobelin
nábytek	Möbel
založený, -á, -é	gegründet
pivovar	Bierbrauerei
sedět III (unvoll.)	sitzen
hospoda	Kneipe, Gaststätte
vltavský, á, é	Moldauer
údolí	Tal
umělý, -á, -é	künstlich
jezero	See
nejoblíbenější, -í, -í	beliebtester
vodní, -í, -í	Wasser-
motel	Motel
dálnice	Autobahn
nejrychlejší, -í, -í	schnellster
vést/dovést IV	führen
odbočit III (voll.)	abbiegen
odbočka	Abzweigung
mapa	(Land-) Karte
2 silnice	Landstraße
objížd'ka	Umleitung
zlý, -á, -é	böse
3 nad mořem	über dem Meeresspiegel
minerální, -í, -í	Mineral-
ženský, -á, -é	Frauen-
klášter	Kloster
4 k (+ 3. Fall)	zu

C

připravovat II/ připravit III	vorbereiten
benzínová pumpa	Tankstelle
benzín	Benzin
kontrolovat/ zkontrolovat II	kontrollieren

	olej	Öl
	chladič	Kühler
	svíčka	Kerze
	natural	bleifrei
	mýt/umýt II	waschen
	hotový, -á, -é	fertig
	linka	Linie, Straße *hier:* Waschstraße
	rozbitý, -á, -é	kaputt
	lidé (Mehrzahl)	Menschen, Leute
	rezervní kolo	Ersatzrad, Reserverad
	volant	Lenkrad
	startér	Anlasser, Starter
	přední kolo	Vorderrad
	brzda	Bremse
	pneumatika	Reifen
	nádrž	Tank
	ukazovatel směru	Blinker
	baterie	Batterie
	kabel	Kabel
	světlomet	Scheinwerfer
	motor	Motor
	policista/policistka	Polizist/in
	řidičský průkaz/ řidičák	Führerschein
	řidič/řidička	Fahrer/in
	povolená rychlost	erlaubte Geschwindigkeit
	rychleji	schneller
	měřit/naměřit III	messen
	pokuta	Strafe
	pokutový blok	Strafzettel
	nezapomeňte (na to) (Befehlsform)	vergessen Sie es nicht
	klíč	Schlüssel
1	než	als
	povolit III (voll.)	erlauben
	řídit	lenken, steuern
	pozor	Achtung
	výjezd sanitek	Krankenwagenausfahrt
	výjezd	Ausfahrt
	vjezd	Einfahrt
	parkovat II (unvoll.)	parken
	reservé	reserviert
	vůz	Wagen
	zóna	Zone
	neprůjezdná oblast	nicht passierbarer Bereich
	zákaz parkování	Parkverbot
2	dopravní značka	Verkehrszeichen
	vjezd zakázán	Einfahrt verboten
	odbočení	Abzweigung
	doprava	nach rechts
	doleva	nach links
	průjezd zakázán	Durchfahrt verboten
	předjíždění	Überholen
	jednosměrka	Einbahnstraße
	směrová tabule	Richtungstafel, -schild
	vyznačení, -í, -í	sogenannter
	jednosměrný, -á, -é	Einbahn-
3	zrovna	gerade
	značka	Zeichen, Schild
4	* pstruh	Forelle
	* prut	Angelrute
	* prudký, -á, -é	stürmisch, steil
	* proud	Strom

D

	nehoda	Unfall
	vyjet IV (voll.)	herausfahren
	přednost v jízdě	Vorfahrt
	prudce	heftig
	brzdit/zabrzdit III	bremsen
	pozdě	später
	svědek	Zeuge
	zraněný, -á, -é	verletzt
	odtahovací služba	Abschleppdienst
	opravna	Reparatur
1	cizinec	Ausländer
	semafor	Ampel
2	odtahovací vůz	Abschleppwagen
	v pořádku	in Ordnung

AB	Dunaj	Donau
	slunce	Sonne
	byt	Wohnung

12. lekce

A

předplacený, -á, -é	abonniert
Lidové noviny	Volkszeitung

	lidový, -á, -é	Volk-
	kolikrát	wievielmal
	-krát	-mal
	vycházet III/vyjít IV	erscheinen, herauskommen
	předplatit III (voll.)	abonnieren
	zprávy	Nachrichten
	politika	Politik
	kultura	Kultur
	inscenace	Inszenierung
	novinka	Neuheit
	novinář/novinářka	Journalist/in
2	finanční, -í, -í	Finanz-, finanziell
	množit III (unvoll.)	verbreiten
	případ	Fall
	okrádat I (unvoll.)	bestehlen
	zahraniční, -í, -í	ausländisch
	turista/turistka	Tourist/in
	ukradnout/ukrást IV	stehlen
	vykradnout/vykrást IV	ausrauben
	pomyslet III (voll.)	bedenken
	stejný, -á, -é	gleich, gleichartig
	zabíjačka	Schlachtfest
3	obsah	Inhalt
	počasí	Wetter
	ekonomika	Ökonomie, Wirtschaft
	reportáž	Reportage, Bericht
	publicistika	Publizistik
	komentář	Kommentar
	rozhlasový a televizní program	Rundfunk- und Fernsehprogramm
	křížovka	Kreuzworträtsel
	horoskop	Horoskop
	inzerát	Inserat, Anzeige
	nikdy	nie
	zřídka	selten
	většinou	meist
	vždy	immer

B

předpověď počasí	Wettervorhersage
maximální, -í, -í	Maximal-, Höchst-
oblačno	bewölkt
zataženo	bedeckt, bewölkt
polojasno	halbklar, aufgeklart
jasno	klar, hell
proměnlivý, -á, -é	veränderlich
převážně	überwiegend
oblačnost	Bewölkung
přeháňka	Regenschauer
postupně	allmählich, schrittweise
přecházet III (unvoll.)	übergehen
nížina	Tiefebene, Flachland
sněhový, -á, -é	Schnee
ojedinělý, -á, -é	vereinzelt
bouřka	Gewitter
ranní, -í, -í	Früh-
místy	örtlich, stellenweise
denní, -í, -í	Tages-
časem	mit der Zeit, zeitweise
zmenšený, -á, -é	vermindert, verringert
trvalý, -á, -é	dauernd, Dauer-
déšť	Regen
chladno	kalt
noční, -í, -í	Nacht-
horská dolina	Gebirgsniederung, -tal
území	Gebiet
mlha	Nebel
horko	heiß
svítit III (unvoll.)	scheinen, leuchten
venku	draußen
pršet III (unvoll.)	regnen
sněžit II (unvoll.)	schneien
vítr	Wind
foukat I (unvoll.)	blasen, wehen
mráz	Frost
mrznout IV (unvoll.)	frieren
náledí	Glatteis
led	Eis

1	Afrika	Afrika
	roční období	Jahreszeit

C

nemocný, -á, -é	krank
cítit se III (unvoll.)	sich fühlen
kašlat IV (unvoll.)	husten
rýma	Schnupfen
horečka	Fieber
hlava	Kopf
prášek	Pulver
pomáhat I (unvoll.)	helfen
lékař/lékařka	Arzt/Ärztin

	chybět III (unvoll.)	fehlen
	spát III (unvoll.) (spím, spíš, spí, spíme, spíte, spí)	schlafen
	krk	Hals
	tyto	diese
	potíže	Beschwerde
	již	schon, bereits
	vyšetřovat II (unvoll.)	untersuchen
	vážný, -á, -é	ernst
	srdce	Herz
	normálně	normal
	plíce	Lunge
	chřipka	Grippe
	brát/vzít IV	nehmen
	berte!	nehmt!/nehmen Sie!
	lékárna	Apotheke
	opět	wieder
	lék	Medikament
	nemoc	Krankheit
	oko, oči	Auge/n
	ucho, uši	Ohr/en
	ústa (Mehrzahl)	Mund
	zub	Zahn
	nos	Nase
	tělo	Körper
	ruce	Hände/Arme
	tableta	Tablette
	kapka	Tropfen
2	další, -í, -í	nächster
3	alergický, -á, -é	allergisch
	bolest	Schmerz

AB	devítidenní, -í, -í	neuntägig
	částka	Summe, Betrag
*	dotovaný, -á, -é	dotiert
	obdržet III (voll.)	bekommen, erhalten
*	ředitel	Leiter, Direktor
*	nadace	Stiftung
	dánský, -á, -é	dänisch
	dolar	Dollar
*	příspěvek	Beitrag
*	neurochirurgická operace	neurochirurgische Operation
*	střešovický, -á, -é	*(Ortsteil von Prag)*
	ústřední, -í, -í	Zentral-
	vojenský, -á, -é	Militär-
	světový, -á, -é	Welt-
	běžec	Läufer
	letos	dieses Jahr, heuer

atlet	Athlet
mírový, -á, -é	Welt-
poselství	Botschaft
svatební šaty	Hochzeitskleid
ilustrovaný, -á, -é	illustriert
najít IV (voll.)	finden
cedule	Zettel
pryč	fort, weg
příjemný, -á, -é	angenehm
tolik	so viel
zubař/zubařka	Zahnarzt/Zahnärztin
oteklý, -á, -é	geschwollen

13. lekce

A

kulturní, -í, -í	Kultur-
městečko	kleine Stadt, Städtchen
proběhnout IV/ probíhat I	verlaufen
mezinárodní, -í, -í	international
folkloristický, -á, -é	folkloristisch, volkstümlich
cíl	Ziel
podnítit III (voll.)	anregen
zachovávat/zachovat I	bewahren
živý, -á, -é	lebendig
samostatný, -á, -é	selbständig, allein
chlubit/pochlubit III	prahlen
třemi (7. Fall von tři)	drei
cimbalový, -á, -é	Zymbal-, Hackbrett-
kapela	Kapelle
dvěma (7. Fall von dvě)	zwei
soubor	Ensemble, Gruppe
tanec	Tanz
sjíždět III/sjet IV	zusammenkommen, herunterkommen
proměňovat II/ proměnit III	verwandeln
kytice	Blumenstrauß
kroj	Tracht
zaplňovat II/ zaplnit III	füllen
holka	Mädchen
slušet III (unvoll.)	passen, gut stehen
slyšet/uslyšet III	hören

kluci	Jungen, Buben
kamarád	Kamerad
rock	Rock(musik)
součást	Bestandteil
tanečník/tanečnice	Tänzer/in
Verbuňk	*(Name eines Tanzes)*
typický, -á, -é	typisch
mužský, -á, -é	männlich
oblast	Gebiet
vzniknout IV (voll.)	entstehen
verbování	Werben
podívaná	Augenweide, Schau
sedmi (6. Fall von sedm)	sieben
podium	Podium
tančit III (unvoll.)	tanzen
areál	Gebiet, Areal
zámecký, -á, -é	Schloß-
sbor	Chor
zpívat/zazpívat I	singen
dokonce	sogar
skupina	Gruppe
obvykle	gewöhnlich
nezapomenutelný, -á, -é	unvergeßlich
pestrý, -á, -é	bunt
průvod	Umzug
účinkující	Mitwirkende/r
všichni	alle
prostě	einfach
najednou	auf einmal
rozjet IV (voll.)	in Bewegung setzen
tunel	Tunnel
vjet IV (voll.)	hineinfahren
projet IV (voll.)	durchfahren
objet IV (voll.)	umfahren
dojet IV (voll.)	erreichen, gelangen
přejet IV (voll.)	überfahren
vyjít IV (voll.)	herausgehen
3 * krajan/krajanka	Landsmann/Landsmännin
* předsedkyně	Vorsitzende
* udržovat II/udržet III	erhalten
nosit III (unvoll.)	tragen
* šít/ušít II	nähen
* péct/upéct IV	backen
* tohoto (2. Fall von tento)	dessen
* výdělek	Verdienst
* financovat II (unvoll.)	finanzieren
činnost	Tätigkeit
hlavně	hauptsächlich
* šetřit/ušetřit	sparen
budování	Aufbau
odkázat I (voll.)	hinterlassen
* odstěhovat se II (voll.)	wegziehen
* pozemek	Grundstück
* věnovat II (voll.)	widmen
* dědictví	Erbe
uchovat I (voll.)	erhalten, pflegen
* potomek	Nachkomme
zmiňovat se II/ zmínit se III	erwähnen
* předkové	Vorfahren
darovat II (unvoll.)	schenken
těchto (2. Fall Mehrzahl von tento)	dieser

B

událost	Ereignis
pořádat I (unvoll.)	veranstalten
zahajovat II/ zahájit III	eröffnen
slavnostní, -í, -í	feierlich, Fest-
provedení	Aufführung
cyklus	Zyklus
symfonická báseň	symphonisches Lied
skladatel	Komponist
skoro	beinahe, fast
vedle (+ 2. Fall)	neben
skladba	Komposition
tvorba	Schöpfung
děl (2. Pers. Mehrzahl von dílo)	Werk
komorní, -í, -í	Kammer-
kvartet	Quartett
sólista/solistka	Solist/in
houslista/houslistka	Violinspieler/in
klavírista/klavíristka	Klavierspieler/in
lehký, -á, -é	leicht
mimopražský, -á, -é	außerhalb von Prag lebend
posluchač/ posluchačka	Hörer/in
milovník	Liebhaber
vysílat I (unvoll.)	senden
rozhlas	Rundfunk
přímý, -á, -é	direkt

přenos	Übertragung
uzavřít III/uzavírat I	beenden
klavír	Klavier
kytara	Gitarre
1 vybírat I/vybrat IV	aussuchen
Smetanova síň	Smetana-Saal
katedrála	Kathedrale
španělský, -á, -é	spanisch
violoncello	Violoncello
recitál	Rezital
dirigovat II (unvoll.)	dirigieren
smíšený, -á, -é	gemischt
filharmonie	Philharmonie
italský, -á, -é	italienisch
dirigent	Dirigent
jednotný, -á, -é	einheitlich
vstupné	Eintritt
2 americký, -á, -é	amerikanisch
člověk	Mensch
instrumentální, -í, -í	Instrumental-
určitý, -á, -é	bestimmt
námět	Thema
hudebník	Musiker
schéma	Schema
3 Pražané (Mehrzahl)	die Prager
kapelník	Kapellmeister
skládat I/složit III	komponieren
ohluchnout IV (voll.)	taub werden
přesto	trotzdem
překrásný, -á, -é	wunderschön
tajemství	Geheimnis

C

slabika	Silbe
znamenat I (unvoll.)	bedeuten
společnost	Gesellschaft
centrum	Zentrum
inteligence	Intelligenz
pochopitelně	verständlich
sladký, -á, -é	süß
karamelový, -á, -é	Karamel-
poznat I (voll.)	erkennen
džbánek	Krug
místnost	Raum
nazývat I (unvoll.)	nennen
kaštanový, -á, -é	Kastanien-
plný, -á, -é	voll
praštit III (voll.)	schlagen
diskutovat II (unvoll.)	diskutieren
jedinečný, -á, -é	einmalig
topinka	Toast mit Knoblauch
kabaret	Kabarett
nacházet III/najít IV	finden
samota	Einsamkeit
téma	Thema
měřítko	Maßstab
fotbalový, -á, -é	Fußball-
založeno	gegründet
hloubka	Tiefe
román	Roman
kalich	Kelch
Osudy dobrého vojáka Švejka	Die Abenteuer des braven Soldaten Švejk
válka	Krieg
zatčen	verhaftet
atentát	Attentat
atrakce	Attraktion
stěna	Wand
pivní tácky	Bierdeckel
špíz	Spieß
citát	Zitat
putimský, -á, -é	Putim- *(tschechische Stadt)*
žebírko	Rippchen
-li	wenn, falls, ob
To chce klid.	Immer mit der Ruhe.
rozhlédnout se IV (voll.)	sich umschauen
zakouřený, -á, -é	verraucht
pravý, -á, -é	echt
diskuse	Diskussion
míč	Ball
sud	Faß
pivař/pivařka	Biertrinker/in
docela	ganz
trénovat II (unvoll.)	trainieren
bavit se III (unvoll.)	sich unterhalten
stolní tenis	Tischtennis
golf	Golf
zkusit III (voll.)	probieren
obávat se I (unvoll.)	befürchten
2 dvůr	Hof
potkávat/potkat I	jmd. treffen, begegnen
zvát IV (unvoll.)	einladen
nevadí	macht nichts
minerálka	Mineralwasser
vodka	Wodka
whisky	Whisky

AB	kus	Stück
	nástroj	Instrument
	zapnout (voll.)	schließen
	vzbudit (voll.)	aufwecken
	důležitý, -á, -é	wichtig, bedeutsam

14. lekce

A

	letenka	Flugschein, Flugticket
	letuška	Stewardeß
	letět III/létat I (Bewegungsverben)	fliegen
	zařídit III (něco) (voll.)	(etwas) erledigen
	letadlo	Flugzeug
	let	Flug
	zpáteční letenka	Rückflugticket
	letecká společnost	Fluggesellschaft
	letec/pilot	Flieger, Pilot
	Připoutejte se, prosím!	Anschnallen, bitte!
	Nekuřte, prosím!	Bitte nicht rauchen!
	přílet	Anflug
	přistávat II (unvoll.)	landen
	odlet	Abflug
	startovat II (unvoll.)	starten
1	brzo	bald
	informovat II (unvoll.)	informieren
2	zrušen	storniert
	možnost	Möglichkeit
	pomoci IV/pomáhat I	helfen
	mezipřistání	Zwischenlandung
	odletová hala	Abflughalle
	zpoždění	Verspätung
	hlášeno	gemeldet
	déle	länger
	připoutat se I (voll.)	anschnallen
	strach	Angst
	strach z létání	Angst vorm Fliegen
	uklidnění	Beruhigung
	dojít (pro něco) IV (voll.)	(etwas) holen
6	otevřít IV (voll.)	öffnen
	celnice	Zollamt
	klidný, -á, -é	ruhig

B

	rozloučení	Abschied
	líbit se III (unvoll.)	gefallen
	palubní lístek	Bordkarte
	loučit/rozloučit se III	sich verabschieden
	doufat I (unvoll.)	hoffen
	přibrat IV (voll.)	zunehmen
	pozdravovat II/ pozdravit III	(be) grüßen
	doletět III (voll.)	(fliegend) erreichen
	celní kontrola	Zollkontrolle
	utěšovat II/utěšit III	trösten
	projít IV (voll.)	durchgehen
	pasová kontrola	Paßkontrolle
	celník	Zollbeamter
	něco k proclení	etwas zu verzollen
	věci osobní potřeby	Dinge für den persönlichen Gebrauch
	výrobek	Erzeugnis
	památka	Andenken
	oddychovat II/ oddychnout IV	aufatmen, sich erholen
	náušnice	Ohrring
	vyřídit III (voll.)	ausrichten, weitersagen
3	děkovný dopis	Dankesbrief

C

malíř/malířka	Maler/in
soud	Gericht
ačkoliv	obwohl
vinař/vinařka	Weinbauer/in
kreslit/nakreslit III	zeichnen
udivovat II/udivit III	verwundern
dovést IV (voll.)	fertigbringen
současně	gleichzeitig
vystřihovat II/ vystříhnout IV	ausschneiden
figurka	kleine Figur
akademie	Akademie
soudní písař	Gerichtsschreiber
náhoda	Zufall
firma	Firma
talent	Talent
výroba	Herstellung
scenárium	Bühnenbild
přihlašovat II/ přihlásit III	anmelden

	přijímat I/přijmout IV	aufnehmen
	umělecký, -á, -é	künstlerisch
	kariéra	Karriere
	mnichovský, -á, -é	Münchner-
	ukončení	Abschluß
	Paříž	Paris
	zakázka	Auftrag
	ilustrace	Illustration
	mládež	Jugend
	pouhý, -á, -é	bloß, rein, lauter
	příchod	Ankunft
	získávat/získat I	gewinnen, erwerben
	dík	Dank
	nečekaný, -á, -é	unerwartet
	objednávka	Bestellung
	plakát	Plakat, Poster
	slavný, -á, -é	berühmt
	okamžitý, -á, -é	augenblicklich
	sláva	Ruhm
	stoupat I (unvoll.)	steigen
	popularita	Popularität
	spřátelit se III (voll.)	sich anfreunden
	předmět	Objekt
	sběratelský, -á, -é	Sammler-
	malovat/namalovat II	malen
	věnovat se II (unvoll.)	sich widmen
	portrét	Portret
	smlouva	Vertrag
	tiskař	Drucker
	nucen	gezwungen
	zpracovat II (voll.)	bearbeiten
	Amerika	Amerika
	grafik	Graphiker
	zavalit III (voll.)	überhäufen
	nabídka	Angebot
	malování	Malen
	pocházet III (unvoll.)	(ab)stammen
	monumentální, -í, -í	monumental, gewaltig
	zachytit III (voll.)	festhalten, bewahren
	dějiny	Geschichte
	vytvářet/vytvořit III	schaffen
	návrh	Entwurf
	znak	Wappen
	zemřít IV (voll.)	sterben
	obdivovatel/obdivovatelka	Bewunderer/in
	tenista	Tennisspieler
	sběratel/sběratelka	Sammler/in
*	sídlo	Sitz
*	objevovat II (unvoll.)	entdecken
*	vydání	Ausgabe, Edition
*	zobrazit III (voll.)	abbilden
*	secese	Jugendstil
*	inspirovat II (unvoll.)	inspirieren
*	tvůrce	Schöpfer
*	emise	Emission, Aussendung
*	příležitostný, -á, -é	gelegentlich, Gelegenheits-
*	seznamovat II (unvoll.)	kennenlernen
*	veřejnost	Öffentlichkeit
*	poklad	Schatz, Wertgegenstand
	doplňovat II/doplnit III	vervollständigen, ergänzen
	dílo	Werk
*	akademický, -á, -é	akademisch
*	docent	Dozent
*	tiskový, -á, -é	Presse-
*	prostor	Raum
*	související, -í, -í	zusammenhängend
*	pohřebiště	Grabstätte
*	rytina	Stich, Gravierung
*	alegorie	Allegorie, bildliche Umschreibung
	detail	Einzelheit
*	mříž	Gitter
2	v polovině	in der Mitte
	na konci	am Ende
	opisovat II (unvoll.)	abschreiben
	přepisovat II/přepsat III	noch einmal schreiben
	tisknout IV (unvoll.)	drucken
	kreslíř/kreslířka	Zeichner/in
	tuš	Tusche
3	contra	gegenüber, contra
4	naposledy	zuletzt

D

vynikající, -í, -í	hervorragend
pedagog	Pädagoge
filozof	Philosoph
lingvista	Sprachwissenschaftler, Linguist
významný, -á, -é	bedeutend, berühmt
nejen	nicht nur
cizina	Ausland, Fremde

	bratrská škola	Klosterschule (*wörtl.:* Bruderschule)
	správce	Verwalter
	Bílá Hora	Weißer Berg *(in Prag)*
	opouštět/opustit III	verlassen
	evangelík	Protestant
	pruský, -á, -é	preußisch
	třicetiletá válka	dreißigjähriger Krieg
	emigrant	Emigrant
	ujmout se IV (voll.)	sich annehmen
	labyrint	Labyrinth
	filozofický, -á, -é	philosophisch
	ráj	Paradies
	poutník	Pilger
	zamyslet se (nad) III (voll.)	nachdenken (über)
	putovat II (unvoll.)	wandern
	didaktika	Didaktik
	vzor	Muster
	učebnice	Lehrbuch
	spis	Schrift
	brána	Tor
	rada	Rat
	doporučovat II/ doporučit III	empfehlen
	používat I (unvoll.)	benutzen
	vyučování	Unterricht
	pomůcka	Hilfsmittel
2	učit se/naučit se III	lernen
	řídit se III (unvoll.)	sich richten (nach)
	fyzika	Physik
	učeň	Lehrling
	řemeslo	Handwerk
	vyučit se III (voll.)	eine Lehre machen
	řemeslník	Handwerker
	školní systém	Schulsystem
	děti	Kinder
	celodenní škola	Ganztagsschule
	budit/vzbudit III	wecken
	vstávat I/vstát IV	aufstehen
AB	název	Name
	sleva	Ermäßigung
	různý, -á, -é	verschiedenartig, vielfältig

15. lekce

A

2	* kmotr	Pate
	* nepřepepři	überpfeffre nicht
	* vepř	Schwein
5	záhada	Rätsel
	oddělení Ztrát a nálezů	Fundbüro
	peněženka	Geldbeutel
	kabelka	Handtasche
	nákupní taška	Einkaufstasche
	ztratit III (voll.)	verlieren
	ztracený, -á, -é	verlorengegangen
6	písmeno	Buchstabe
	Sněžka	Schneekoppe
	zimní, -í, -í	Winter-, winterlich
9	anekdota	Anekdote
	Američan	Amerikaner
	naproti (+ 3. Fall)	gegenüber
	přitom	dabei
	smát se II (unvoll.) (směju, směješ, směje, smějeme, smějete, smějou)	lachen
	stavba	Bau
	ironický, -á, -é	ironisch
11	kostka	Würfel
	pravidla hry	Spielregel
	hráč/hráčka	Spieler/in
	házet/hodit III	werfen
	počet bodů	Punktzahl
	položit III (voll.)	legen
	zodpovědět III (voll.)	beantworten
	kolo	Runde
	partner/partnerka	Partner/in
	sada	Satz, Garnitur
	soused/sousedka	Nachbar/in
	knihovna	Bibliothek
	vypadat I (unvoll.)	aussehen
12	obrázkový, -á, -é	Bild-
	zvířata	Tiere
	pes	Hund
	kočka	Katze
	kohout	Hahn
	slepice	Huhn
	liška	Fuchs
	pták	Vogel
	myš (weiblich)	Maus
	medvěd (míša)	Bär
	lev	Löwe

zajíc	Hase
králík	Kaninchen
moucha	Fliege
koza	Ziege
ovce (weiblich)	Schaf
příroda	Natur
smrk	Tanne
lípa	Linde
kaštan	Kastanie
keř	Strauch
louka	Wiese
tráva	Gras
potok	Bach
skála	Felsen
oblečení	Kleidung
sako	Sakko
košile	Hemd
kravata	Krawatte

	kalhoty	Hose
	ponožky	Socken
	podkolenky	Kniestrümpfe
	boty	Schuhe
	baterka	Taschenlampe
	stan	Zelt
	batoh	Rucksack
	spací pytel	Schlafsack
	plynový vařič	Gaskocher
	plynová bomba	Gasflasche, -kartusche
	nádobí	Geschirr
	nafukovací matrace	Luftmatraze
	pitná voda	Trinkwasser
	kapesní nůž	Taschenmesser
13	mluvící, -í, -í	sprechend
14	čtení	Lesestoff
	zábava	Unterhaltung, Spaß

Quellenverzeichnis

Der Verlag dankt den folgenden Personen und Institutionen – soweit sie erreicht werden konnten – für die freundliche Genehmigung zum Abdruck von Copyright-Material. Für weitere Hinweise sind wir dankbar.

Aeroport Ruzyně (Prag): Realien Seite 148, 149, 152

Albatros (Prag): Abbildungen Seite 141, 162; Text Seite 161

Amor, P. (Stuttgart): Zeichnungen S. 128

Amor, V. (Stuttgart): Fotos Seite 34 (außer unten rechts), 35 (außer Mitte), 46, 50, 74 (links Mitte), 82, 87 (oben), 97, 113, 120, 145, 160, 161

Archiv MHV (Ismaning): Fotos Seite 16, 17, 37

Baedeckers Allianz Reiseführer (Verlag Karl Baedecker, Ostfildern): Realie Seite 53

Bertramka (Comenius, Prag): Realie Seite 97

Bollans, S. (München): Foto Seite 16 (rechts, 2. von unten)

Čedok (Prag): Abbildungen Seite 60, 115 (links Mitte, rechts unten)

Československý Svět (Prag): Realien Seite 137, 158

ČTK (Prag): Landkarten Seite 11 (2.-4.); Fotos Seite 11 (1. + 2. von oben, 2. von unten), 19, 31, 87 (unten), 89, 157; Realien Seite 29, 38, 59 (links oben), 68 (rechts oben), 96 (rechts oben, links unten), 108, 110 (links), 135 (oben), 147

Dikobraz (Prag): Cartoons Seite 8, 9, 17, 23, 25, 27, 28, 53, 54, 69, 83, 113, 117, 120, 132, 139, 153, 155, 156, 159, 163, 175

Dover Publications (New York): Piktogramme Seite 106, 145

Edition Supraphon (Prag): Abbildungen Seite 19, 63

Horn, H. (München): Zeichnungen Seite 7, 8, 12, 13, 14, 16, 22, 23, 24, 25, 28, 31, 33, 38, 39, 40, 44, 46, 47, 48, 51, 54, 56, 58, 62, 63, 70, 72, 73, 74, 76, 77, 78, 80, 81, 82, 84, 86, 88, 91, 98, 99, 103, 104, 105, 107, 116, 118, 119, 121, 122, 129, 130, 131, 132, 133, 136, 144, 147, 151, 154, 168, 170, 171, 172

Hotel International (Prag): Realien Seite 24, 27

Huber, M. (München): Zeichnungen Seite 118, 165, 169

Hudební Divadlo (Prag): Realie Seite 100

Interhotel Flora (Prag): Realien Seite 20, 31

Lidové noviny (Prag): Realie Seite 128

Literární noviny (Prag): Realie Seite 87

Makal-City-Theater (Stuttgart): Foto Seite 101

Merkur Nakladatelství (Prag): Fotos Seite 135

MHF Pražské jaro (Prag): Realien Seite 138, 139

Molín, J. (Prag): Fotos Seite 10, 15, 30, 33, 34 (unten rechts), 35 (Mitte), 39, 40, 41, 43, 45, 48, 49, 52, 54, 55, 57, 64, 65, 67, 68, 69, 71, 72, 74 (außer links Mitte), 75, 98, 99, 107, 117, 118, 123, 134, 142, 143, 146, 148, 150, 151, 152, 173

Nakladatelství dopravy a spojů (Prag): Realien Seite 36 (rechts oben), 81, 82, 85, 92 (Mitte unten), 110 (rechts)

OT (Kolín): Realien Seite 88, 93

Panorama (Prag): Realien Seite 90, 92 (links oben, rechts oben, links Mitte), 111 (links oben), 115 (links oben, links unten, rechts oben)

ROH (Bratislava): Abbildung Seite 94

Süddeutscher Verlag, Bilderdienst (München): Fotos Seite 11 (außer 1. + 2. von oben und 2. von unten)

TK Design Neoset (Prag): Abbildung Seite 110 (oben)

VAAP (Moskau): Landkarte Seite 11 (oben)

Večerník (Prag): Realien Seite 122, 124, 125